住房城乡建设部土建类学科专业"十三五"规划教材
高等学校工程管理专业系列教材

现代工程项目风险管理

尤 完 主 编
赵金煜 郭中华 副主编

中国建筑工业出版社

图书在版编目（CIP）数据

现代工程项目风险管理／尤完主编. — 北京：中
国建筑工业出版社，2021.7
住房城乡建设部土建类学科专业"十三五"规划教材
高等学校工程管理专业系列教材
ISBN 978-7-112-26301-1

Ⅰ. ①现… Ⅱ. ①尤… Ⅲ. ①工程项目管理—风险管
理—高等学校—教材 Ⅳ. ①F124

中国版本图书馆 CIP 数据核字（2021）第 132652 号

本教材以习近平新时代中国特色社会主义思想为指导，全面阐述工程项目寿命期各阶段风险管理原理，注重工程项目风险管理方法应用，提高解决风险问题的实践能力。本教材包括现代工程项目风险管理概论、现代工程项目风险管理原理、现代工程项目风险管理方法、现代工程项目决策阶段风险管理、现代工程项目建设准备阶段风险管理、现代工程项目实施阶段风险管理、现代工程项目竣工验收阶段风险管理、现代国际工程承包项目风险管理、现代工程总承包项目风险管理、现代工程项目新型建造方式风险管理、现代工程保险与工程担保制度等内容。

本教材可作为高等院校工程管理专业、工程造价专业、土木工程专业本科高年级学生的限选课或必修课教材，也可以作为工程管理等专业硕士研究生的选修课教材，还可作为工程建设领域项目管理人员、工程技术人员从事工程项目风险管理实际工作的学习参考书。

为更好地支持相应课程的教学，我们向采用本书作为教材的教师提供教学课件，有需要者可与出版社联系，邮箱：jckj@cabp.com.cn，电话：（010）58337285，建工书院 http://edu.cabplink.com。

责任编辑：张　晶　牟琳琳
责任校对：党　蕾

住房城乡建设部土建类学科专业"十三五"规划教材
高等学校工程管理专业系列教材
现代工程项目风险管理
尤　完　主　编
赵金煜　郭中华　副主编

*

中国建筑工业出版社出版、发行（北京海淀三里河路9号）
各地新华书店、建筑书店经销
北京红光制版公司制版
天津安泰印刷有限公司印刷

*

开本：787毫米×1092毫米　1/16　印张：14¼　字数：351千字
2021年9月第一版　　2021年9月第一次印刷
定价：**38.00**元（赠教师课件）
ISBN 978-7-112-26301-1
（37919）

序　言

全国高等学校工程管理和工程造价学科专业指导委员会（以下简称专指委），是受教育部委托，由住房城乡建设部组建和管理的专家组织，其主要工作职责是在教育部、住房城乡建设部、高等学校土建学科教学指导委员会的领导下，负责高等学校工程管理和工程造价类学科专业的建设与发展、人才培养、教育教学、课程与教材建设等方面的研究、指导、咨询和服务工作。在住房城乡建设部的领导下，专指委根据不同时期建设领域人才培养的目标要求，组织和富有成效地实施了工程管理和工程造价类学科专业的教材建设工作。经过多年的努力，建设完成了一批既满足高等院校工程管理和工程造价专业教育教学标准和人才培养目标要求，又有效反映相关专业领域理论研究和实践发展最新成果的优秀教材。

根据住房城乡建设部人事司《关于申报高等教育、职业教育土建类学科专业"十三五"规划教材的通知》（建人专函〔2016〕3号），专指委于2016年1月起在全国高等学校范围内进行了工程管理和工程造价专业普通高等教育"十三五"规划教材的选题申报工作，并按照高等学校土建学科教学指导委员会制定的《土建类专业"十三五"规划教材评审标准及办法》以及"科学、合理、公开、公正"的原则，组织专业相关专家对申报选题教材进行了严谨细致地审查、评选和推荐。这些教材选题涵盖了工程管理和工程造价专业主要的专业基础课和核心课程。2016年12月，住房城乡建设部发布《关于印发高等教育　职业教育土建类学科专业"十三五"规划教材选题的通知》（建人函〔2016〕293号），审批通过了25种（含48册）教材入选住房城乡建设部土建类学科专业"十三五"规划教材。

这批入选规划教材的主要特点是创新性、实践性和应用性强，内容新颖，密切结合建设领域发展实际，符合当代大学生学习习惯。教材的内容、结构和编排满足高等学校工程管理和工程造价专业相关课程的教学要求。我们希望这批教材的出版，有助于进一步提高国内高等学校工程管理和工程造价本科专业的教育教学质量和人才培养成效，促进工程管理和工程造价本科专业的教育教学改革与创新。

高等学校工程管理和工程造价学科专业指导委员会

前　言

　　在国民经济各产业部门中，建筑业的工程风险发生频率仅次于交通运输业，是典型的高风险行业。其原因在于建筑产品与一般工业产品生产过程相比较，涉及众多参与单位，如建设单位、承包单位、勘察设计单位、监理单位、材料设备供应单位、分包单位等，工程项目建设周期长，施工工艺和施工流程更为复杂，各分部分项工程之间的关联度很高，连带损失大，工程建造各阶段的实施过程都隐含大量风险因素，这些风险因素纠结在一起便容易形成威胁工程项目目标实现的风险事件。因此，在推动我国建筑业高质量发展的进程中，在工程建设领域做好风险管理至关重要。

　　现代工程项目风险管理既是工程项目管理知识体系的核心内容之一，也是工程建设行业倍受重视的前沿研究领域。对工程项目风险管理理论、方法的掌握和运用程度，是反映工程管理专业、工程造价专业、土木工程专业等相关专业本科学生能力水平乃至个人职业生涯发展空间的重要方面。

　　本教材以习近平新时代中国特色社会主义思想为指导，在工程项目风险管理过程中认真贯彻落实新发展理念和习近平总书记关于风险治理的重要论述，立足于强化学生的风险意识，树立系统的、全面的风险管理理念，熟悉工程项目风险管理的理论和方法，熟练掌握风险管理知识在工程项目全寿命期各阶段中的应用，提高识别、评估、应对、监控工程项目风险的实际工作能力。因此，高质量的工程风险管理教材是培养高素质项目管理人才的基石，同时也是为了适应工程建设领域风险管理发展趋势和学科建设的要求。

　　本教材的特色体现在以下五个方面：一是在教材构架上按照"三维融合"的思路，整体布局"现代工程项目风险管理"的结构体系。即以工程项目寿命期各阶段为主线，对工程项目寿命期的每一阶段按风险管理流程实施管理，根据优先级要素排序重点解析该阶段项目管理范畴内的风险问题。每一个"知识模块"都对应着工程项目寿命期、风险管理流程、项目管理要素领域的融合。二是按照国际化方向、本土化国情、专业化特色相结合的原则，编排"现代工程项目风险管理"教材的内容体系，即坚持国际化方向，基于本土化国情，反映专业化特征。三是突出体现工程项目风险管理理论与工程项目风险管理实践并重，在全面阐述工程项目寿命期各阶段风险管理原理的同时，深入解剖重点工程风险管理的案例，做到学用结合。四是强化学生工程项目风险管理方法与技能的训练，通过多种类型的案例讨论和习题训练，使学生掌握具体工具和方法的应用，提高解决风险问题的实践能力。五是具有创新性、系统性、针对性、时代性、开放性特征。妥善处理"现代工程项目风险管理"的教材内容与"工程项目管理知识体系""工程安全生产管理体系""企业全面风险管理"之间的衔接关系。

　　本教材适用于高等院校工程管理专业、工程造价专业、土木工程专业本科高年级学生的限选课或必修课教材，也可以适用于工程管理等专业硕士研究生的选修课教材，也可作为工程建设领域项目管理人员、工程技术人员从事工程项目风险管理实际工作的指导用书和工程管理研究工作者及相关专业人士的学习参考书。

本教材编写得到北京建筑大学、中国科学院大学、重庆大学、山东建筑大学、沈阳建筑大学、天津城建大学、长春建筑大学、山东科技大学、北方工业大学、中国建筑业协会、中国建筑业协会工程项目管理与建造师分会、中国建筑业协会建筑供应链与劳务管理分会、中国亚洲经济发展协会建筑产业委员会、中国建筑股份有限公司、中国中铁股份有限公司、中国石化工程建设有限公司、中铁建工集团有限公司、中建一局、中建三局、中建八局、中铁六局、中铁七局、中铁十四局、中铁十六局、北京城建集团、广联达科技股份有限公司、杭州新中大科技股份有限公司、华胥智源（北京）管理咨询有限公司等单位专家和学者的大力支持，同时参考和引用了国内外同行研究专家的观点，在此一并表示衷心感谢！

由于我们水平所限，难免存在疏漏和不当之处，恳请读者提出批评指正意见。

2020 年 9 月 30 日

目　　录

1 现代工程项目风险管理概论

1.1 现代工程项目及风险管理的概念

1.1.1 现代工程项目的概念

项目的概念来自于人们对人类从事社会、经济、科技、文化、军事等各种活动的分类。最早的项目概念和项目管理概念与建筑业的工程建造活动关联性较大，其重要原因在于工程建设活动是人类创造生存条件和环境的基本活动，工程建设活动反映出明显的项目特征。

在现代社会，人们对项目内涵与外延有了更加深刻的认识。"项目"已经成为人们使用得越来越多的高频词汇。项目有各种各样的表现形式，大至政府主管部门反复论证、慎重决策的航天登月工程、长江三峡水利枢纽工程、青藏铁路工程、南水北调工程，小至企业技术和管理人员精心策划的新产品研发、产品促销活动，在工厂、农村的科技推广活动，高等院校和科研机构组织实施的各种类型的课题研究，区域性的生态和环境保护活动，长江、淮河、太湖、滇池等水域的河湖整治行动，救助失学儿童重返校园的"希望工程"，各种类型的文化体育活动，各种基础设施建设、房地产开发，甚至于个人因公出差、组织家庭聚会等，都可以视作为一个项目。总而言之，项目反映的是人们从事各种活动的形态。

1. 项目的概念

项目是指在一定约束条件下，具有特定目标的一次性任务或活动。项目也像其他任务一样，有资金、时间、资源等许多约束条件，项目只能在一定的约束条件下进行才具有实际意义。

2. 项目的基本要素

项目的基本要素包括以下几点：

（1）项目的总体属性。从根本上说，项目实质上是一系列的工作，在实际工作中，项目的具体定义依赖于该项目的范围、过程、对结果的明确要求及其具体的组织条件。

（2）项目的过程属性。项目是必须完成的、临时性的、一次性的、有限的任务，这是项目过程区别于其他常规"活动和任务"的基本标志，也是识别项目的主要依据。各个项目经历的时间可能是不同的，但各个项目都必须在某个时间完成，有始有终是项目的共同特点。

（3）项目的结果属性。任何项目都有一个与以往、与其他任务不完全相同的目标（结果），它通常是一项独特的产品或服务。

3. 工程项目的概念

工程项目是最常见、最典型的项目类型，它属于投资活动项目中最重要的一类，是一种既有投资行为又有建设行为的项目的决策与实施活动。工程项目是具有特定对象、时间限制和资金限制，具有复杂性和系统性等特性的项目。一般而言，投资与建设是分不开的，投资是项目建设的起点，没有投资就不可能进行建设活动，而没有建设行为，投资的目的也无法实现。所以，建设过程实质上是投资的决策和实施过程，是投资目的的实现过程，是把投入的货币转换为实物资产的经济活动过程。

工程项目是指为达到预期的目标，投入一定量的物质资源，在一定的约束条件下，经过决策与实施的必要程序从而形成固定资产的一次性建设任务。

4. 工程项目的多重含义

工程项目包含以下几层含义：

（1）工程项目是在一定时期内为实现一定经济或社会目标而设计的投资建设活动。项目具有明确的功能和时限，如工业项目是在一定时期内为满足某种社会需求而提供产品或服务，通过产品或服务实现获取一定经济目标的投资建设活动。再如交通工程项目是为满足社会对公共交通的需求而进行的投资建设活动。

（2）工程项目的结果是一个为实现一定功能而设计的物质系统。如工业项目为实现经济目标就必须生产产品或服务，而生产产品就必须建设厂房、安装设备以及其他工程设施等。

（3）工程项目是通过采用一套完整的知识体系来实现其预期目标的。如建设前期的可行性研究，建设时期的工程技术设计，施工组织监督和控制，生产时期的组织、管理和经营等。

（4）工程项目必须具有清晰的界定范围。只有在清晰的项目范围前提下，才能确定工程进度、成本、质量、安全生产等目标，才能落实明确的责任分工和绩效考核。工程项目管理是项目管理的一个分支，是其中的一大类，工程项目管理的对象主要是指建设工程。按照建设工程生产组织的特点，一个项目往往有许多不同单位来承担不同的建设任务，而且各个参与单位的工作性质、任务和利益各不相同，所以就形成了类型不同的项目管理。

（5）工程项目具有特殊的组织，遵从相关的法律和规范的规定。项目的一次性决定了项目管理组织是一个临时的组织，不同的项目其组织形式、团队规模各不相同，项目任务结束后，项目组织也会随之解散，项目组织也会随着项目过程的变化而改变，项目组织是一个具有一定可变性的特殊组织。

5. 工程项目的作用

工程项目作为国民经济及企业发展活动的基本元素，一直在社会经济发展中扮演着重要角色。实际上，自从有组织的人类活动出现，人类就一直从事着各种类型和规模的"项目"。中国作为世界文明古国，曾经实施过许多举世瞩目的项目，如秦始皇统一中国后对长城进行的修筑、战国时期李冰父子设计修建都江堰水利工程、北宋真宗年间皇城修复的"丁渭建宫"、河北的赵州桥建设、北京的故宫建设等都是历史上大型复杂项目的范例，从今天的角度来看都堪称极其复杂的大型项目。对于这些项目的管理，如果没有进行系统规划和全面控制，要取得成功也是非常困难的。

改革开放以来，特别是党的十八大以来，我国社会经济发展过程中各种规模和类型的工程建设项目数不胜数。在工程建设领域，鲁布革水电站工程建设对于推动建筑业体制和项目管理变革具有典型的意义。

鲁布革水电站工程是改革开放后我国水电建设方面第一个利用世行贷款、对外公开招标的国家重点工程。1982年国际招标，1984年11月正式开工，1988年7月竣工。在4年多的时间里，创造了著名的"鲁布革工程项目管理经验"，受到中央领导同志的高度重视，国务院五部委联合发文，号召全国建筑业企业"学习鲁布革经验，推广项目法施工"，建设部和国家计委选择50家企业进行试点，由此推动了我国工程建设领域管理体制改革的发展进程。

1.1.2　工程项目风险的含义

古人云：天有不测之风云，人有旦夕之祸福。"风险无处不在，风险无时不有"正说明在现代社会中，风险已经成为普遍存在的现象，无论是个体还是组织每时每刻都面临着风险。风险在字典中的解释是"损失或伤害的可能性"，通常人们对风险的理解是"可能发生的不好事情"。例如，一个已经投入使用的存有易燃品的仓库，随时会有发生火灾的风险；一个建设中的工程项目也会面临许多可能发生的风险。无论人们是否喜欢，风险总是存在，并且是不以人的意志为转移的。但这并不意味着风险是无法避免。风险的这种特性要求人们在工程项目实施过程中积极地、主动地面对风险，对工程项目风险进行全过程管理，做到有备无患，才能将风险影响降到最低程度。

1. 风险的定义

对于什么是风险的定义，在不同的研究领域，专家们对风险有不同的理解，概括起来主要包含以下四种：

（1）风险是不确定性

风险是指项目实施过程中不确定事件发生的机会对项目目标产生的不利影响结果。对于项目来说，确定性是确定发生或者确定不发生的因素，这些是非风险因素。对于个体而言，风险的不确定性指风险的发生是偶然的，是一种随机现象。但在总体上，风险的发生却往往呈现出明显的规律性，具有一定的必然性。风险的不确定性主要表现在：

首先是发生时间的不确定性。总体而言，有些风险是必然要发生的，但何时发生是不确定的。例如，生命风险中，死亡是必然发生的，这是人生的必然现象，但是具体到某一个人何时死亡，在其健康时却是不可能确定的。

其次是产生结果的不确定性。结果的不确定性，即损失程度的不确定性。例如，沿海地区每年都会遭受或大或小的台风袭击，有时是安然无恙，有时却损失惨重。但是人们对未来年份发生的台风是否会造成财产损失或人身伤亡以及损失程度如何却无法预知。

（2）风险是损失的不确定性

不确定性对项目的影响可能是不利的影响，也可能是有利的影响。风险是损失的不确定性强调风险对项目的不利影响，给项目造成的损失。对于项目来说，对于项目有利的影响并非项目的风险，只有那些对项目不利的影响，才能给项目带来损失，这些才是项目的风险，才需要对其进行管理。

（3）风险是实际结果与预期的偏离

这是统计学说中的一般风险定义，一般用实际结果与预期的离差表示，是风险的量化表示。例如，一家保险公司承保10万幢住宅，按照过去的经验数据估计火灾发生概率是1‰，即1000幢住宅在一年中有1幢会发生火灾，那么这10万幢住宅在一年中就会有100幢发生火灾。然而，实际结果不太可能会正好是100幢住宅发生火灾，它会偏离预期结果，保险公司估计可能的偏差域为±10，即90幢和110幢之间，可以使用统计学的离差来表示这种风险。

（4）风险是损失的程度和可能性

认为风险是一种面临损失的可能状态，特别是人们不希望发生的活动或事件的消极的、对项目产生负面影响的事件的发生的可能性和对项目的影响。也就是由于各种结果发生的不确定性而导致行为主体遭受损失的大小以及这种损失发生可能性的大小。

2. 风险的构成要素

风险来源于各种因素的不确定性，全面认识风险需要从多角度、多方面进行分析，形成对风险系统的、全面的、全方位的认识。风险常常涉及组织的外部环境、内部管理以及项目目标等。

通常情况下，工程项目风险由风险因素、风险事件和风险后果三项基本要素构成。

在工程项目中，风险因素（也称为风险源）是引起风险事件发生、影响项目目标实现的潜在因素。风险因素是引起风险事件的根源，但风险因素在一个项目中不一定会出现，只有具备了一定的条件，风险因素才有可能引发风险事件。

风险事件是指任何影响项目目标实现的可能发生的事件。风险事件对项目目标可能是正面的影响，也可能是负面的影响。但在工程项目管理实践中，管理者更强调风险事件的负面影响。由于工程项目外部环境的变化性和项目本身的复杂性以及人们预测能力的有限性，风险事件有可能发生，也有可能不发生。

风险后果是风险事件发生后对项目目标的影响程度，对于工程项目来说，风险后果包括质量下降、工期延长、成本增加等。

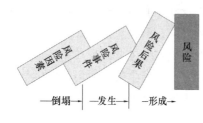

图 1-1　风险三要素关系图

风险因素、风险事件、风险后果之间的关系可以用图 1-1 来表示，风险因素引发风险事件，风险事件形成风险后果，造成实际结果与预期结果之间的差异，就形成了风险。有人用"多米诺骨牌"形象地描述风险因素、风险事件、风险后果之间的关系：风险因素引发风险事件，风险事件导致风险后果。由于风险因素这张"骨牌"的倾倒，连锁引起了其他"骨牌"相继倾倒。因此，风险管理就是要采取预防措施力求稳定风险因素这张"骨牌"，尽量使风险后果这张"骨牌"不倒，或者是倾倒的可能性降低，减少风险造成的损失。

风险因素是风险的起源，工程项目风险的影响因素可能是技术方面的风险，也可能是非技术方面的风险，见表 1-1。

工程项目风险因素示例　　　　　　　　　　　　表 1-1

风险因素	典型风险事件	具体内容
技术风险	设计	设计内容不全，设计缺陷、错误或遗漏，使用规范不恰当，未考虑地质条件，未考虑施工可行性等
	施工	施工工艺落后，不合理的施工技术和方案，施工安全措施不当，应用新技术新方案失败，未考虑现场情况等
	其他	工艺设计未达到先进性指标，工艺流程不合理，未考虑操作安全性，新工艺、新技术带来的挑战等

风险因素	典型风险事件	具体内容
非技术风险	自然环境	洪水、地震、水灾等不可抗拒的自然状况，不可预见的气候条件，复杂的工程地质条件，交通等基本运输条件，其他项目条件等
	政治法律	法律法规的变化，战争和罢工，经济制裁或禁运，不熟悉当地法律等
	经济	通货膨胀，汇率变动，市场波动，各种摊派和收费的变化
	组织协调	业主和主管部分的协调，业主内部的组织协调，业主与利益相关者的协调，承包商内部的组织协调，承包商与业主、监理单位、分包商、供应商之间的协调，承包商内部的组织协调
	合同	合同条款遗漏、争议，合同之间存在矛盾或不一致，承发包模式选择不当，合同管理不力，合同争端等
	人员	业主、设计、监理、承包商、工人、管理人员、技术人员的素质的高低
	材料	原材料、成品、半成品的供货不足、拖延，质量规格的差别，材料的浪费和损耗等
	设备	施工设备供应不足，类型不配套，故障，选型不当等
	资金	资金不到位，资金短缺，流动资金不足等

3. 风险的度量

若要进行风险管理，对风险进行科学的度量是十分重要的前提。只有对风险进行科学的度量，才能分辨风险的重要性。风险度量是风险管理的重要工作内容，项目风险度量是对项目风险的大小、项目风险影响程度和后果所进行的评价与估量。只有经过对项目风险的度量，才能评估项目风险对项目的影响。美国 PMI 认为：风险的大小可用风险事件发生的可能性大小和风险后果的严重性来度量。这样风险被描述为风险事件发生概率及其后果的函数。一般表达方式如下：

$$R = f(p \cdot c)$$

其中，R 表示风险（风险事件），p 表示风险事件发生的可能性，c 表示风险事件发生后可能引起的后果。通常，风险事件发生的可能性，用发生概率表示；风险后果的严重性用潜在损失程度来表示。则风险可以表示为：

$$R = p \times L$$

其中，p 表示风险发生的概率，L 表示风险的潜在损失程度，根据计算出的 R 的大小对风险因素进行排序，这成为风险管理中最常用的风险量化方法。

项目风险度量的主要作用是根据这种度量的结果去制定项目风险的应对措施以及开展项目风险的控制。所以，项目风险度量的主要工作内容有如下几个方面。

（1）项目风险可能性的度量

项目风险度量的首要任务是分析和估计项目风险发生概率的大小，即项目风险可能性的大小。这是项目风险度量中最重要的工作之一。因为一个项目风险的发生概率越高，造成损失的可能性就越大，对它的控制就应该越严格，所以在项目风险度量中首先要分析、确定和度量项目风险可能性的大小。

（2）项目风险后果的度量

项目风险度量的第二项任务是分析和估计项目风险后果的严重程度，即度量项目风险可能带来的损失大小。这也是项目风险度量中的一项非常重要的工作。因为即使一个项目风险的发生概率并不大，可它一旦发生则后果十分严重，就必须对它进行严格的管理和控制，否则这种项目风险的发生会给整个项目造成十分严重的损失。

通过项目风险可能性和项目风险后果的度量，从而评估出项目风险的影响程度，为风险管理策略的制定提供依据。

1.1.3 工程项目风险的特征

工程项目在实施过程中受许多风险因素的影响，这些风险因素对项目目标产生重大影响，工程项目风险是多种风险因素综合作用的结果，具有以下特征：

（1）风险存在的客观性和普遍性。工程项目风险取决于各种风险要素的综合作用，其存在是不以人的意志为转移的，是客观的。在整个工程项目生命周期内，风险无处不在，无时不在。虽然人们一直希望认识和控制风险，但直到现在也只能在有限的空间和时间内改变风险存在和发生的条件，降低其发生的频率，减少损失程度，而不能也不可能完全消除风险。

（2）风险的不确定性。这具有两个方面的含义：一是指风险事件的发生是不确定的，这是因为项目外部环境的变化以及项目本身具有的复杂性，再加上人们对客观世界变化的预测能力的有限性，从而导致人们不可能预先发现全部风险因素，也就不可能预知风险事件的发生。二是指风险事件发生所造成的损失是潜在的，其对项目目标实现的影响是人们不能预知的，是不确定的。

（3）某一具体风险发生的偶然性和大量风险发生的必然性。任何一种具体风险的发生都是由诸多风险因素和其他因素共同作用的结果，是一种随机现象。个别风险事故的发生是偶然、杂乱无章的，但对大量风险事故资料的观察和统计分析，发现其呈现出明显的运动规律，这就使人们有可能用概率统计方法及其他现代风险分析方法去计算风险发生的概率和损失程度，同时也促进风险管理的迅猛发展。

（4）风险的可变性。这是指在项目的整个过程中、各种风险在质和量上的变化，随着项目的进行，有些风险将得到控制，有些风险会发生并得到处理，同时在项目的每一阶段都可能产生新的风险。

（5）风险的多样性和多层次性。建筑工程项目周期长、规模大、涉及范围广、风险因素数量多且种类繁杂，致使其在全寿命周期内面临的风险多种多样。而且大量风险因素的内在关系错综复杂、各风险因素之间与外界交叉影响，又使风险显示出多层次性，这是建筑工程项目中风险的主要特点之一。

1.1.4 工程项目风险分类

工程项目风险是指在整个项目寿命周期内可能导致项目损失的不确定性。工程项目风险的因素很多，可以从不同的角度进行分类。

（1）按照风险来源进行划分。风险因素包括自然风险、社会风险、经济风险、法律风险和政治风险。

1）自然风险。如地震，风暴，异常恶劣的雨、雪、冰冻天气等；未能预测到的特殊地质条件，如泥石流、河塘、流沙、泉眼等；恶劣的施工现场条件等。

2）社会风险。包括宗教信仰的影响和冲击、社会治安的稳定性、社会的禁忌、劳动者的文化素质、社会风气等。

3）经济风险。包括国家经济政策的变化，产业结构的调整，银根紧缩；项目的产品市场变化；工程承包市场、材料供应市场、劳动力市场的变动；工资的提高、物价上涨、通货膨胀速度的加快；金融风险、外汇汇率的变化等。

4）法律风险。如法律不健全，有法不依，执法不严，相关法律内容发生变化；可能对相关法律未能全面、正确地理解；环境保护法规的限制等。

5）政治风险。通常表现为政局的不稳定性，战争、动乱、政变的可能性，国家的对外关系，政府信用和政府廉洁程度，政策及政策的稳定性，经济的开放程度，国有化的可能性、国内的民族矛盾、保护主义倾向等。

（2）按照风险涉及的当事人划分。包括业主的风险、承包商的风险和咨询监理单位的风险。

1）业主的风险。业主遇到的风险通常可以归纳为三类，即人为风险、经济风险和自然风险。

2）承包商的风险。承包商遇到的风险也可以归纳为三类，即决策错误风险、缔约和履约风险、责任风险。乱决策错误风险主要包括信息取舍失误或信息失真风险、中介与代理风险、报价失误风险等。缔约和履约风险，在缔约时，合同条款中存在不平等条款，合同中的定义不准确，合同条款有遗漏；在合同履行过程中，协调工作不力，管理手段落后，既缺乏索赔技巧，又不善于运用价格调值办法。责任风险主要包括职业责任风险、法律责任风险、替代责任风险和人事责任风险。

3）咨询监理单位的风险。咨询监理单位虽然不是工程承包合同的当事人，但因其在工程项目管理体系中的独特地位，不可避免地要承受其自身的风险。咨询监理单位的风险主要来源于业主、承包商和职业责任三个方面。

（3）按照风险可否管理划分。可将工程项目风险划分为可管理风险和不可管理风险。

1.2 工程项目风险管理的发展阶段

1.2.1 工程项目风险管理的发展历程

风险是与人类社会历史的产生、演变、发展而相生相伴的。风险管理是人们对社会、经济、科技、文化活动风险的自主认知和采取的自觉行动。风险管理大致经历了以下四个发展阶段。

1. 风险管理的启蒙阶段

风险管理理论的萌芽来自保险业。风险管理思想的雏形源于公元前 916 年国外的共同海损（General Average）制度和公元前 400 年的船货押贷制度。航海是一种很大的冒险，在当时地中海航行的商人中形成了一种习惯，即为了船、货共同安全而放弃货物所引起的损失由获益的各方共同分摊，这就是"共同海损"的原则。中国古代商朝时期，往返于长江沿线的商家已经开始将货物分散装载于同一航线的不同船上，以分散货物损失风险。

2. 近代的风险管理思想

18 世纪产业革命时代，以流水线为特征的大工业生产，促进了产品生产效率的提升和企业经营管理的普及。法国管理学家亨瑞·法约尔（H enri Fyaol）在《一般管理和工业管理》一书中正式把风险管理思想引入企业经营领域，企业经营管理者开始关注市场、技术、人员、管理所产生的不确定性后果。

3. 风险的科学管理阶段

作为系统的科学方法，风险管理则产生于 20 世纪初的德国。第一次世界大战之后，德国发生了严重的通货膨胀，造成经济衰竭，因此，提出了包括风险管理在内的企业经营管理问题。20 世纪 50 年代以前，经济活动主体把保险作为处理风险的唯一方法，并且仅凭直觉和经验来判断所面临的风险，即处理风险的方法是建立在对风险定性分析的基础上。随着概率论和数理统计的运用，使得对风险的分析发生了质的飞跃，为完整的风险管理理论体系的建立起了极大的推动作用。

1929—1933 年美国卷入最严重的世界性经济危机，使风险管理问题成为许多经济学家研究的重点。风险管理真正在美国工商企业中引起足够重视而得到推广则始于 20 世纪 50 年代。当时，美国企业界发生了两件大事：其一是美国通用汽车公司的自动变速器装置引发火灾，造成巨额经济损失；其二是美国钢铁行业因团体人身保险福利问题及退休金问题诱发长达半年的工人罢工，给国民经济带来难以估量的损失。这两件大事强化了人们对风险管理的重视程度，促进了风险管理在企业界的推广，引发了风险管理的蓬勃发展。因而，美国也被认为是现代风险管理的重要发源地。

4. 现代风险管理阶段

20 世纪 50 年代，风险管理在美国开始发展成为一门学科。20 世纪 70 年代，风险管理已发展成为一门综合性的边缘学科，其应用领域也不再局限于保险业，而是渗透到企业经济生活的各个领域，风险管理教育也非常普及，全美的大多数工商管理学院及保险系都普遍开设了风险管理课程，为工商企业输送了大批专门人才，风险管理教育也从少数开设风险管理课程较早的国家（美国、德国、英国等）逐步传播到了加拿大、法国、日本等经济发达国家。20 世纪 70 年代，美国多数大学工商管理学院或保险系都开设了风险管理课程。1975 年美国保险管理协会（ASIM）更名为风险与保险管理协会（Risk & Insurance Management Society，RIMS），这标志着风险管理学科逐步走向成熟。

在这一时期，项目风险管理也应用于工程建设领域。20 世纪 70 年代西方国家实施的一些大型能源工程项目，其中的代表为 20 世纪 70 年代中期北美北部地区的极地管线项目，20 世纪 70 年代中期至 20 世纪 80 年代初英国石油公司的北海海底管线铺设项目以及之后加拿大和美国的许多能源项目。这一时期风险管理研究涉及的问题主要是有效的计划制订、无偏的成本估计、有效的合同和保险安排以及与环境问题有关的适宜的技术方案选择和相关的批准程序。

从 20 世纪 80 年代中期到现在，项目风险管理的理论开始运用于各种类型的项目，如国防（军舰平台、武器系统、信息系统）、民用信息系统、核电站的停运、核废物处理、深层开采、供水系统的安全性、商品贸易、房地产管理、研究与开发的管理、土建工程施工管理系统、电力设施的长期和中期规划、商业飞机制造、海峡隧道特种车辆的制造等。这一时期研究的问题着眼于项目风险管理技术在哪些方面可以移植应用以及对理论、概念的修改及完善，使之适应具体的情境。

1987 年，为推动风险管理理论在发展中国家的推广和应用，联合国出版了关于风险管理的研究报告——《The Promotion of Risk Management in Developing Countries》。此后，风险管理在发展中国家产生了巨大影响。进入 20 世纪 80 年代，一些发展中国家和地区（印度、尼日利亚、东南亚及我国的台湾地区）才开始实施风险管理教育。

目前，国外对风险管理理论的研究已经逐步趋于成熟，风险管理已发展成为管理学科的一个重要分支，并在各个领域得到了广泛的应用。在项目管理领域，项目风险管理已构成项目管理范畴内的重要内容，许多国际组织（ISO、PMI、IPMA、APM 等）都把风险管理编入正式的项目管理指南和手册，项目风险管理的过程正趋于完善和标准化。未来风险管理将向着集成化和专门化这两个方向发展。由于风险管理的产生和发展与科学技术和生产力水平有着密切的联系，工业发达国家对风险管理的研究和运用始终处于领先地位。

1.2.2 风险管理在中国建筑业的传播和发展

现代风险管理传入我国大概是在 20 世纪 80 年代中期，最初风险管理的思想和实践应用主要体现在采矿、设备维护与更新、自动仪表的可靠性分析等领域。此后，随着国家大型水利工程项目"三峡工程"的立项研究，国外风险管理理论开始引入工程建设项目的决策与实施阶段，风险管理技术逐渐为人们所接受。如今风险管理理论已在金融、房地产、国防、新技术开发、大型工程建设等诸多领域得到广泛研究与应用。1986 年，国务院五部委号召学习鲁布革水电站工程建设管理经验，促进了国内投资管理体制和工程项目管理的变革。同时，工程项目风险管理也成为项目经理日常工作的重要内容。因此，在工程建设领域，风险管理伴随着工程项目管理的改革发展而在实践中不断普及。

1. 学习试点阶段

1986 年，国务院提出学习推广鲁布革工程管理经验，1987 年之后，国家计委多次召开"推广鲁布革工程管理经验试点工作会议"，指导试点方案，研究试点工作的方向、方法和步骤，逐步形成了以"项目生产力理论"为理论基础、以"项目法施工"为特征的施工企业生产方式和项目管理模式，不仅极大地解放和发展了建筑业生产力，而且为 21 世纪中国建设工程项目管理和项目风险管理的新发展奠定了坚实的基础。1992 年 8 月 22日，"中国建筑业协会工程项目管理委员会"正式成立，标志着项目法施工的推行走上一个新台阶。

2. 总结规范阶段

1993 年 9 月，中国建筑业协会工程项目管理委员会以邓小平 1992 年南方谈话为指导，开始系统地总结 50 家试点施工企业进行工程项目管理体制改革的经验，并注重推动企业加快工程项目管理与国际惯例接轨步伐。

2000 年 1 月，中建协工程项目管理委员会组织有关企业、大专院校、行业协会等 30多家单位编制中国建设工程领域第一部管理类标准《建设工程项目管理规范》，并于 2002年 5 月 1 日起颁布施行。

3. 国际化发展阶段

在我国加入 WTO 之后，随着"走出去"战略的实施，建筑企业积极开拓国际承包市场，中国建设工程项目管理的国际化步伐不断加快，国际竞争力不断提高。这期间，中国建筑业协会工程项目管理委员会牵头组织国际项目管理协会、英国皇家特许建造学会（CIOB）香港分会、韩国建设事业协会、新加坡项目经理协会、印度项目管理协会等国家和地区的工程管理协会签署了《国际工程项目管理工作合作联盟协议》，进一步加强了各方在国际项目管理领域的交流和合作。同时，中建协工程项目管理委员会组织会员企业积极贯彻落实科学发展观，加快转变发展方式，工程建设成就显著。

4. 创新引领发展阶段

"十二五"以来，在习近平新时代中国特色社会主义思想和党的十八大、十九大精神指引下，中国建设工程项目管理和工程项目风险管理步入创新引领发展的新阶段。工程建设领域先后完成了一系列设计理念超前、结构造型复杂、科技含量高、质量要求严、施工难度大，令世界瞩目的重大工程。通过落实五方主体工程质量责任制，进一步强化了质量意识、提高了工程质量管理水平。通过推行工程总承包制，项目管理的集成化、信息化水平有较大提升。通过推广 10 项新技术，提高了工程建造技术水平。通过实施绿色施工示范工程，"四节一环保"的理念和实践日益普及。通过实施注册建造师继续教育培训，进一步提高了工程项目管理人才队伍整体素质。

与此同时，进一步完善《建设工程项目管理规范》，凸显工程项目风险管理的重要地位。《建设工程项目管理规范》（简称《规范》）是我国工程建设行业第一部关于建设工程项目管理的规范，2001 年发布实施后，得到了工程建设领域的高度关注和重视。2006 年，对《规范》进行第一次修订并实施后，获得了社会相关方的充分肯定和好评。2017 年，对《规范》进行第二次修订，《规范》的内容表述、要素构成、管理指标依据我国工程建设项目管理的实际情况以及国际上项目管理的发展趋势，体现了国际化、本土化、专业化相互融合的特色，具有较好的科学性、先进性和实践性。

目前，《建设工程项目管理规范》GB/T 50326—2017 主要包括以下内容：①总则；②术语；③基本规定；④项目管理责任制度；⑤项目管理策划；⑥采购与投标管理；⑦合同管理；⑧设计与技术管理；⑨进度管理；⑩质量管理；⑪成本管理；⑫安全生产管理；⑬绿色建造与环境管理；⑭资源管理；⑮信息与知识管理；⑯沟通管理；⑰风险管理；⑱收尾管理；⑲管理绩效评价。

1.3 工程项目风险管理的相关概念

1.3.1 工程风险的定义

美国项目管理学会（Project Management Institute，PMI）认为，项目风险是一种不确定的事件和条件。风险一旦发生，对项目目标可产生某种正面的或反面的影响。

从 PMI 给出的项目风险定义来理解，对于工程项目的主要参与方业主、承包商、咨询方和供应方来说，风险不仅是威胁，也是机会。通过风险管理，不仅要降低风险发生的概率，减少风险损失，而且要利用风险机会，增加其可能带来的收益。

在本教材中对工程风险的定义是：工程风险是指工程项目在决策、设计、施工和竣工验收等阶段中可能产生的，与工程各参与单位目标相背离的，会造成人身伤亡、财产损失或其他经济损失后果的可能性。

工程风险定义着重强调以下几点内容：

（1）工程风险可能存在于工程项目的各个阶段，贯穿于工程项目决策和实施的整个过程。

（2）工程风险的承担主体涵盖了工程建设的各参与单位，包括建设单位、施工单位、咨询单位、监理单位以及勘察设计单位等。

（3）工程风险可能发生也可能不发生，其发生具有可估计的概率。

（4）工程风险可能造成人身伤亡、财产损失或其他经济损失，但对未来损失的影响程度是可估算的。

1.3.2 工程风险的特点

与一般的工业产品生产过程相比较，工程项目的施工工艺和施工流程更为复杂，影响因素更多。因此，除了上述一般风险的普遍特性外，工程风险还表现出以下几个独有特点。

1. 工程风险发生频率高

工程项目建设周期长、施工工艺复杂，实施过程中的各环节都隐含大量风险因素。这些风险因素集结在一起，一旦条件具备，便会形成威胁工程管理目标实现的风险。

在一些工程项目的施工过程中，经常会由于涉及质量缺陷、管理不到位等原因而产生众多风险事件。此外，恶劣天气、地震、洪水等不可抗力的自然因素引发的工程风险事件发生的频率也很高。各种人为或自然的风险因素共同作用，导致工程项目中人员伤亡和财产损失频频发生。据有关资料统计，国内建筑安装工程风险发生频率仅次于交通运输业，位居第二。

2. 工程风险的承担者具有综合性

工程项目的实施过程往往涉及众多参与单位，如建设单位、承包单位、勘察设计单位、监理单位、材料设备供应单位，有些项目还涉及提供贷款的银行和担保公司等。

例如，某工程项目出现质量事故，有可能是承包单位偷工减料或者施工技术不规范造成的，有可能是勘察设计单位提供的设计图纸不准确或有缺陷造成的，有可能是监理单位疏忽大意，未严格履行监控职责造成的，也有可能是物资供应单位提供的材料、设备、构配件等质量不合格造成的，或者是上述这些原因共同造成的。由此看出，一个工程项目可能有一个风险承担者，也可能有多个风险承担者，因此，工程风险的承担者具有综合性。

3. 工程风险损失具有关联性

一方面，由于工程项目涉及面较广，各分部分项工程之间的关联度很高，环环相扣，一个工序出现问题，很可能给后续一系列工作的开展造成影响，使连带损失产生；另一方面，工程的进度、质量、成本、安全四大目标之间也存在关联性，风险的发生对一个目标的实现造成影响，为解决该问题相应会影响工程其他目标的有效实现，使损失连锁化、扩大化。

1.3.3 工程风险管理的概念

从工程风险的特征出发，结合一般风险管理的定义，将工程风险管理定义为：依据工程所处的风险环境和预先设定的目标，由工程管理人员对导致未来损失的可能性进行识别、估计、评价、应对和监控，以最小代价，在最大程度上保障工程总目标实现的活动。

1.3.4 工程项目风险管理的基本要求

风险管理是对项目风险进行识别、分析和应对的过程，是以实现活动主体总目标的科学管理。风险管理在掌握有关资料、数据的基础上，对风险进行分析，运用各种管理方法和技术手段对项目活动的风险进行有效的控制。也就是在主观上尽可能有备无患，在无法避免时能寻求切实可行的补救措施，从而减少意外损失或进而使风险为我所用。

正如项目管理是一种目标管理一样，工程项目风险管理同样也是一种有明确目标的管理活动，只有目标明确，才能起到有效的作用。工程项目风险管理的目标从属于项目的总目标，通过对项目风险的识别，将其定量化，进行分析和评价，选择风险管理措施，以避免项目风险的发生；或在风险发生后，使损失量减少到最低限度。

1. 工程项目风险管理的目标要求

工程项目风险管理的目标要求是：

（1）使项目获得成功；

（2）为项目实施创造安全的环境；

（3）降低工程费用或使项目投资不突破限度；

（4）减少环境或内部对项目的干扰，保证项目按计划有节奏地进行，使项目实施时始终处于良好的受控状态；

（5）保证项目质量；

（6）使竣工项目的效益稳定。

总之，项目风险管理是一种主动控制的手段，它的最重要的目标是使项目的三大目标——工期、投资/成本、质量能够得以实现。这种主动控制与传统的偏差——纠偏——再偏差——再纠偏的控制方式不同。风险管理的主动控制体现在通过主动辨识干扰因素（风险）并予以分析，事先采取风险防范措施，主动控制风险产生的条件，尽可能做到防患于未然，以避免和减少项目损失。

目前，国际项目管理标准已把风险管理视为项目管理的组成部分。只有把风险管理和项目目标管理两者有机地结合起来，才能使项目目标尽可能好地实现。如：买保险是转移项目风险的有效办法，但是需要支付保险费。保险费并非为一个常数，而是随着风险量的增大而增加的。通过风险管理，项目双方（业主和承包商）不但能有效地保证目标控制的顺利进行，并且可以合理地确定并支付保费；与此同时，又可以寻找项目顺利实施的最大保障，最终使项目的总目标最佳地实现。为达成项目管理的目标，及时处理风险信息，一般需要设置合理的项目管理组织，科学地分配风险管理任务。鉴于风险长期存在并且牵扯面广，一般都由项目经理牵头组织风险管理领导小组，配备若干专职或兼职风险管理人员，建立风险管理体系，制订风险管理计划，不断地监控风险产生的可能性。许多大型项目还专门设置风险管理经理来负责风险管理工作，重要部门都有专职或兼职的风险管理员。各级组织或部门合理分配风险管理任务。

2. 工程项目风险管理的基本任务

工程项目风险管理的基本任务是：

（1）建立风险管理体系，明确风险管理制度和风险管理方法。

（2）识别项目风险来源和风险状况。

（3）分析风险，评估风险影响或损失程度。

（4）制订风险对策和风险应对计划，估算风险应对成本，确定风险等级和处理权限。

（5）对风险进行监测和控制。

根据项目需要与机构设置情况，可将保险、劳动安全工作统一纳入风险管理范围。风险管理任务还包括：投保范围进行保险管理和落实安全与卫生措施。

上述各项任务不仅彼此相互作用，而且还与项目管理其他方面的工作相互作用。每项任务往往需要一人、多人或几个团队一起工作，并在项目的一个或多个阶段中出现。虽然在本章中，各项任务被描述成为独立组成部分，但在实践中，却可能交叠和相互作用。

　　项目风险事件一旦发生，至少会对一个目标如时间、费用、范围、安全或质量目标产生积极或消极影响。风险的起因可能有一种或多种，风险事件发生后会产生一项或多项影响。例如，风险起因之一可能是项目需要申请环境许可证，或者是分配的项目设计人员有限。而风险事件则是许可证颁发需要的时间比原计划长，或者因所分配的设计人员不足而无法完成任务。这两个不确定事件无论哪一个发生，都会对项目的费用、进度或者绩效产生影响。风险条件则可能是项目环境或组织环境方面的问题，促成项目风险的产生。例如，项目管理方式不当，缺乏集成管理系统，平行开展多个项目的资源不足，或者过分依赖无法控制的外单位参与者。

1.4　工程项目风险管理的发展趋势

1.4.1　工程项目风险预警管理

　　建立工程项目管理预警系统，实行风险管理的事前决策和控制。项目风险管理预警系统是从项目风险管理出发，将风险管理理论运用于管理信息系统以对风险实现有效控制的一套管理系统，它可以有效提高风险管理工作的效率和辅助决策水平。

　　项目风险管理预警系统是由人、计算机等组成的能进行项目风险信息收集、整理、存储、传递、处理和提供辅助决策信息的集成化系统，其目的是实现项目风险信息的系统管理、规范管理和科学管理，从而为项目风险管理人员进行项目的风险辨识、预测、分析、评估、处置和决策提供可靠的信息支持。

　　从本质上说，项目风险管理预警系统是利用信息化技术对项目活动所涉及的风险实行有效控制的一种工具。风险管理人员通过风险管理预警系统可以认识并处理现实的或潜在的偶然损失，以抵御偶然损失所产生的不利效应，降低风险成本，对于风险管理全过程乃至企业的全部经营活动都起着重要作用。

　　项目风险管理预警系统能够完成各种统计和综合信息处理工作，为管理者提供各种及时可靠的信息，通过对风险的分析和评价，以及对计划的监督和控制，利用各种经济数学模型，优化决策，取得更多经济效益。可以说风险管理预警系统是现代项目风险管理不可缺少的一部分。

　　（1）项目风险管理预警系统的主要功能

　　项目风险管理预警系统是把输入系统的各种形式的原始数据分类、整理录入数据库存储，以供查询风险因素以及对风险源进行风险识别、判断，并进行分析评估，为整体项目管理提供决策依据，以化解风险，趋利避害。具体地说，按照项目管理知识体系中的项目风险管理流程，项目风险管理预警系统的功能有如下一些方面：

　　1）完成风险项目的定义和描述操作，包括风险项目基本信息、项目人员及其他背景信息。

　　2）实现风险因素事务处理，包括风险信息收集，风险因素识别、风险等级划分、风险大小排序、风险逻辑关系建立等。

　　3）实现对项目风险的分析和评估，比如通过对项目风险因素危害大小和发生概率的评估，实现对项目整体风险的管理。

　　4）实现对项目风险整体的控制和预警，并提供可视化的预警界面。

5）实现对风险因素汇总和流程管理，实现风险报告、风险预测提示、安排风险控制任务。

6）实现风险信息数据的可靠储存和便捷共享，提供查询、分析界面，并通过建立风险处理数据模型实现风险智能预警功能。

此外，风险管理预警系统还要能提供各种统一格式的信息，简化各种统计报表工作，以提高工作效率和工作质量。

（2）项目风险管理预警系统的意义

1）提高风险管理人员的工作效率。利用信息网络作为项目信息交流的载体，从而使风险信息交流速度大大加快，减轻了项目风险管理人员日常管理工作的负担，加快了管理过程中风险信息反馈的速度，使项目管理人员能够及时查询风险管理进展情况的总体态势和详细情况，进而及时发现问题，及时做出决策，提高工作效率，确保项目的成功。

2）提高风险管理团队的协同水平。利用共享的风险信息管理平台，方便项目利益相关方进行信息共享和协同工作，在这个平台中，风险信息的透明度增加，人们可以从各个角度去查看项目的风险信息，风险管理的总目标更容易贯彻，风险经理和上层领导也更容易发现问题，并及时进行沟通和控制。一般的风险管理和执行人员也更容易了解和领会上层的意图，使得各方面协调更为容易。它在信息共享的环境下通过自动地完成某些常规的信息通知，减少了项目参与人之间需要人为信息交流的次数，并保证了信息的传递变得快捷、及时和通畅。

3）提高风险管理的决策水平，使得决策更科学、更准确。在项目风险管理信息系统中，所有的项目相关信息及其处理过程都以系统化、结构化的方式存储起来，这些历史信息和数据是提高决策水平的重要财富，它为各项目参与人提供完整、准确的历史信息，方便浏览，使各部门项目风险管理工作的效率得到了极大提高；同时，利用风险管理的历史数据，可以进行更深层次的数据分析和挖掘，提供定量的分析数据，使项目风险管理的决策更加科学。

总之，项目风险管理预警系统使风险管理有了高效的处理和分析平台，使风险管理的各项工作的开展更规范、更流畅、更高效，大大提高了项目风险管理的能力和水平。

当今世界，大型工程建设项目无一例外地均采用了项目风险管理技术，如美国的华盛顿地铁、英国的伦敦地铁、中国的三峡工程、南水北调工程、青藏铁路工程、港珠澳大桥工程等。

1.4.2　工程项目全面风险管理

全面风险管理是用系统的、动态的方法进行风险控制，以减少项目实行过程中的不确定性。它不仅使各层次的项目管理者建立风险意识，重视风险问题，防患于未然，而且在各个阶段、各个方面实施有效的风险控制，形成一个前后连贯的管理过程。

1. 工程项目全面风险管理的内容

工程项目全面风险管理的内容包括五个方面：

（1）全过程的风险管理。在建设项目各个阶段，均存在不同的风险因素，这就要求项目管理者在项目的不同时期实施有效的风险控制，并加以严格管理，确保风险管理的连贯性。

（2）全要素的风险管理。在建设项目的某一阶段，风险因素很多，例如在施工准备阶段，施工组织设计方案制定的是否科学合理、临时设施的建设与租赁的费用比较等，项目管理者应尽可能把各种可能发生的风险考虑全面，确保不遗漏风险管理对象。

（3）全员的风险管理。工程项目风险管理是一个多目标、多参与者、多阶段的复杂系统工程，单靠一两个风险管理专家和项目管理人员是无法完成全部风险管理工作的，风险管理需要全员参与，具体包括两个层次：

1）从项目部的角度来看，项目参与方对工程项目风险的认识、控制能力和应对措施是不一样的。业主对项目质量和产品特性、投资方、经济和社会等风险因素具有较充分的信息，咨询工程师对于自然环境、技术、设计、计划控制、组织关系等风险因素具有较强的认识和控制能力，承包商对于施工方法、项目部成员、机械设备、材料、财务等风险因素具有较强的认识和把握。

2）从公司或企业总部的角度来看，公司或企业总部则在资源分配、政策倾斜、项目宏观控制方面具有优势。所以，项目部要想成功地进行风险管理，还依赖于各职能部门的支持。项目部应每月向公司或企业总部以工程月报、财务月报形式汇报项目进展情况，其中包括风险管理工作情况，特别是在发生安全事故、质量事故、交通事故、重大设计变更等事件时，都需要及时汇报。公司或企业总部通过分析研究，将有关项目风险情况、应对措施及公司其他要求等传至项目部。对于风险较大或影响较大的国际工程项目，公司总部可以派出对风险管理有经验的代表常驻项目部，或者派出工作组每年到项目部视察风险管理情况。

（4）全方位的风险管理。对工程项目的每一个阶段、每一种风险，项目的管理者都要系统和全面地分析风险因素对项目各个方面的影响。例如，大型模板的订购和新型设备的购置，对施工质量、工期、工程成本等均有影响，应采取相应的决策与管理措施，控制风险。

（5）全面措施的风险管理。对风险的管理要采用综合的控制手段，从技术、经济、行政、合同及管理等方面入手，并按风险预测、风险分析、风险控制等管理程序加以管理。随着集成管理理论的逐渐成熟和完善，越来越多地应用于工程项目建设中。近年来，也有很多研究者提出或研究全寿命周期风险集成管理，并成为风险管理研究的热点。

2. 工程项目全面风险管理的任务

由于风险贯穿于项目的整个生命周期中，因而风险管理是持续的过程，建立良好的风险管理机制以及基于风险的决策机制是项目成功的重要保证。风险管理是项目管理流程与规范中的重要组成部分，制定风险管理规则、明确风险管理岗位与职责是做好风险管理的基本保障。同时，不断丰富风险数据库、更新风险识别检查列表、注重项目风险管理经验的积累和总结更是风险管理水平提高的重要动力源泉。工程项目全面风险管理的主要任务有三个方面：

（1）预报预防

在工程项目实施过程中，要不断地收集和分析各种信息和动态，捕捉风险的前奏信号，以便更好地准备和采取有效的对策，包括项目投保等措施，预防和避免可能发生的风险。加强风险预报预防工作是项目风险管理最重要的任务，预防措施的好坏，直接关系到风险发生的概率和风险损失的大小。

（2）防范控制

无论预防措施做得有多么周密，工程项目的风险总是难以完全避免的。当风险特征指标异常变动时要进行有效控制，防范风险演变趋势范围和程度进一步扩大。在风险状态下，依然必须保证工程的顺利实施，如迅速恢复生产，按原计划保证完成预定的目标，防止项目中断和成本超支，唯有如此才能有机会对已发生和还可能发生的风险进行良好的控制。

（3）及时处置

在风险发生后，亡羊补牢，犹未为晚。要迅速及时地采取措施以控制风险的影响，尽量降低风险损失和弥补风险损失，并争取获得风险的赔偿，如向保险单位、风险责任者提出索赔，以尽可能地减少风险损失。

3. 工程项目全面风险管理的组织

全面风险管理组织主要指为实现全面风险管理目标而建立的组织结构，即组织机构、管理体制和责任人员。没有一个健全、合理和稳定的组织结构，全面风险管理活动就不能有效地进行。

工程项目全面风险管理组织具体如何设立、采取何种方式、需要多大的规模等问题取决于多种因素。其中决定性的因素是工程项目风险在时空上的分布特点。项目风险存在于项目的所有阶段和方面，因此全面风险管理职能必然是分散于项目管理的所有方面，管理团队的所有成员都负有一定的风险管理责任。如果无人对风险管理负起责任，则全面风险管理就要落空。因此，全面风险管理职能的履行在组织上具有集中和分散相结合的特点。

此外，工程项目的规模、技术和组织上的复杂程度、风险的复杂和严重程度、风险成本的大小、上级管理层对风险的重视程度、国家和政府法律、法规和规章的要求等因素都对全面风险管理组织有影响。

全面风险管理组织结构的最上层应该是项目经理。项目经理应该负起全面风险管理的领导责任。项目经理部可设一名专职或兼职风险管理人员，帮助项目经理组织和协调整个工程项目的风险管理活动。

在工程项目实施过程中，应有技术、经济和项目管理经验的权威人士进行风险分析。可以从外聘请专家承担风险分析工作。从外聘请专家的优点是容易使风险分析做得更客观、更公正。无论何种情况，项目管理团队成员都要参与风险分析过程。这样既可保证风险分析结论的合理性，又能够了解风险问题的原委，对风险应对策略和措施做到有的放矢。

1.4.3 工程项目风险集成管理和协同管理

集成管理是在理解管理对象的系统性、整体性的特性之后，对管理对象的集成活动以及集成平台的形成、维持及发展变化，进行能动的计划、组织、协调、控制，从而实现各种要素的全方位优化，达到整合增效的目的，促进管理效益的提高。协同管理的本质就是打破资源（人、财、物、信息、流程等）之间的各种壁垒和边界，使它们为共同的目标而进行协调的运作，通过对各种资源开发、利用和增值以充分达成共同的目标。作为工程项目风险集成管理与协同管理，主要是基于系统思维的角度来认识和分析项目风险，从系统过程的视角来管理项目风险。

工程项目风险集成管理与协同管理是依据工程项目风险的特点，综合考虑工程项目从立项到交付使用整个生命周期中各阶段的要求和衔接关系，项目管理中的各要素相互关系以及项目执行过程中各参与方之间的动态影响关系，以实现风险管理目标为目的，从系统角度出发，分析、识别和评价项目面对的所有风险而采用的一种基于信息技术的高效率项目风险管理模式。

工程项目风险集成管理与协同管理定义可以从以下几个层次来理解。

（1）工程项目风险集成管理与协同管理是对全部风险的动态管理。

项目风险集成管理与协同管理在项目的全寿命周期中风险集合，随时间的变化而呈现动态变化的特性。这种动态变化一方面表现在某些风险随项目的进行出现或者消失，另一方面表现为主要风险和次要风险的相互转化，如某一时刻项目的主要风险在另一时刻可能转化为项目的次要风险；同理，次要风险也可能转化为主要风险。在项目全寿命周期的每一时间段进行风险管理，都要罗列各种可能的风险，并将它们作为管理对象，不能有遗漏和疏忽。

（2）工程项目风险集成管理与协同管理以实现项目管理目标为最终目的。

对于工程项目来说，风险管理的具体目标可以表述为保证建设过程安全的前提下，实现投资、进度和质量的控制要求。显然，工程项目风险管理的总体目标和工程项目管理的目标是一致的。建设项目从策划、实施到投入使用，需要一个较长的过程，在总的风险控制的目标下，不同阶段有不同阶段的风险管理目标，这些不同阶段的风险管理子目标形成一个有机的目标系统。当然，这个目标系统必须与项目管理的总目标保持一致。

（3）工程项目风险集成管理与协同管理是对项目全寿命周期的管理。

项目的全寿命周期是指从项目立项到交付使用的全过程，项目全寿命周期较长，由于内外部环境的变化，不同时期不同阶段项目的风险因素不同，采用的风险管理方法也不同，项目风险管理实际上是对项目的纠偏过程，这个过程应一直持续到项目完成。因此，项目风险管理应贯穿整个项目的全寿命周期。

（4）工程项目风险集成管理与协同管理包含了风险管理的全过程。

风险识别、风险评估、风险应对及风险监控是项目风险管理的全过程，项目风险集成管理就是在项目全寿命周期内，将风险管理过程在不同阶段持续运用，达到风险管理的目的。

（5）工程项目风险集成管理与协同管理需要项目参与方全员参与，共同合作管理风险。

工程项目参与方众多，且在项目全寿命周期内，项目参与方随着项目的实施而不断变化，工程项目风险集成管理与协同管理强调项目参与方的合作与协商，项目参与方站在全局的角度以项目的目标完成为己任，而不是从各自角度出发谋取自身利益。在项目实施过程中，项目参与方以项目目标的完成实现企业利润，实现共赢。

（6）工程项目风险集成管理与协同管理以信息技术为实现手段

工程项目风险集成管理与协同管理活动伴随着风险管理信息产生、收集、处理及发送的全过程。计算机技术和信息系统的发展为工程项目风险集成管理提供了良好的条件。风险集成管理信息系统是为了优化整个信息流程，提高信息对称度和实时性；以便在合适的时间把合适的信息传送到需要此信息的人员那里。这样的信息既包括风险管理理论和方法的管理支持信息，还包括项目系统内部及风险管理政策的信息，是一种全方位、立体性的信息网络。

工程项目风险管理的集成与协同主要考虑四个方面，即：风险管理目标的集成与协同，风险管理组织的集成与协同，风险管理过程及方法的集成与协同以及风险管理全寿命周期的集成与协同。这种集成与协同一方面体现在时间轴上，风险管理组织、风险管理过程及风险管理目标沿工程项目全寿命周期的动态变化；另一方面体现在某一阶段或者某一时间段，优化和设定项目风险管理目标，寻找风险管理组织的模式及构成方式，以及风险管理过程和方法的综合运用等。项目全寿命周期各个阶段风险管理的集成与协同必须以风险管理信息系统为依托，利用风险管理信息系统收集和处理信息，才能使风险管理的集成与协同得以实现。

（1）工程项目风险管理的全寿命周期集成与协同

项目都具有明确的起点和终点，这是由项目的单件性所决定的。由项目的实施开始至一个明确的结束，标志着一个项目的完成。项目的执行组织通常把这个过程分为若干阶段，每个阶段都由一个或数个可交付成果的完成作为标志，这些阶段总称为项目全寿命期。

我国常用基本建设程序表示工程项目全寿命期，基本建设程序是指基本建设全过程中各个阶段及其各项工作必须遵守的先后顺序。我国现行的基本建设程序，大致项目立项审批、设计、实施、竣工验收四个阶段，从集成风险管理的角度，各阶段的风险管理应有机结合起来，而不是一个孤立和割裂的状态。项目阶段的划分，并不意味着这些阶段之间相互独立，恰恰相反，每一个阶段与其上游及下游阶段之间存在本质上的相互联系。实际上，项目全寿命周期是连续的一个时间过程，工程项目集成风险管理是观察工程项目全寿命周期的，工程项目风险管理的各要素均是时间的函数，这种思想体现了工程项目集成风险管理的动态性和持续性。

（2）工程项目风险管理目标的集成与协同

工程项目风险管理目标与项目管理的目标是一致的，主要包括质量目标、费用目标、进度目标、安全目标。这些目标之间存在着相互制约的关系，所有目标同时最优实现是不可能的。工程项目风险管理的目标集成是在综合考虑所有目标的基础上，达到目标之间的均衡。工程项目风险管理的目标不是一蹴而就的，而是随着项目的实施逐步完成和实现的。因此，确定了项目的风险管理目标以后，根据项目实施的不同阶段或不同时刻，将风险管理总目标逐步分解，形成项目各时间段的风险管理子目标，各时间段的风险管理工作围绕子目标展开，以一系列子目标的实现来完成项目的全寿命周期风险管理总体目标。

（3）工程项目风险管理组织的集成与协同

在项目全寿命周期的不同阶段，由不同的项目参与方参与项目的决策和实施，承担不同的工作任务。大型复杂的项目往往有多方面的人参与，例如业主、投资方、贷款方、承包商、供货商、设计方、监理方、咨询顾问以及项目其他参与方。

业主可以是业主项目管理班子，也可以是业主聘请的项目管理公司。业主与其他项目参与方的关系可以是合同关系，也可以是管理或者协议关系。在传统的项目管理模式中，设计方、咨询方、承包商一般和业主直接签订合同，材料供应商和设备制造商可能直接和业主签订合同，也可能和施工承包商签订合同，施工承包商再和各专业分包商签订分包合同。项目其他参与方可以是政府机构、公众、融资机构、公共设施提供者、保险公司等。这种独立的合同和协议容易造成项目各方缺乏交流和了解，出现追求局部优化的现象。

项目风险管理组织一般是由项目参与方共同组成的一个临时共同体，项目风险管理组织的集成是要建立由项目各方参与的风险管理团队，以项目业主为主导，协调好承包商、供货商及监理等项目各参与方的关系，促进项目各方的合作，在组织内部形成"利益共享，风险共担"的机制。

（4）工程项目风险管理过程及方法的集成与协同

风险管理过程包括风险识别、风险评估、风险应对和风险监控四个阶段。风险管理的方法有很多种，有定性分析方法，如德尔菲法、头脑风暴法等；定量分析方法，如概率分布分析法、蒙特卡罗模拟法等。在项目全寿命周期内的各个阶段，针对不同的风险集合，风险管理过程的各阶段所采用的风险管理方法是变化的。风险管理过程和方法的集成一方面是在系统论的指导下，将风险管理的几个阶段通过信息技术集成为一个统一的、完整的风险管理过程，另一方面是指在风险管理的各个阶段，实现定性分析方法和定量分析方法的综合集成。

1.4.4 工程项目集群风险管理

简单地说，项目集群风险管理就是指对多个具有一定相互关联的项目进行的风险管理，它是为达到项目集群风险预防或消减的目的而进行的计划、组织、控制、激励和领导活动的统称，它由一系列项目集群风险管理技术、方法组成。项目集群风险管理是项目风险管理理论在项目集群环境中的应用和体现，它不但包括传统单项目风险管理的内涵，而且由于集群项目环境的存在，使得各分项目之间在进度、资源、人力等方面的冲突加剧，进一步加大了项目风险识别和风险分析的复杂性，也为风险控制带来了一些新的难题。

项目集群风险管理所界定的项目集群主要是指同一业务范围内的多个项目。项目组合风险管理是指为了实现一定的企业战略目标而对正在实施的项目集群、单一项目和其他工作所进行的风险管理，项目组合风险管理重点关注由于项目优先次序、投资和资源分配等问题带来的风险。

按照管理项目范围的不同，单一项目风险管理、项目集群风险管理和项目组合风险管理是三个不同层面的项目风险管理，三者之间具有一定的逻辑包含关系，如图1-2所示。

项目集群风险管理不直接参与对每个项目的日常管理，所做的工作侧重在整体上进行风险规划、控制和协调，指导各个项目的具体风险管理工作。一般来说，具有以下特征的多个项目可按项目集群进行风险管理：

（1）一个企业同时有若干个开发的项目，出于组织、费用和效率等考虑，该企业为这些项目设立共同的风险管理组织，对各个项目的风险进行集中管理。

（2）一些大型复杂项目，含有若干个相对独立的子项目，这些项目之间有着错综复杂的包括进度、费用、组织、质量等方面的互动关系，在这些项目的管

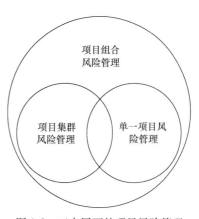

图1-2 三个层面的项目风险管理

理中，风险的产生和发展会相互影响、相互制约。

（3）在一些合同管理中，甲方必须对众多乙方项目的风险管理进行监视、控制和协调。

（4）在职能型项目管理组织模式下，负责风险管理的职能部门管理着一定数量的、存在着相互依存关系的项目。

复习思考题

1. 什么是工程项目？什么是工程项目风险？工程项目风险具有哪些特征？

2. 怎样度量工程项目风险的大小？

3. 工程项目风险的构成要素有哪些？

4. 工程项目风险的分类有哪些？

5. 什么是项目群风险管理？

2 现代工程项目风险管理原理

2.1 工程项目风险管理的一般过程

2.1.1 工程项目风险管理的概念

工程项目，特别是大中型工程项目是极其复杂的系统工程，其实施是充满风险的过程。一个工程项目的实施过程可以分为若干阶段，而每个阶段又有许多子过程组成，这些确定的子过程的实现一般有规定的程序、工作规程、检查或验收标准，对这类常规性的工作，是程序化和结构化的管理问题，管理工作的难度并不大。但在工程项目实施中，不可避免地会受到不确定因素的影响，即存在不确定性和风险性的问题，其管理相当复杂。这一方面在于信息的不完整或信息的相对滞后，对它们的识别及性质的把握相当困难；另一方面对它们处理的工具、方法或手段常常是无章可循。因此，对这些不确定性和风险性的问题进行分析和管理是工程项目管理中非常重要的任务，因此需要科学的管理程序和方法。

工程项目风险管理是指通过风险识别、风险分析和风险评价去认识工程项目的风险，并以此为基础合理地使用各种风险应对措施、管理方法、技术和手段，对风险实行有效的控制，妥善处理风险事件造成的不利后果，以最少的成本保证项目总体目标实现的管理工作。工程项目风险管理的实质是对工程项目中的风险进行管理，以降低工程项目中风险发生的可能性，减轻或消除风险的影响，用最低成本取得对工程项目保障的满意结果。

2.1.2 工程项目风险管理的一般过程

风险管理是一个确定和度量项目风险，以及制定、选择和管理风险处理方案的过程。其目标是通过风险分析，减少项目决策的不确定性，以便决策更加科学，以及在项目实施阶段，保证目标控制的顺利进行，更好地实现工程项目的质量、进度和造价目标。工程项目的风险管理，主要包括以下几个环节（图2-1）：

（1）确定风险管理目标。首先是要确立风险管理目标，然后制定风险管理计划。风险管理的目标是选择最经济和有效的方法，使风险成本最小，它可以分为损失前的管理目标和损失后的管理目标，前者想方设法减少和避免损失的发生；而后者是在损失一旦发生后，尽可能减少直接损失和间接损失，使其尽快恢复到损失前的状况。

（2）风险识别。要应对风险，首先必须先识别

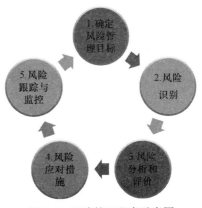

图 2-1 风险管理程序示意图

风险。针对不同项目性质、规模和技术条件，风险管理人员根据自身的知识、经验和丰富信息资料，选择多种方法和途径，尽可能全面地辨识出所面临的各种风险，并加以分类。

（3）风险分析和评价。这是对工程项目风险发生概率及严重程度进行定量化分析和评价的过程。

（4）风险应对措施。对项目风险进行识别和分析后，对各种风险管理对策进行规划，并根据项目风险管理的总体目标，就处理项目风险的最佳对策组合进行决策。根据项目风险管理的总体目标，就处理项目风险的最佳对策组合进行决策。一般而言，风险管理有四种基本对策：风险回避、风险减轻、风险转移和风险保留。

当风险管理者对各种风险管理对策作出选择后，必须制订具体的实施计划，如安全计划、损失控制计划、应急计划等，并付诸实施过程，以及在选择购买工程保险时，确定恰当的水平和合理的保费，选择保险公司等。

（5）风险跟踪与监控。实施风险管理控制措施后，还需要对风险进行不断的监控，以便及时发现偏差、纠正错误、减少成本：控制计划的执行，调整工作方法；总结经验，提高风险管理水平。风险跟踪与监控是风险管理中一个重要的环节，通过风险跟踪与监控可以使风险管理形成一个闭合的过程，使风险管理在更高的层次上实施。

在工程项目风险管理中，依据工程项目的特点及其总体目标，通过程序化的决策，全面识别和衡量工程项目潜在的损失，从而制定一个与工程项目总体目标相一致的风险管理防范措施体系，是最大限度降低工程项目风险的最佳对策。

2.2 工程项目风险管理目标

2.2.1 工程项目风险管理的多层次目标

风险管理的早期倡导者詹姆斯·克瑞斯提（James Cristy）认为："风险管理是企业或组织通过控制意外损失事故风险，以保障企业或组织盈利。"美国著名风险管理专家赫利克斯·科罗曼（Helix Kloman）认为："风险管理的目标是保存组织生存的能力，并对客户提供产品和服务，从而保护公司的人力与物力，保障企业的综合盈利能力。"美国斯科特·哈瑞顿（Scott E. Harrington）则认为："风险管理的总体目标是通过风险成本最小化实现企业价值最大化。"

由上述学者的观点可以看出，应当以一种动态的、发展的眼光来审视项目风险管理的目标。伴随风险管理的理念、方法及业务范围的发展变化，风险管理的目标也会相应地作出调整。具体可以从以下三个方面来把握风险管理的目标。

1. 风险管理的总体目标

通过风险成本最小化实现项目价值最大化是项目风险管理的总体目标。简言之，由于风险存在而导致项目价值的减少，构成了风险成本。项目风险成本包括：①期望损失成本；②损失控制成本；③损失融资成本；④内部风险抑制成本；⑤残余不确定性成本。通过全面、系统的项目风险管理，可以减少项目的风险成本，也就是减少项目的现金流出或增加项目的现金流入，稳定项目的净现金流量，从而实现项目价值的最大化。因此，项目风险管理的总体目标就是通过项目风险成本最小化实现项目价值的最大化。

2. 风险管理的损失前目标

通过加强损失控制、项目风险分担方式安排及组织内部积极采取措施控制风险等风险管理的手段，有效地减少风险损失发生的频率及损失程度，从而优化资源配置，这是风险管理的损失前目标。

3. 风险管理的损失后目标

通过实施有效的风险控制管理方法，保证项目在遭遇不确定风险损失时能够及时得到补偿，从而维持生存或是保持项目的正常经营，实现项目的稳定收益，这是风险管理的损失后目标。

项目风险管理目标的确定是由成本效益分析确立的，项目风险管理的目的是以最小的成本实现最大的效益。因此要确定项目风险管理目标必须要明确项目风险管理的成本与收益。

2.2.2 工程项目风险管理成本与风险损失

1. 风险管理成本

对项目风险进行管理的过程中，必须有合理的资源投入，才能产生效果。风险管理成本就是在项目实施过程中，组织为了控制风险因素对项目目标的影响，预防风险发生，控制和减少风险损失，在组织内部采取风险识别、评估、应对和监控措施，从而产生的费用支出以及由此引起的效率的降低。项目风险管理成本可能是直接的显性成本，如采取技术措施消除隐患；也可能是隐性的无形投入成本，如为消除风险而采取管理措施导致的工作效率降低、风险管理人员的精力投入等。

从风险管理成本产生的目的来看，风险管理成本可以分为预防性投入成本、纠正性投入成本。

预防性投入成本是为了防止风险的发生，在组织内部采取风险识别、评估、监控以及采取风险应对措施而产生的成本费用，以及由此增加的控制和管理环节而导致工作效率的降低产生的直接和间接损失。预防性管理投入成本与风险管理主体特性和项目特征有关系。

纠正性投入成本是在发现了风险征兆后而对其进行检查、处置、防护以及复原而产生的成本费用。此时风险因素已经发生，但是未形成明显的风险事件，风险行为仍在可控范围内，因而未造成明显的、严重的损失，未对项目目标产生严重影响。但如果未及时进行纠正补救，产生的后果会越来越严重，直至产生严重后果，形成风险损失。

从整个风险管理过程来看，纠正性投入成本主要可划分为：①风险控制、处置及转移的外部投入；②风险控制、处置及转移的内部投入；③风险管理过程的投入等三部分。主要包括以下各种投入成本：

（1）为减少风险因素给项目带来的不确定性，业主采取风险转移措施，由此增加的工程保险费。

（2）风险管理机构及相关的风险管理部门的运行费用。与风险管理相关的组织机构主要有：风险管理委员会、风险管理部、内部审计部门、监理部门等。这些组织机构都直接或者间接地承担着一定的风险管理职能，因此其部门因履行风险管理职能而发生的那部分运作费用应归属到风险管理的投入中。

（3）风险管理过程的自身投入，主要指为预防风险事故和进行风险管理而增加的设备和设施费用。包括配备一定设备和设施，例如消防设备、劳动保护费；采用的专用设备以及加固设施等而额外增加的费用；增加信息系统等硬件设施而增加的费用等。

（4）人员的培训教育以及咨询费用。包括内部人员的培训、安全教育投入；风险管理咨询费等。

2. 风险损失

项目发生风险，对于项目会造成一定的损失，风险损失是风险管理投入不足的必然结果。如果风险管理投入足够大，且能正确发生作用，就能减少风险损失。因此，风险损失是指由于风险管理工作不及时，缺乏有效的风险管理方法所导致的经济损失。这种损失有些是直接的，可以准确计量，有些则是间接的，难以准确计量。风险损失既包括由于风险造成的直接财产损失和工期延误而增加的人工、机械等方面的费用增加，也包括因为风险事件给工程建设相关方带来的无形的损失和业主为控制风险所付出的无形的投入。按照风险损失的财务特性，项目风险损失可以分为有形风险损失和无形风险损失。

有形风险损失是指项目风险后果所形成的直接损失和间接损失。直接损失主要是财务上可以计量的实质的经济损失，主要包括财产损失、收入损失以及其他一些额外费用的损失。财产损失是由于风险后果形成的资产损失、人员伤亡以及由于风险后果所造成无法履行合同导致的赔偿责任等。收入损失是后果影响正常生产经营而导致利润的减少。额外费用的损失是维修、补偿或重置风险造成的损坏而支出的费用。间接损失指不能在财务上直接计量的机会成本。如因损失较大带来的更高融资成本，放弃的投资机会；发生损失巨大时与公司重组和破产清算有关的法律费用和其他成本。

无形风险损失是指由于风险因素的不确定性而导致的工程建设相关方所付出的无形代价。这主要包括以下几个方面：

（1）风险事件引起的信誉损失。因为项目是一个系统工程，涉及承包商、供应商、设计单位以及其他一些利益相关者，这些组织和个人按照合同的约定为项目做出贡献。风险事件的发生，必然会引起计划的变动，从而产生一系列的合同变动，使业主的信誉受损。

（2）心理影响。由于人们害怕风险事件的产生，必然会影响工作的积极性，从而减低工作效率。

3. 工程项目风险管理的收益分析

风险管理的目的就是减少风险事件所造成的损失。有效的风险管理应当能够减少风险损失。因此，风险管理的收益就等于由于采取风险管理措施导致风险减轻或消除而形成的风险损失的减少与风险管理成本的差值。决策者在决定风险管理目标和采取风险管理措施时，要考虑风险管理投入与项目总收益之间的关系。风险管理投入与项目收益之间的关系可以见图2-2。在开始阶段，随着风险管理投入的逐渐增加，项目收益在逐渐增

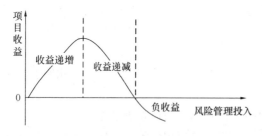

图2-2　风险管理投入与项目收益之间的关系图

加。这是由于风险管理投入的增加，风险损失减少的幅度较大。最终达到风险管理投入与风险损失达到一个平衡点，此时项目收益会最大。这个阶段过后，随着风险管理投入的增

加，风险损失降低的幅度会明显减小，因此出现项目收益递减，甚至出现项目总收益出现负值。

工程项目的风险是绝对存在的，不管采取什么管理方法，投入多少资源，风险都会以一定的概率发生。因此，项目风险管理的目标不是追求完全消除风险，而是要控制和接受一定水平下的风险。

2.3　工程项目风险识别

在进行项目风险管理时，首先要进行风险的识别。只有认识到风险因素，才可能加以防范和控制，风险识别是整个风险管理系统的基础，找出各种重要的风险来源，推测与其相关联的各种合理的可能性，重点找出影响项目质量、进度、安全、投资等目标顺利实现的主要风险。风险识别是风险管理目标确定后，对项目存在风险进行分析归类，主要回答以下问题：

(1) 风险是什么？

(2) 风险因素是什么？

(3) 导致风险事故的主要原因和条件是什么？

(4) 风险事故的后果是什么？

(5) 风险辨识的方法是什么？

(6) 如何进行风险管理？

这些问题可归纳为5W1H，即 What（有些什么风险因素？），Why（为什么会出现风险？），When（什么时候会出现风险？），Where（什么地方会出现风险？），Who（谁会经受风险？），How（后果如何？如何应对？）

2.3.1　风险识别的概念

风险识别是从系统的观点出发，对工程项目所涉及的各个方面和项目建设的发展过程进行分析，对潜在和客观存在的各种风险进行系统、连续的识别和归类，并分析产生风险事故原因的过程，其目的是帮助决策者发现和识别风险，为决策减少风险损失，提高决策的科学性、安全性和稳定性。

风险识别的重点是：①财产损失及额外费用支出；②收入损失、营业中断损失、产生额外费用支出；③人身伤亡损失；④损害他人利益而应承担的赔偿责任。

风险识别有以下几个特点：①特殊性。任何风险都有与其他风险的不同之处，没有两个风险是完全一致的。②主观性。风险识别都由人来完成，由于个人的专业知识水平（包括风险管理方面的知识）、实践经验等方面的差异，同一风险由不同的人识别的结果就会有较大的差异。③复杂性。项目所涉及的风险因素和风险事件均很多，而且关系复杂、相互影响。④不确定性。这一特点可以说是主观性和复杂性的结果，风险识别本身也具有风险。因而，避免和减少风险识别的风险，也是风险管理的内容。

2.3.2　风险识别的过程

项目的风险识别往往是通过对经验数据的分析、风险调查、专家咨询以及实验论证等方式，在对项目风险进行多维分解的过程中，认识工程风险，建立工程风险清单。风险识别的结果，是建立项目风险清单。在项目风险识别过程中，核心工作是"项目风险分解"

和"识别项目风险因素、风险事件及后果"。

识别风险的过程包括对所有可能的风险来源和结果进行实事求是的调查，一般按以下步骤进行：

1. 项目风险分解

项目风险分解是确认项目实施过程中客观存在的各种风险，根据项目风险的相互关系，从总体到局部，由宏观到微观，将项目风险分解成为若干个子系统，使人们能比较容易地识别项目的风险，分解的结果要具有准确性、完整性、系统性。可以根据需要对项目风险进行分解组合。例如，采用三维度分解或者五维度分解。

当采用三维度分解时，一般按照时间维、目标维和因素维进行，如图 2-3 所示。

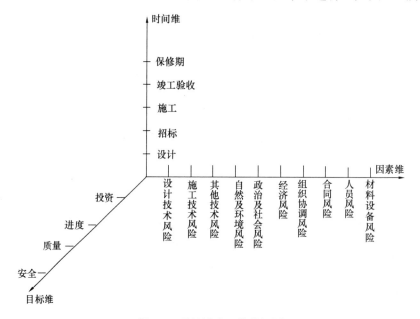

图 2-3　项目风险三维分解图

根据项目的特点，可以按目标、时间、结构、环境和因素五个维度相互组合分解。如可以按照下列方法进行分解：

目标维：是按项目目标进行分解，即考虑影响项目费用、进度、质量和安全目标实现的风险的可能性。

时间维：是按项目建设阶段分解，也就是考虑工程项目进展不同阶段（项目计划与设计、项目采购、项目施工、试生产及竣工验收、项目保修期）的不同风险。

结构维：按项目结构（单位工程、分部工程、分项工程等）组成分解，同时相关技术群也能按其并列或相互支持的关系进行分解。

环境维：按项目与其所在环境（自然环境、社会、政治、经济等）的关系分解。

因素维：按项目风险因素（技术、合同、管理、人员等）的分类进行分解。

2. 建立初步工程风险清单

风险清单中应明确列出客观存在和潜在的各种风险，包括影响生产率、操作运行、质量和经济效益的各种因素。人们通常凭借工程项目管理者的经验对其进行判断，并通过对一系列调查表进行深入分析、研究后制定。

3. 确立各种风险事件并推测其结果

根据初步清单中开列的各种重要的风险来源，推测与其相关联的各种合理的可能性，包括赢利和损失、人身伤害、自然灾害、时间和成本、节约或超支等方面，重点应是资金的财务结果。

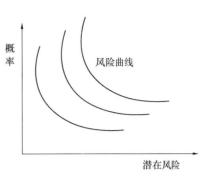

图 2-4　风险结构图

4. 对潜在风险进行重要性分析和判断

对潜在风险进行重要性分析和判断，通常采用二维结构图，如图 2-4 所示。

图 2-4 中，纵坐标表示不确定因素发生的概率，横坐标表示不确定事件潜在的危害。通过这种二维图形，可评价某一潜在风险的相对重要性。鉴于风险的不确定性，并且与潜在的危害性密切相关，因而可通过一种由曲线群构成的风险预测图来表示。在曲线群中，每一曲线均表示相同的风险，但不确定性或者说其发生的概率与潜在的危害有所不同，因此，各条曲线所反映的风险程度也就不同。曲线距离原点越远，风险就越大。

5. 进行风险分类

通过对风险进行分类，不仅可以加深对风险的认识和理解，而且可以辨识风险的性质，从而有助于制定风险管理的目标。风险分类有多种方法，正确的分类方法是依据风险的性质和可能的结果及彼此间可能发生的关系进行风险分类。常见的分类方法是以由若干个目录组成的框架形式，每个目录中都列出不同种类的风险，并针对各个风险进行全面调查。这样可以避免仅重视某一风险忽视其他风险的现象。

6. 建立风险目录摘要

建立风险目录是风险识别过程的最后一个步骤。通过建立风险目录摘要，将项目可能面临的风险汇总并排列出总体印象图。

2.4　工程项目风险估计与评价

识别工程项目所面临的各种风险以后，应分别对各种风险进行估计与评价，从而进行比较，以确定各种风险的相对重要程度。

衡量风险时应考虑两个方面：损失发生的频率或发生的次数和损失的严重性，而损失的严重性比其发生的频率或次数更为重要。例如：工程项目完全毁损虽然只有一次，但这一次足以造成致命损伤；而局部塌方虽有多次或发生频率较为频繁，却不致使工程全部损毁。

2.4.1　风险估计与评价的内容

工程项目风险估计与评价的具体内容包括三个方面：

首先要确定风险事件一定时间内发生的可能性，即概率的大小，并且分析可能造成损失的严重程度；

其次，根据风险事件发生的概率及损失的严重程度分析总体损失的大小；

最后，根据以上结果，预测这些风险事件的发生次数及后果，评价风险的大小，为决策提供依据。

2.4.2 风险估计与评价的步骤

工程项目风险估计与评价的步骤如下：

1. 确定风险的计量标度

计量是为了取得有关数值或排列顺序。风险计量可以使用标识、序数、基数和比率四种标度。

标识标度是标识对象或事件的，可以用来区分不同的风险，但不涉及数量。不同的颜色和符号都可以作为标识标度。在尚未充分掌握风险的所有方面或同其他已知风险的关系时，使用标识标度。例如，项目团队如果感到项目进度拖延的后果非常严重，用紫色表示进度拖延风险；如果感到很严重，用红色表示；如果感到严重，则用橘红色表示。

序数标度。事先确定一个基准，然后按照与这个基准的差距大小将风险排出先后顺序，使之区别开来。利用序数标度还能判断一个风险是大于、等于还是小于另一个风险。但是，序数标度无法判断各风险之间具体差别的大小。这里所说的基准可以是主观的，也可以是客观的。将风险分为已知风险、可预测风险和不可预测风险用的就是序数标度。

基数标度。使用基数标度不但可以把各个风险彼此区别开来，而且还可以确定它们彼此之间差别的大小。如项目进度拖延 20 天造成 800 万元损失，项目超支 230 万元，用的是基数标度。

比率标度不但可以确定风险彼此之间差别的大小，还可以确定一个计量起点。风险发生的概率就是一种比率标度。

有些类型的风险，常常要多种标度。正确选用计量标度在风险估计中非常重要。此外，还需要知道对于已经收集到的信息和资料选用哪一种标度才合适。通常情况下，有关风险的信息资料有三种形式：书面或口头记述性的、定性的和定量的。

记述性信息指出有哪些潜在风险，可能会妨碍项目的进行，或指出风险的来源。这时，最好选用标识标度或序数标度来估计风险事件发生可能性的大小或后果。

定性信息和资料通常采用序数标度。例如用不同的颜色区别高风险、低风险或中等风险。

当用语言定性描述风险时，可使用定性标度。例如高、低、或许、预期的、不肯定、有可能、不大可能等。

定量估计风险时使用基数或比率标度。在这种情况下，用一个百分数或分数，即概率表示风险发生的可能性大小。概率仍然只是一种信念，并不一定能提高风险估计的准确性。定量估计同定性估计相比，可以减轻含混不清的程度，更客观地估计有关风险的信息资料。另外，风险有了数值之后，就可以参与各种运算，确定两个风险之间到底相差多少。记述性和定性计量无法进行计算。

2. 确定风险事件发生概率

风险事件发生的概率和概率分布是风险估计的基础，因此风险估计的首要工作是确定风险事件的概率分布。工程项目风险事件发生的概率在 $0 \sim 1$ 之间变化。如果某一事件发生的可能性为 0，则该结果不可能发生；如果该事件发生的概率为 1，则该结果一定发生。这是风险事件发生概率两个极端的例子，大多数的风险事件发生的概率在 $0 \sim 1$ 之间。

概率包括主观概率和客观概率两种。主观概率系指人们凭主观推断而得出的概率，例如：对某项承包工程，人们往往根据以往风险因素，从定性推断承揽该工程会发生几种亏损的可能性。实际上这种主观概率没有多大的实用价值，因为它缺乏可信的依据，而且凭主观推断的结果与实际结果常常相差甚远。

客观概率则是人们在基本条件不变的前提下，对类似事件进行多次观察，统计每次观察结果及其发生的概率，进而推断出类似事件发生的可能性。依据统计推断出的客观概率，对判断潜在的风险损失很具参考意义。

一般地，风险事件的概率分布应当根据历史资料来确定。数量统计学家们把根据大量重复的观察结果总结出来的统计规律性用各种各样的理论概率分布来表示。当项目没有足够的历史资料来确定风险事件的概率分布时，可以利用概率分布理论进行风险估计。

（1）根据历史资料确定风险事件概率分布。依据历史资料可以确定某些风险事件的概率分布。比如，工程项目实际用的时间是一个随机变量，服从统计规律。假如能够收集到足够多的相类似的项目资料，将这些项目工程拖延的情况整理出来，运用统计理论，可以得到一个工期拖延的概率分布，这样由小样本得到的分布叫作样本分布或经验分布。样本个数越多，样本分布的规律性越强。当样本个数达到一定数目时，样本分布的规律性就稳定下来，这种稳定的概率分布叫理论分布。项目管理者就可以依据这个经验分布去估计下一个工期拖延的风险。

（2）利用概率分布理论。随机变量不同，其概率分布也不同。不同的理论概率分布要求用不同的参数来确定。正态分布理论由数学期望和方差两个参数就能确定。

由于项目活动独特性很强。项目来源彼此相差很远。所以，项目管理团队在许多情况下不得不根据样本个数不多的小样本对风险事件发生的概率、风险事件后果的数学期望和方差进行估计，有时甚至由于项目活动是前所未有的，根本就没有以前的数据可以利用。遇到这种情况，项目管理者就不得不根据自己的经验猜测风险事件发生的概率或概率分布，这样得到的概率是主观概率。

（3）主观概率。所谓主观概率，就是在一定条件下，对未来风险事件发生可能性大小的一种主观相信程度的度量。

主观概率与客观概率的主要区别是，主观概率无法用试验或统计的方法来检验其正确性。

主观概率和根据历史数据确定的客观概率一样，满足概率的各种运算规则。主观概率的大小常常根据人们长期积累的经验以及对项目活动及其有关风险事件的了解来估计。实践和大量的研究成果说明，这种估计是有效的。

3. 风险损失的估计

风险事故造成的损失大小要从三个方面来衡量：损失性质、损失范围和损失的时间分布。

损失性质指损失是属于政治性的、经济性的还是技术性的。损失范围有三个方面：严重程度、变化幅度和分布情况。严重程度和变化幅度分别用损失的数学期望和方差表示。分布情况是指哪些项目参与者受到损失。时间分布指风险事件是突发的还是随着时间的推移逐渐损失的，该损失是马上就感受到了，还是随着时间的推移逐渐显露出来的。

损失的时间分布与项目的成败关系极大。数额很大的损失如果一次落到项目头上，项目很有可能因为流动资金不足而破产，永远失去了项目可能带来的机会；而同样数额的损失如果是在较长的时间内分几次发生，则使项目团队有时间和精力来弥补损失，这样就能够使项目坚持下去。

损失这三个方面的不同组合使得损失情况千差万别。因此，任何单一的标度都无法准确地对风险进行估计。在估计风险事故造成的损失时描述性标度最容易用，费用最低；定性的次之；定量标度最难、最耗费时间。

工程项目风险损失通常包括以下几个方面：

（1）投资方面风险

投资风险导致的损失可以直接用货币形式来表现，即法规、价格、汇率和利率等的变化或资金使用安排不当等风险事件引起的实际投资超出计划投资的数额。

（2）进度方面风险

进度风险导致的损失由以下部分组成：

1）货币的时间价值。进度风险的发生可能会对现金流动造成影响，在利率的作用下，引起经济损失。

2）为赶上计划进度所需的额外费用。包括加班的人工费、机械使用费和管理费等一切因追赶进度所发生的非计划费用。

3）延期投入使用的收入损失。这方面损失的计算相当复杂，不仅仅是延误期间内的收入损失，还可能由于产品投入市场过迟而失去商机，从而大大降低市场份额，因而这方面的损失有时是相当巨大的。

（3）质量与安全方面风险

质量风险导致的损失包括事故引起的直接经济损失，以及修复和补救等措施发生的费用以及第三者责任损失等，可分为以下几个方面：

1）建筑物、构筑物或其他结构倒塌所造成的直接经济损失。

2）复位纠偏、加固补强等补救措施和返工的费用。

3）造成的工期延误的损失。

4）永久性缺陷对于工程项目使用造成的损失。

5）第三者责任的损失。

安全风险导致的损失包括：

1）受伤人员的医疗费用和补偿费。

2）财产损失，包括材料、设备等财产的损毁或被盗。

3）因引起工期延误带来的损失。

4）为恢复工程项目正常实施所发生的费用。

5）第三者责任损失。

4. 风险评价

风险评价可以采用定性和定量两大类方法。风险评价的作用在于区分出不同风险的相对严重程度以及根据预先确定的可接受的风险水平（风险度）作出相应的决策。具体表现在：

（1）更准确地认识风险。

（2）保证目标规划的合理性和计划的可行性。

（3）合理选择风险对策，形成最佳风险对策组合。

风险评价就是在风险识别的基础上，根据对风险发生的概率，损失程度，结合其他因素的分析，评估发生风险的可能性及危害程度，以衡量风险的程度，并决定是否需要采取相应的措施的过程。因此风险评价就是对风险大小的度量。

风险大小需用风险值来度量，所谓风险值，是指各种风险的量化结果，其数值大小取决于各种风险的发生概率及其潜在损失。如果以 R 表示风险值，p 表示风险的发生概率，q 表示风险损失，则风险值 R 可以表示为 p 和 q 的函数，即：

$$R = f(p,q)$$

要建立关于 p 和 q 的连续性函数，不是一件容易的事情。在多数情况下是以离散形式来定量表示风险的发生概率及其损失，因而风险值 R 相应地表示为：

$$R = \sum_{i=1}^{n} p_i \times q_i$$

式中　p_i——该风险事件发生的概率；

　　　q_i——该风险事件发生造成的损失；

$i=1$，2，$\cdots$，n，表示风险事件的数量。

与风险值有关的另一个概念是等风险值曲线，就是由风险值相同的风险事件所形成的曲线，如图 2-5 所示。R_1、R_2、R_3 为三条不同的等风险量曲线。不同等风险量曲线所表示的风险量大小与风险坐标原点的距离成正比，即距原点越近，风险量越小；反之，则风险量越大。因此，$R_1 < R_2 < R_3$。

风险评价的目的是为风险应对措施的选择提供依据，因此需要根据风险值的大小对风险进行排序，判断各项风险的大小。在风险评价过程中，工程项目风险被量化为关于风险发生概率和损失严重性的函数，得到了风险值，可以根据风险值的大小确定工程项目风险的相对严重性。

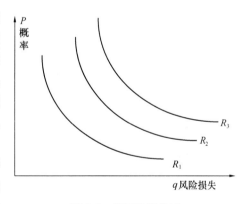

图 2-5　等风险值曲线

2.5　工程项目风险应对策略

风险应对是根据风险分析评价的结果，根据项目主体的承受能力和风险性质，制定相应的防范计划。风险应对不是风险事件发生后的应急措施，而是在预测风险事件发生的基础上，在风险发生前制定的应对措施。

2.5.1　风险应对策略

工程项目风险的应对策略主要包括：风险回避、风险转移、风险减轻、风险自留和风险利用等几种常见的基本策略。

1. 风险回避

风险回避是指当项目风险潜在威胁发生的可能性太大，不利后果也很严重，又无其他策略来减轻时，主动放弃项目或改变项目目标与行动方案，从而消除风险或产生风险的条件，达到回避风险的一种策略。风险回避措施是最彻底的消除风险影响的方法，特别是对整体项目风险的规避。例如，对于风险较大的项目，决定放弃投标，从而回避风险，但是也失去了获得利润的机会。

2. 风险转移

风险转移是将风险的结果与对应的权利转移给第三方。转移风险只是将管理风险的责任转移给另一方，它不能消除风险，也不能降低风险发生的概率和不利后果的大小。风险转移的方式有多种形式，概括起来，主要有出售、发包、合同责任开脱条款、工程担保与保险等方式。

（1）出售

出售是通过合同将风险转移给其他单位。这种方法在出售项目所有权的同时也就把与之有关的风险转移给了其他单位。出售与风险回避的区别之处在于风险有了新的承担者。例如，BOT模式就是国家将工程项目所有权和经营权转让给有实力的公司；公司出售股权也是通过出售方式将风险转移给共同承担者；几个单位组成联营体共同投标，利益共享、风险共担，每个单位的风险就减轻了。

（2）分包

分包就是通过从项目组织外部获取货物、工程或服务，同时把风险转移出去。例如，对于一般的施工单位而言，高空作业的风险较大，利用分包合同能够将高空作业的任务交给专业的高空作业施工单位，从而将高空作业的人身意外伤害风险和第三者责任风险转移给其他单位；承包商通过分包设备采购与安装的专业工程，将设备采购和安装的风险转移给设备供应商。

（3）合同责任开脱条款

合同条款规定了业主和承包商的责任和义务，通过合同责任开脱条款能够免除合同参与方的部分责任。例如，业主在合同中规定，合同单价不予调整，就是让承包商承担价格上涨风险、汇率风险。但是，这种责任开脱的免责条款要符合国际工程惯例或法律规定，否则，这些责任开脱条款的规定可能是无效的。

（4）工程担保与保险

在工程项目管理中，工程担保是银行、保险公司或其他非银行金融机构为项目风险承担间接责任的一种承诺。例如，业主要求承包商提供银行履约保函，承诺按时、按质量完成工程，不会出现违约或失误情况，否则银行将承担间接责任，对业主予以赔偿。这样，业主就可以将承包商方面的不确定性所带来的风险转移给银行。工程保险也是一种通过转移风险来应对风险的方法。在工程项目中，业主不但自己对项目的风险向保险公司投保，而且还要求承包商也向保险公司投保。工程担保与保险将在本书其他部分作详细的分析讨论。

需要注意的是，风险转移并不是将风险转移给对方，使对方受到损失，而是把风险转移给对风险更具有控制力的一方。因为风险是相对的，对有的单位来说是造成风险损失的事件，对其他单位则可能是获得利润的事件。

3. 风险减轻

风险减轻是设法将某一个负面风险事件的概率或保留后果降低到可以承受的限度，风险减轻可以分为预防损失和减少损失两方面的工作。预防损失措施的主要作用在于降低或消除（通常只能做到减少）损失发生的概率，而减少损失措施的作用在于降低损失的严重性或遏制损失的进一步发展，使损失最小化。相对于风险回避而言，风险减轻措施是一种积极的风险处理手段。风险减轻要达到什么目的、将风险减轻到什么程度，这与风险管理规划中列明的风险标准或风险承受度有关。所以，在制定风险减轻措施之前，必须将风险减轻的程度具体化，即要确定风险减轻后的可接受水平，例如风险发生的概率控制在多大的范围以内，风险损失应控制在什么范围以内。

风险减轻的途径有以下几种：

（1）降低风险发生的可能性。例如，工程项目施工的分包商技术、资金、信誉不够，构成较大的分包风险，则可以放弃分包计划或选择其他分包商；如果拟采用的最新施工方法还不成熟，则需要选择成熟的施工方法；挑选技术水平更高的施工人员；选择更可靠的材料；对施工管理人员加强安全教育等。

（2）控制风险事件发生后的可能损失。在风险损失不可避免地要发生的情况下，通过各种措施来防止损失的扩大。例如，在台风影响的过程中，采用技术措施减少工程损失；高空作业设置安全网，以规避风险带来的损失等。

按照风险减轻措施执行时间的不同，可以分为损失发生前、损失发生时和损失发生后三种不同阶段的损失控制方法。应用在损失发生前的方法是损失预防，而应用在损失发生时和损失发生后的控制实际上就是损失抑制。

1）损失预防。损失预防是指在损失发生前为了消除或减少可能引起损失的各项因素所采取的具体措施，也就是消除或减少风险因素，以便降低损失发生的概率。它从化解项目风险产生原因出发，控制和应对项目具体活动中的风险事件。例如，对于可能出现的项目团队冲突的风险，可以采取双向沟通、消除矛盾的方法解决问题。损失预防不同于风险回避，损失预防不消除损失发生的可能性，而风险回避则使损失发生的概率为零。

2）损失抑制。损失抑制是指在事故发生前后，采取措施减少损失发生的范围或损失程度的行为。损失抑制措施大体上分两类：一类是事前措施，即在损失发生前为减少损失程度所采取的措施；一类是事后措施，即在损失发生后为减少损失程度所采取的措施。在损失发生前所采取的损失抑制措施，有时也会减少损失发生的可能性，例如，在工程高空作业中，采取严格的措施保证工人按规程操作，既达到损失抑制的效果，又起到了损失预防的效果。损失发生后的抑制措施主要集中在紧急情况的处理即急救措施、恢复计划或合法的保护，以此来阻止损失范围的扩大。例如，承包商没有能力完成施工任务，则业主可以立即与承包商解除合同。

4. 风险自留

工程项目风险自留，也称风险接受，是一种由管理者自行承担风险后果的一种应对策略。这意味着管理者决定以不变的项目计划去应对项目的某些风险，或管理者不能找到合适的风险应对策略，或者出于经济方面考虑，其他应对措施成本大于风险的期望损失，所以，自留风险。积极的接受包括制定应急计划以备风险发生时使用。消极的接受风险不需要采取任何行动，仅让项目组织在风险发生时去应对风险。而积极的风险自留常常通过建立应急计划来实现，包括一定量的时间、资金或其他资源。

风险自留根据采取风险应对措施时管理者是否存在意识上的主动，可以分为主动风险自留和被动风险自留两种类型：

（1）主动风险自留，也称计划性风险自留，是指项目管理者在识别和衡量风险的基础上，对各种可能的风险处理方式进行比较，从而决定将风险留在内部组织，即由项目团队自己承担风险损失的全部或部分。主动风险自留一般是项目管理者认为该风险程度小，不超过风险的承受能力，或者是风险程度虽然大，但是受益可观，也可以采取该措施。该方式要求在风险管理规划阶段对风险作出充分的准备，当风险事件发生时马上可以执行应急计划。所以，主动的风险自留是一种有周密计划、有充分准备的风险处理方式。主动风险自留可以采取将损失摊入经营成本、建立风险基金等措施。

主动风险自留具有一定的前提条件：

1）进行过认真的风险分析评价，即对风险因素及其损失的严重程度有清楚的认识。

2）风险不可转移、回避，损失又不能预防，还不能采取其他措施，除自留外，别无选择，或相对于其他应对方式而言，风险自留最合算。

3）经分析，对风险后果有能力承担。

4）风险一旦发生，就应已经做好应对风险的准备工作。

5）风险自留费用低于投保费用。

（2）被动风险自留，也称非计划风险自留，指项目管理者没有充分识别风险及其损失的最坏后果，没有考虑到其他处置风险的措施，或发生原先没有识别出来的风险事件的条件下，不得不由自己承担损失后果的风险处置方式。一般是在风险事件造成的损失数额不大，不影响项目大局时，项目管理者将损失列为项目的一种费用。现实生活中，被动的风险自留大量存在，似乎不可避免。有时项目管理者虽然已经完全认识到了现存的风险，但是由于低估了潜在损失的大小，也产生了一种被动的风险自留。

被动风险自留是在未能正确识别、估计、评价工程项目风险的情况下，而被迫采取自担风险损失后果的应对方式。被动风险自留是消极的，有可能给项目带来极大的损失，应尽量避免盲目的、被动的风险自留。而主动风险自留是一种主动的、有意识的、有准备的风险应对方式，是在认真进行风险识别、评价的基础上，衡量各种应对措施后，认为将风险留给自身最为可行时采取的处理方式。

主动风险自留的风险在发生后，一般要实施应急计划，并动用应急计划。因为应急计划包含在项目计划中，所以不会对项目造成很大影响。但是，如果被动风险自留的风险发生，则会对项目计划造成影响。

风险自留是最经常使用的风险应对策略，因为风险表现为一种不确定性，其发生不确定，对项目造成的损失也不确定，所以很多人总是存在侥幸心理，对一些较大的风险也不采取积极的风险应对措施，造成大量的非计划性风险自留，其结果是严重影响项目目标的实现的。所以，风险自留必须要充分掌握该风险事件的信息，并作出详细的风险应对方案，否则风险自留将会面临更大的风险。

在工程建设的过程中，对于发生频率低、损失强度小的风险，往往采用风险自留的策略更为有利。风险自留主要适用于下列情况：

1）风险自留预留费用低于向保险公司投保需缴纳的保费

风险自留可以节省向保险公司缴纳的承保费、理赔管理费，从而减少由于保费而导致的期望现金流出。

2）工程风险最大期望损失较小

对于损失程度不太严重的风险，如果项目管理单位能够承担起风险损失，那么自留不失为最经济的方法。

3）短期内项目管理单位有承受最大期望损失的经济能力

项目管理单位的财务能力要足以承担风险可能造成的最坏后果。一旦自留的风险发生且造成损失，项目管理单位应有充分的财务准备，这样才不会使企业的生产活动受到很大影响。

4）管理人员素质高，管理能力强

采用风险自留的策略对管理人员的要求也很高，决策者的风险态度以及对风险的判断和应对能力都会影响风险自留的实施效果。

5）无法采取其他有效的风险应对策略

有些风险既不能回避，又不能预防，且没有转移的可能性。在其他处理风险的方法都不可取的情况下，风险自留是最后的方法。

如实际情况与上述条件存在较大的偏差，则应放弃主动自留风险的决策。

2.5.2 风险应对策略的选择过程

风险管理人员在选择风险对策时，需要考虑风险的性质，是否能够规避风险？是否可转移风险？是否可减轻风险？是否可接受风险？然后根据工程项目的自身特点，从整体上考虑风险管理的思路和步骤，从而制定一个与工程项目总体目标相一致的风险管理原则。这种原则需要指出风险管理各基本对策之间的联系，为风险管理人员进行风险对策的决策提供参考。

风险应对策略的选择过程（图 2-6）如下：

（1）首先检查整个项目是否存在风险，并将风险加入风险清单；

（2）对风险清单中的风险因素进行分析评价，确定风险值的大小，根据风险值的大小确定是否接受风险或者进行风险回避、减轻、或者转移；

（3）判断风险是否能够被回避，如果能够回避则选择风险回避措施；如不能回避则进行下一步；

（4）判断风险是否能够被减轻，如果能够减轻，则选择风险减轻措施；如不能则进行下一步；

（5）判断风险是否是灾难性的风险，如果是灾难性的风险，则采取风险转移措施，通过保险、担保和非保险性措施将风险转移出去；如果不能转移，则进行下一步；

（6）判断风险的大小，如果风险较小则采取风险接受措施；如果风险较大，则看看自身是否能够承受风险，如果能承受则可以接受风险，如不能承受则转移风险；

（7）执行制定的风险应对措施，并不断进行检查，检查采取风险应对措施后的风险大小，及时发现最初未发现的风险因素，加入风险清单，再次执行风险管理的循环。

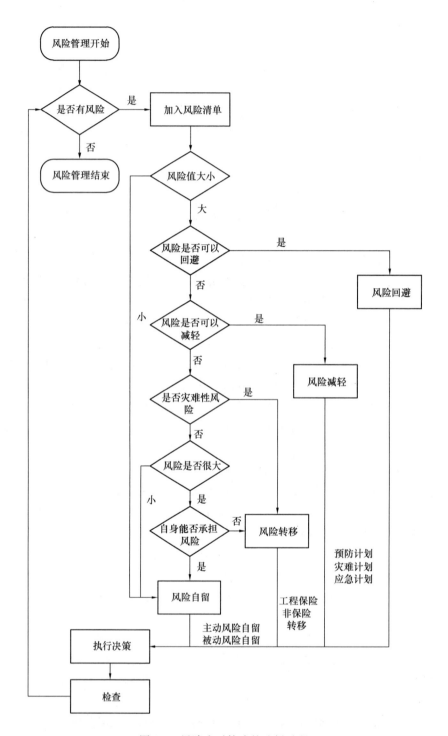

图 2-6 风险应对策略的选择过程

2.6　工程项目风险跟踪与监控

2.6.1　风险监控的概念

项目风险监控是指根据项目的风险管理计划，对风险识别、分析、评价、应对全过程的监测和控制，从而保证风险管理能达到预期的目标。监控风险实际上是监视项目情况的变化，即项目的进展和项目环境。进行风险监控要达到以下目的：①将风险管理策略和应对措施的实际效果与事先的预想效果进行核对，以评价风险管理策略和应对措施的有效性；②寻找改善和细化风险规避计划的机会，并获取反馈信息，以便使将来的决策更符合实际。

简言之，风险监控就是及时发现新出现的风险和预先制定的策略或措施不见效或性质随着事件的推延而发生变化的风险，然后及时反馈信息，并根据对项目的影响程度，重新进行风险管理规划、识别、分析、评价和应对，同时对每一风险事件制定成败标准和判断依据。

因为风险事件的影响难以预计，风险的不确定性随着事件的推移会减少，所以项目风险监控是项目实施过程中一日都不可少的活动。为了改变项目管理组织所承受的风险程度，就需要采取风险控制技术以降低风险事件发生的概率和减少损失的幅度。

2.6.2　项目风险监控的流程

项目风险监控的流程如图 2-7 所示。

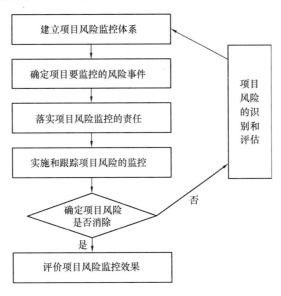

图 2-7　项目风险监控流程

1. 建立项目风险监控体系

为了使项目的风险控制更加程序化，在实施项目风险监控之前，要根据项目风险识别和项目风险评估的结果，建立项目风险监控体系。项目风险监控体系包括：项目风险监控的目标、项目风险监控的程序、项目风险信息报告制度、项目风险监控制决策制度以及项目风险监控的计划和方案等。

2. 确定项目要监控的风险事件

在项目风险监控中，通常需要根据项目风险事件发生的概率、风险后果的严重性以及项目团队风险控制的资源来确定要控制的风险事件。

3. 落实项目风险监控的责任

在项目风险监控中，需要实施监控的项目风险应该落实到具体的负责人员身上，这些人员必须对自己监控的风险负相关的责任。

4. 实施和跟踪项目风险的监控

按照项目监控目标、项目监控计划和安排来实施项目风险的监控，并且跟踪项目风险活动的效果就可以反馈项目控制的信息，从而进一步指导项目控制方案的具体实施。

5. 确定项目风险是否消除

根据项目风险控制目标，来确定项目风险是否已经消除。如果项目的风险已经消除，则项目的风险控制工作已经结束；如果项目的风险没有消除，则需要对该项目风险实施新一轮的风险控制。

6. 评价项目风险监控效果

项目风险监控效果的评价是对项目风险监控方案的效果进行评价，这主要是对项目风险监控技术的实用性以及项目风险监控收益的分析和评价。

2.6.3 工程项目风险监控的主要技术

1. 附加的风险应对计划

如果已有的计划应对措施不足以解决新的项目风险事件，或者项目风险事件后果比预期的更大，那么就需要重新制订风险应对计划，使项目得以顺利进行。

2. 核对表

在风险识别和评估中使用的核对表也可用于监控风险。在项目风险的控制过程中，为了明确地显示项目风险的进展情况和项目的预计情况，可以运用核对表以便更有效地进行项目风险的控制。

3. 偏差分析技术

偏差分析技术是指将项目计划工作和实际已经完成的工作进行比较，从而找出两者之间的偏差，然后预测这种偏差发展趋势的一种技术。经过分析，对于偏差大的需要制定进一步风险控制程序。偏差分析技术需要收集和计算的基本数据包括计划工作的预算成本、已完成工作的实际成本和已完成实际工作量。成本偏差是指计划工作的预算成本与已完成工作实际成本之间的差值，差值小于零表示项目超支。

4. 定期的项目风险评估

风险等级和优先级可能会随项目生命周期而发生变化，而风险的变化可能需要新的评估或量化，因此，项目风险评估应定期进行。实际上，项目风险评估应作为每次项目团队会议的议程。这样有利于对项目的风险实行及时、准确地控制。

2.6.4 工程项目风险监控的依据

1. 项目风险管理计划

项目风险管理计划是项目风险监控的主要依据。

2. 项目风险应对计划

项目风险应对计划为项目风险监控提供了现成的方法。

3. 项目沟通文档

在项目沟通中使用的文档包括事件记录、行动规程和风险预报等。

4. 其他的风险识别和分析

在进行项目评估和报告时，随着项目的进展，可能会发现以前没有注意到的风险，需要对这些风险进行管理。对于这些后发现的风险需要继续执行风险识别、估计、量化和制订应对计划。

2.6.5 工程项目风险监控的结果

（1）随机应变措施。它是为消除风险事件时所采取的应对措施，对此应加以有效地记录，并融入项目的风险应对计划中。

（2）纠正措施。它包括执行应急计划或随机应变措施。

（3）项目变更申请。如果频繁地执行应急计划或随机应变措施，则需要考虑变更项目计划以应对项目风险。

（4）风险应对计划更新。确实发生了的风险必须要归档和评估。实施风险处理手段往往可以减少已识别风险的发生概率和影响。风险次序排列必须进行评估，以使新的和重要的风险能够得到适当的控制。对未发生的风险也应该记录归档，并将其在项目风险计划中关闭。

（5）风险数据库。对在风险管理过程中搜集和使用的数据进行维护和分析，建立一个数据知识库。使用这一数据库，可以帮助整个组织中的风险管理人员随着时间的推移而不断累积风险管理经验。

（6）风险识别检查表更新。根据工作中取得的经验，对检查表进行更新，这种更新的检查表将会对项目风险管理提供帮助。

2.6.6 工程项目风险预警系统

由于项目的一次性、独特性及其复杂性等特征，决定了项目风险的不可避免性；风险发生后的损失难以弥补性和工作的被动性决定了风险管理的重要性。传统的风险管理是一种"回溯性"管理，属于亡羊补牢，对于一些重大项目，往往于事无补。风险监控的意义就在于实现项目风险的有效管理，消除或控制项目风险的发生或避免造成不利后果。因此，建立有效的风险预警系统，对于风险的有效监控具有重要作用和意义。

风险预警管理，是指对于项目管理过程中有可能出现的风险，采取超前或预先防范的管理方式，一旦在监控过程中发现有发生风险的征兆，及时采取校正行动并发出预警信号，以最大限度地控制不利后果的发生。因此，项目风险管理的发展趋势是建立一个有效的监控或预警系统，及时觉察计划的偏离，以高效地实施项目风险管理过程。

综上所述，风险监控的关键在于培养敏锐的风险意识，建立科学的风险预警系统，从"被动式"风险监控向"主动式"风险监控发展，从注重风险防范向风险事前控制发展。

复 习 思 考 题

1. 工程项目风险管理的一般步骤包含哪些？

2. 什么是工程项目风险管理的目标？应怎样确定最合理的目标？

3. 如何识别工程项目中存在的风险？如何对风险大小进行判定？

4. 针对工程项目中存在的风险，应怎样确定合理的应对措施？

5. 在工程项目实施过程中，应当如何对风险进行跟踪和监控？

3 现代工程项目风险管理方法

工程项目建设过程中存在一定程度的风险，实施工程项目风险管理能够降低风险发生概率和风险事件造成的损失。选择合适的风险管理方法，有助于合理控制风险，保证工程目标实现。

3.1 德尔菲法

德尔菲法是在20世纪40年代末由美国兰德公司开始提出并采用的，我国亦称专家调查法。它是通过一系列简明的征询表，用匿名通信的方式，向专家征询意见，经过有控制的反馈，取得一组专家尽可能可靠的统一的意见，整理后用于对未来的预测。它具有匿名性、反馈性、统计性三个主要的特点。

德尔菲法作为一种主观、定性的方法，不仅可以用于风险识别评估，而且可以广泛应用于各种评价指标体系的建立和具体指标的确定过程。

德尔菲法中，被调查的专家之间互不影响，避免了对权威人士的随声附和或对多数意见的随大流现象，使每一个被调查的专家可以充分地发表和修正自己的观点。德尔菲法的流程示意如图3-1所示。

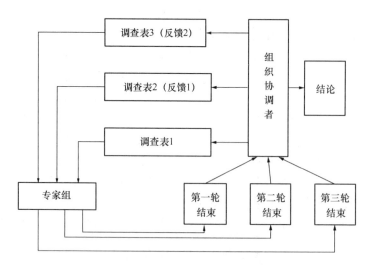

图 3-1　德尔菲法流程示意图

德尔菲法的具体步骤如下：

（1）调查前的准备工作。需要、确定调查内容、制定调查表和选择被调查专家等。调查表的制定应注意：

1）语句要表达准确，所提出的问题的含义要具体明确，使回答的人都能正确理解。

2）调查表要力求简化，表中问题的数量应加以限制，做到少而精。同时应尽量简化回答方式，如果用打勾画叉或填空等方式，还应留有足够的地方让专家们说明自己的意见和观点。

3）组织调查的预测人员不应该将自己的意见或观点在表中表示出来，以免影响被调查者意见的发挥。

因为专家是被调查的对象，因此选择的专家恰当与否关系到用德尔菲法进行预测的成败。专家在这里指的是对所预测的对象十分了解，熟悉情况，并且有较好的分析能力和预测能力的人。所选择的专家并不一定是有名望、学术地位高的学者，但必须是掌握本专业知识并有丰富工作经验，可以对所调查的问题给予准确回答的内行。专家的人数取决于预测对象。

（2）第一轮调查。把调查表寄给各个专家，要求他们根据自己的知识和经验回答表中的每一个问题。答复后，将调查结果进行综合整理，把比较集中的、相同的意见统一起来，排除个别的意见，汇总成第二轮调查表。在第一轮调查中，往往只提出预测目标，目的是充分征集专家们的个人意见。

（3）第二轮调查。第二轮调查是以第一轮调查为基础，把上一轮调查收到的意见进行整理，汇总成调查表，再反馈给每个专家，并向专家提供有关的参考资料，要求专家们根据新的调查表和新的信息做出新的判断，提出更加明确的意见。反馈意见都是经过整理的，只说明有几种意见，而不说明具体是谁的意见，让专家们重新考虑或修改自己的意见，每个专家提出自己的意见，还有必要说明自己的理由和论证。

重复步骤（3），使专家意见趋于一致。调查的循环次数可以多次，可以使被调查的专家不断修正自己的意见或做出新的判断，使最后的预测结果更为准确。但是调查的次数过多，被调查的专家会产生厌倦情绪，从而导致一些被调查者中断回答问题，同时调查费用也会随之增加。

3.2 头脑风暴法

头脑风暴法又称智力激励法。智力激励法是美国人 A·F·奥斯本于 1983 年发明的。这是一种用来提出新设想的方法。这种方法已在国外一些国家广泛应用。头脑风暴法是一项非常有效的技术，它之所以获得成功，应归功于在小组活动情境下所具有的彼此互动的群体动力学基础。每当一个人抛出一个想法，这个人所激发的不光是他或他自己的想象力，而且，在这个过程中与会的其他人的大脑也将受到激发。头脑风暴法会在每个人的大脑中产生震动，这会激起一系列联想性反应。这就是这种方法之所以有效的一个主要原因。此外，头脑风暴式会议本身还是一个社会交往的过程：在该过程中各个个体倾向于设想更多的新观念。在群体活动中，个体会获得更大的动力因素。他要在小组中取得一定地位，他就得和别人竞争，而要成功做到这一点只有想出更多的创意，而且小组并不排斥任何一种想法，所有想法都会被接受，这反过来又进一步鼓励参加者提出更多的观点。

3.2.1 头脑风暴法的类别与特点

1. 有组织的头脑风暴法

由主持人掌握会议。其优点是能产生更多的观点，能更好地运用每人独特的思维方式，大大减少进攻人物支配会议的可能性，给予更多的时间思考复杂问题的解决方法。其缺点是不自然，费时较多，组内沟通和小组集体荣誉感不强。

召开头脑风暴会议应根据不同的情况、议题采取不同的方法。

2. 无组织的头脑风暴法

其优点是无拘无束，更自然并节省时间，组内沟通和小组荣誉感强。缺点是产生的观点较少，思索过程更易受他人观点影响，整个会议易被强势人物支配，导致不允许对复杂问题深入思索、讨论。

3.2.2 头脑风暴法遵循的规则

1. 不做任何有关缺点的评价

所有与会者，包括主持者和发言人，对别人提出来的设想，不允许进行是好是坏的评论。这是因为各人的思考方法、大脑的结构、行动方法以及个性都不相同，要让每个人都不受限制，克服大脑的思考禁区，发觉潜在的创造性就不能进行评价；否则，就可能使与会者一边倒，人云亦云，不能提出有创见的设想或方案。

2. 欢迎各种离奇的假想

让与会者的心情像是独自外出散步时一样，想到什么就说什么。

3. 追求设想的数量

提出来的假想、方案、主意越多越好，即要求达到足够的数量。这样才能从众多的假想方案、主意中，选择最佳方案，或者得到创造性的启发。但发言者要进行自我控制，不要说废话以免浪费时间。

4. 鼓励巧妙地利用并改善他人的设想

采取严禁批评的原则，某一个人的"闪念"可能会将许多人的联想点燃。与会者相互启发，可以不费气力提出很多新的想法。

3.2.3 头脑风暴法的实施程序

1. 头脑风暴法小组的组成

头脑风暴法小组需要注意的是：

（1）人数的确定。头脑风暴法小组应有多少人才合适，现有研究并未明确规定或指示。一般而言，参加人数的多少取决于领导风格、个体的变化情况等因素。奥斯本在《发挥独创力》一书中认为，以 5～10 人为宜，包括主持人和记录员在内，以 6～7 人为最佳。小组人数过多，则某些人就无畅所欲言的机会；过少则场面冷清，影响参与者的热情。参与者最好职位相当，对问题均感兴趣，但不一定都是内行。

（2）不宜有过多专家。如果专家太多，就很难避免在头脑风暴过程中作各种评价，并且难以形成自由开放的气氛。然而，在企业中进行头脑风暴时，参加者往往是各个部门汇集而来的各种行业的专家。在这种场合，无论主持人还是参与者，都应注意不要从专业角度发表评论。

（3）最好有不同的学科背景。如果小组成员具有相同的学科背景，他们又是某一方面的专家，那么很可能会循着其专业的常规思路来开发思想，产生观念。但如果小组成员背景不同，他们提出的观点就可能千差万别，从而达到头脑风暴法的目的。

（4）对小组领导的要求。领导者必须特别注意以下 3 点：①掌握会议时应严格遵循前面所述 4 条规则；②要使会议保持热烈的气氛；③要让全体参加者都能献计献策。

（5）头脑风暴法小组成员候选人应在日常的会议中表现出具有有效的人际沟通能力，应避免把那些唯我独尊或优柔寡断的人选入。同时，小组成员中最好有一两位创造力较强的人，以便激发他人的思考。

2. 预备会

这主要是针对小组成员缺乏经验的情况而实施的一步。由于小组成员缺乏经验，他们要达到很高的思想水平就不会那么容易；同时要他们迅速遵从"推迟判断评价"的原则也很困难。这就需要在正式进行头脑风暴法前召开一个预备会议，以期营造一种有利于头脑风暴法的气氛。在这样的热身会上，应向成员解释说明头脑风暴法的基本规则和创造力激发的基本技术，并对成员所做的任何发挥创造力的简单尝试都给予鼓励，让成员形成一种思维习惯来适应头脑风暴法，也让成员马上适应头脑风暴法的气氛。

3. 确定议题

议题应该尽可能具体，最好是实际工作中遇到的亟待解决的问题，目的是为了进行有效的联想。

议题应由主持人在召开头脑风暴会议前告诉参加者，并附加必要的说明，使参加者能够收集确切的资料，并按正确的方向思考问题。此外，问题的涉及面不宜太广，应有特定的范围，这样才能使会议的参加者集中思想并向同一目标努力。

如果由委托人直接向头脑风暴会议的参加者说明问题，则说明一结束，委托人就应退场，把全部工作委托给小组。

4. 提出设想建议

在这一阶段，小组成员应该尽可能发挥创造性思维，提出更多的建议。

（1）要求成员各抒己见

主持人或领导者重新叙述议题，要求小组人员讲出与该问题有关的设想。与会者想发言的先举手，由主持人指名开始发表设想；发言力求简单扼要，不要作任何论述，一句话的设想也可以。一般情况下，发言者首先提出自己事先准备好的设想，然后再提出根据别人的启发而得出的设想。从这一阶段开始，就存在着头脑风暴的创造性思维方法。因此在这一阶段，主持人必须充分掌握时间。需要指出的是，最好的设想往往是会议快要结束时提出的。

（2）主持人要善于激发思考

在小组人员提出设想的时段，主持人必须善于运用激发思考的方法，使场面轻松，但却能使参与者坚守头脑风暴法的规则，即任何发言都不能否定或批评别人的意见，只能对别人的设想进行补充、完善和发挥。这也避免了头脑风暴法沦为自由讨论，产生发言不平均的现象，或是演变成一场辩论会，少数人争得面红耳赤，造成浪费时间的现象。

一次会议意见发表不完的，可以再次召开会议，直至各种设想充分发表出来为止。最后一定能从大量的设想中选取最佳的方案。

头脑风暴法进行到人人已临穷途末路时，主持人必须再来救场，务使每人再接再厉，尽力想出妙计。奇思妙想往往在挖空心思的压力下产生。

（3）记录设想建议

这一阶段实质上是与提出设想阶段同时进行的。记录下来的设想是进行综合和改善所需要的素材，所以必须放在全体参加者都能看到的地方。因此要裁成可以挂在大型画架上的纸张，或把记录用纸贴在墙壁上。也可使用黑板，但在这种场合，要由另一个人同时做记录。每一个设想必须以数字注明顺序，以便查找。必要时可以用录音机辅助记录，但不可以取代笔录。

（4）对设想建议进行评价

对设想进行评价的选择是很重要的事情。因为对要解决的问题而言找到最佳解决办法才是最终目的，同时这也是头脑风暴法在实践中起作用的时候。这就要对所提出的那些设想进行评价。对设想的评价不能在进行头脑风暴法的同一天进行，最好过几天进行。这有2条原因：①再邀请相同组员进行评价时，他们有可能会各自提出在这期间考虑到的新设想；②若当天就进行评价，则仍处在头脑风暴那种热烈的气氛中，不可能有冷静、客观的评价。

对设想建议进行选择必须先确定选取的标准。比较通用的标准有可行性、效用性、经济性、大众性等。有些公司的组织不愿好设想外泄，那么主持人可根据小组决定的或自己拟订的标准自行决定采取哪种办法、设想。

3.3　检　查　表　法

人们从自身先前的工程项目管理中，或者从其他人在类似工程项目的实践中，对工程项目中可能出现的风险因素，或是成功的经验或是失败的教训经常会有一些归纳、总结。这些归纳、总结的资料恰好是你识别工程项目风险的宝贵资料。风险检查表就是从以往类似项目和其他信息途径收集到的风险经验的列表，通过查找此表，将当前工程项目的建设环境、建设特性、建设管理现状等与其作比较，分析当前工程项目可能出现的风险。

该方法简单快捷，缺点是永远不可能编制一个详尽的风险检查表，而且管理者可能被检查表所局限，不能识别出该表未列出的风险，因此其应用范围有一定的局限性。这种方法一般在项目初期使用，以便提早发现风险因素的存在。

表 3-1 和表 3-2 分别是混凝土裂缝风险核查表和工程项目进度风险核查表。针对已有的核查表详细对照本项目是否存在风险，从而可以检查出本项目的存在的风险及其程度。

混凝土裂缝风险核查表　　　　　　　　　　　　　　　　表 3-1

混凝土裂缝的原因	本项目情况			
	很高	高	中	低
1. 材料质量 （1）水泥安定性不合格 （2）砂石级配差，砂太细 （3）砂石中含泥量太大 （4）使用了反应性骨料或风化岩 （5）不适当掺用氯盐 （6）……				

混凝土裂缝的原因	本项目情况			
	很高	高	中	低
2. 建筑和结构不良 （1）平面布置不合理，结构构造措施不力 （2）变形缝设置不当 （3）构造钢筋不足 （4）……				
3. 结构设计失误 （1）受拉钢筋截面积太小或设计无抗裂要求 （2）抗剪强度不足（混凝土强度不足或抗剪钢筋少） （3）混凝土截面面积太小 （4）抗扭能力不足 （5）……				
4. 地基变形 （1）房屋一端沉降大 （2）房屋两段沉降大于中间 （3）地基局部沉降过大 （4）地面载荷过大 （5）……				
5.……				

工程项目进度风险核查表 表 3-2

工程进度延迟原因	本项目情况			
	很高	高	中	低
1. 工程建设环境原因 1.1 自然环境 （1）不利的气象条件 （2）不利的水文条件 （3）不利的地质条件 （4）地震 （5）建筑材料场地不满足设计要求 （6）…… 1.2 社会环境 （1）宏观经济不景气，资金筹措困难 （2）物价超常规上涨 （3）资源供应不顺畅 （4）……				
2. 项目法人/业主原因 （1）项目管理组织不适当 （2）工程建设手续不全 （3）施工场地没有及时提供 （4）内外组织协调不力 （5）工程款不能及时支付 （6）……				

工程进度延迟原因	本项目情况			
	很高	高	中	低
3. 设计方面原因 （1）工程设计变更频繁 （2）工程设计错误或缺陷 （3）图纸供应不及时 （4）……				
4. 施工承包原因 （1）施工组织计划不当 （2）施工方案不当 （3）施工人员效率低 （4）……				

3.4 风险矩阵法

风险矩阵法是在项目管理过程中识别风险（风险集）重要性的一种结构性方法，并且还是对项目风险（风险集）潜在影响进行评估的一套方法论。这种方法是美国空军电子系统中心（ESC，Electronic Systems Center）的采办工程小组于 1995 年 4 月提出的。自 1996 年以来，ESC 的大量项目都采用风险矩阵方法对项目风险进行评估。为了改进风险矩阵方法的应用，美国的 MITRE 公司还开发了一套风险矩阵应用软件，软件中增添了新的风险分析功能。新的功能和方法包括自动交叉检查风险矩阵所分析出的风险等级，并能动态测量风险降低的过程。

项目风险是指某些不利事件对项目目标产生负面影响的可能性和可能遭受的损失。在风险矩阵中，风险是指采用的技术和工程过程不能满足项目需要的概率。风险矩阵方法主要考察项目需求与技术可能两个方面，以此为基础来分析辨识项目是否存在风险。一旦识别出项目风险（风险集）之后，风险矩阵下一步要分析的是：评估风险对项目的潜在影响，计算风险发生的概率，根据预定标准评定风险等级，然后实施计划管理或降低风险。

3.4.1 概率和影响矩阵的原理

风险矩阵分析方法的基本思路是按照项目风险的基本意义，风险（R）= 风险因素发生概率（P）× 风险影响（I），把风险分解为风险因素发生概率和风险影响两个因素分别考虑，分别评价其概率高低和影响大小，然后再对应到一张风险矩阵表（图）中，以此直观判断项目风险大小。在分析风险因素发生概率和风险影响时，需要项目管理人员和熟悉项目所涉及技术问题的专家共同来确定，可以采用前面的头脑风暴、德尔菲等方法。评估结果记录在项目风险分析报告的相应栏目中。

3.4.2 概率和影响的描述

风险定性分析主要任务就是根据风险对实现项目目标产生潜在影响，为确保风险定性分析过程的质量和可信度，要求界定不同层次的风险概率和影响。在风险规划过程中，通用的风险概率水平和影响水平的界定将依据个别项目的具体情况进行调整，以便在风险定性分析过程中应用。

风险概率是指某一风险发生的可能性。对于风险的概率值通常介于 0（极不可能）和 1（几乎肯定）之间。但是由于专家的判断经常缺乏历史信息数据的支持，估计风险概率可能会很困难。因此，风险的影响范围反映风险影响项目目标的严重程度，可以采用顺序度量法或基数度量法这两种不同的度量方法来表示风险影响。具体使用哪种方法取决于进行风险分析的组织的习惯做法。

顺序度量法是指简单顺序排列的值，比如，极低、低、中、高和极高，代表从"极不可能"到"几乎肯定"的相对概率值。基数度量法是将不同的值赋予不同的风险。取值通常是等距的（如 0.1/0.3/0.5/0.7/0.9），但也可以是非等距的（如 0.05/0.1/0.2/0.4/0.8），使用非等距度量法反映出组织对规避高风险的愿望。两种方法的意图都是在假设某一可怀疑的风险发生的情况下，给这种风险对项目目标产生的影响赋予一个相对值。使用组织统一的定义，我们可以制订出定义明确的顺序度量法或基数度量法。这些定义提高了数据信息的质量，并且提高了过程的可重复性。

影响标度是指某一风险事件发生对项目目标产生的影响。它反映在某项风险发生后，威胁产生的消极影响，或者是机会产生的积极影响，还有对每个项目目标影响的重要程度。影响比例是专门针对潜在影响的目标、项目规模和类型、组织策略和财务状况以及组织对某种影响的敏感度而言的。对于影响比例的度量和风险概率类似地也可用顺序度量法和基数度量法来描述。

3.4.3 原始风险矩阵的构成

原始风险矩阵栏目由风险栏、风险影响栏、风险发生概率栏、风险等级栏和风险管理栏组成。风险矩阵方法将风险对评估项目的影响分为 5 个等级，并提供了风险发生概率的解释说明。风险影响等级和风险发生概率的说明见表 3-3 和表 3-4。

风险影响的等级说明　　　　　　　　　　　　　　　　　　　　表 3-3

风险影响等级	风险影响量化值	定义或说明
关键	4～5	一旦发生，将导致整个项目失败
严重	3～4	一旦发生，将导致项目的目标指标严重下降
中度	2～3	一旦发生，项目受到中度影响，但项目主要目标能达到
微小	1～2	一旦发生，项目受到轻度影响，项目非主要目标受到影响，项目绝大部分目标能够达到
可忽略	0～1	一旦发生，对项目目标的影响很小，仍能够达到项目目标

风险发生概率的说明　　　　　　　　　　　　　　　　　　　　表 3-4

风险概率范围（%）	定义或说明	风险概率范围（%）	定义或说明
0～10	不可能发生	71～90	发生的可能性很大
11～30	发生的可能性很小	91～100	极有可能发生
31～70	有可能发生		

通过将风险影响栏和风险概率栏的值输入风险矩阵来确定风险等级，风险等级对照表见表 3-5。

风险等级对照表   表 3-5

风险概率范围（%）		可忽略	微小	一般	严重	关键
0～10	小	低	低	低	中	中
11～30	较小	低	低	中	中	中
31～70	中等	低	中	中	中	高
71～90	较大	中	中	中	高	高
91～100	大	中	中	高	高	高

表 3-5 可以用图 3-2 的形式表示。

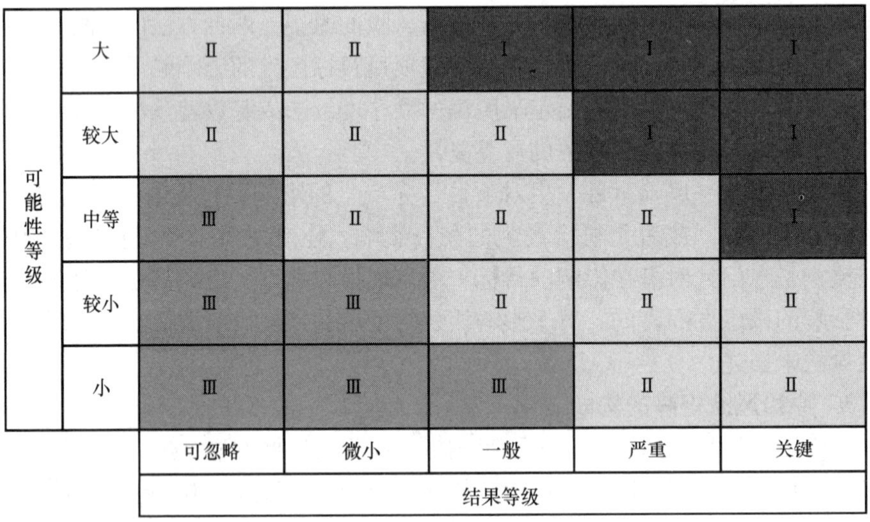

图 3-2　风险等级示意图

当然，风险的高低也可分为更多的层级，如 4 级，5 级……。层级可以根据实际控制需要来设定。

3.4.4　原始风险矩阵示例

表 3-6 是 ESC 于 1995 年提出的一个关于武器研发的原始风险矩阵的例子。

ESC 原始风险矩阵   表 3-6

编号	项目需求	所用技术	风险	风险影响	风险概率（%）	风险等级	风险管理
V_1	VHF 单通道通信	ARC-186	设计不合理	关键	0～10	中	把演示论证作为资源取舍工作的重要部分
V_2	对讲系统 SINCGARS	ARC-210 ARC-201 ARC-114	1）算法导致误解；2）ICD 问题	关键	41～60	高	把演示论证作为资源取舍工作的重要部分

续表

编号	项目需求	所用技术	风险	风险影响	风险概率（%）	风险等级	风险管理
V_3	160km 通话要求	ARC-210	天线性能	严重	61～90	中	获得测试项目的关键参数
V_4	A-10 和 F-16 的 JSTARS 和 ABCCC 系统	当前技术不可用	1）错误的电源等级供应；2）错误连接；3）Cosite 问题	一般	0～10	低	通过地面小组会议对战斗机进行检查研究
V_5	无线电信号前段控制	没有/不成熟	难以得到飞行员一致同意	一般	91～100	高	控制前端技术的早期演示论证
V_6	联合项目办公室	没有/不成熟	不同的用户	严重	41～60	中	建立信息和决策系统
V_7	进度：2 年交付	没有/不成熟	一体化周期	严重	11～40	中	采用激励手段保证及时交付

每一栏说明如下：

项目需求栏（Requirements）列出项目的基本需求，通常包括两个部分：高级操作要求和项目管理需求，前者如项目操作要求文件（ORD，Operational Requirements Document），后者如项目管理指南（PMD，Program Management Directive）中所列出的需求方面。

所用技术栏（Technology）列出了根据具体需求可以采用的技术。如果所用技术不存在或不够成熟从而不能满足需求，则风险发生的概率就会高一些。

风险栏（Tisks）识别、描述具体的风险。

风险影响栏（Impact，记为 I）评估风险对项目的影响。一般将风险对项目的影响分为五个等级，见表 3-7。

风险影响等级的定义　　　　　　　　　　　　　　　　　　　　　表 3-7

风险影响等级	定义或说明
关键（Critical）	一旦风险事件发生，将导致项目失败
严重（Serious）	一旦风险事件发生，会导致经费大幅增加，项目周期延长，可能无法满足项目的二级需求
一般（Moderate）	一旦风险事件发生，会导致经费一般程度的增加，项目周期一般性延长，但仍能满足项目一些重要的要求
微小（Minor）	一旦风险事件发生，经费只有小幅增加，项目周期延长不大，项目需求的各项指标仍能保证
可忽略（Negligible）	一旦风险事件发生，对项目没有影响

风险发生概率栏（Probability of Occurrence，记为 P_0）评估风险发生的概率。风险

描述与对应的概率水平见表 3-8。

表 3-8

风险发生概率的解释性说明

风险概率范围（%）	解释说明	风险概率范围（%）	解释说明
0～10	非常不可能发生	61～90	可能发生
11～40	不可能发生	91～100	极可能发生
41～60	可能在项目中期发生		

风险等级栏（Risk Rating，记为 R）通过将（I，P_0）值输入风险矩阵确定风险等级，见表 3-9。

表 3-9

风险等级对照表

风险概率范围（%）		可忽略	微小	一般	严重	关键
0～10	小	低	低	低	中	中
11～40	较小	低	低	中	中	中
41～60	中等	低	中	中	中	高
61～90	较大	中	中	中	高	高
91～100	大	中	中	高	高	高

风险管理/降低栏（Manage/Mitigate）是由风险管理小组制定具体战略管理/ 降低风险。或者可以用图 3-3 表示表 3-9 中风险因素的高低。

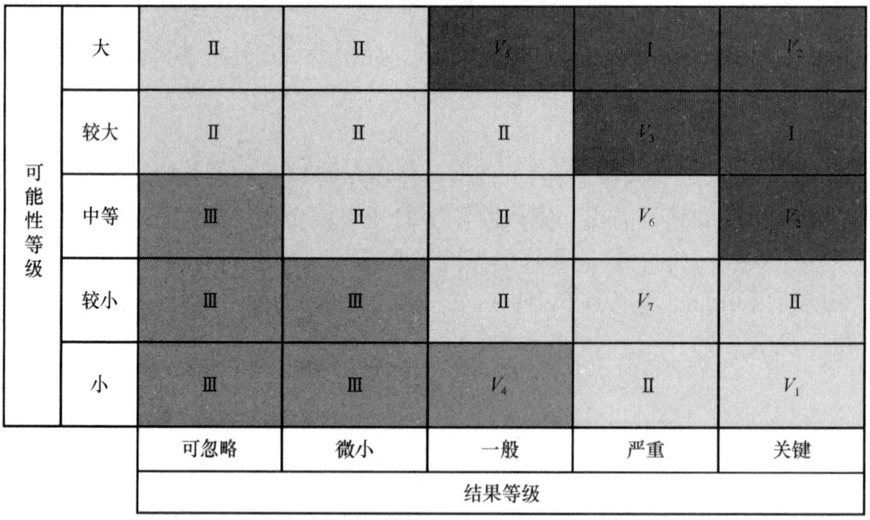

图 3-3 ESC 原始风险矩阵示意图

3.5 决 策 树 法

决策树是对决策局势的一种图解，可以使决策问题形象化。它把各种备选方案、可能出现的自然状态及各种损益值简明地绘制在一张图表上，便于管理人员审度决策局面，分析决策过程。利用决策树来分析风险大小，就是利用期望理论，根据风险的期望值对风险进行判断分析。

3.5.1 决策树的基本模型

完整的决策树图中，矩形表示在该处必须对各种行动方案作出选择，称为决策点。从决策点引出的若干直线 d_1，d_2，$\cdots$，d_m 称为方案枝。圆圈表示机会点，从机会点引出的若干直线 p_1，p_2，$\cdots$，p_m 称为概率枝。每一概率枝代表一个条件结果，标出该状态出现的概率值，在概率枝的末端标出该条件损益值，L_{ij}；$i = 1$，2，$\cdots$，m；$j = 1$，2，$\cdots$，n。

决策树法主要用于分析项目在各种可能情况下的收益。这种情况下决策树图的分析程序是先从损益值开始，由右向左推导的，称为反推决策树方法。它还可以解决多阶段决策问题。决策树图如图 3-4 所示。

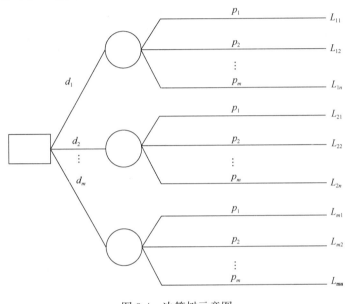

图 3-4 决策树示意图

决策树用于风险管理的主要步骤如下：

1. 绘制决策树

按问题所给信息，由左至右绘制决策树。

□ 表示决策节点，从这里引出的分枝为方案分枝，在分枝上要注明方案名称；

○ 表示状态节点，从这里引出的分枝为状态分枝或概率分枝，在分枝上要注明状态名称及其概率。

2. 计算方案的损益期望值，并将计算结果标注在相应的状态节点上端。

传统的决策树法是用树状图来描述各种方案在不同情况（或自然状态）下的收益，据此计算每种方案的期望收益从而作出决策的方法。如图 3-5 所示，把收益值小的方案枝修剪掉，只留下收益值最大的方案枝。

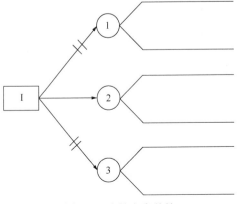

图 3-5 决策方案剪枝

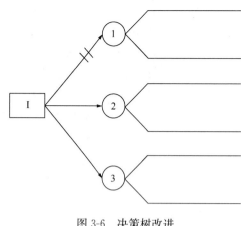

图 3-6　决策树改进

3.5.2　决策树方法的改进

为了扩大决策树的使用范围，用它来做风险分析或者因果分析，可以稍作一点改进即可。如图 3-6 所示，作为决策点 I 有三个影响因素枝，而每个影响枝的值可以由状态点 1、2、3 看出。而状态点的值又可以从概率枝求出来。与传统的决策树不同的是，它是从右向左看，一步步地找出影响因素，并计算出影响值的大小。传统决策树是把收益小的枝修剪掉，只保留最大的枝。而改进后的决策树可以设一个阈值，对于低于阈值的枝可以剪掉，高于阈值的枝保留（低于设置阈值表明因素风险较小，可以忽略）。如图 3-6 所示，保留了影响因素枝 2 和影响因素枝 3。

3.5.3　决策树在风险分析中的应用案例

以某房地产项目为例，第二阶段的风险因素有不可抗力（雷电，洪水，地震，气候）；水文地质资料与实际不符；材料质量不合格、物资管理不善；实际工程量与清单不符；工程变更频繁。

以表 3-10 的概率来表示事项发生的概率，以表 3-11 的危害度来表示"收益"。用风险 ＝ 事件的可能性×事件后果就可以算出风险大小。事件的后果值 ＝ 0.3×对成本的影响值＋0.3×对进度的影响值＋0.4×对质量的影响值。三项的权重根据实际情况来分配。如图 3-7 所示。

风险因素发生概率　　　　　　　　　　　　　　　表 3-10

概率	可能的风险因素				
	不可抗力（雷电、洪水、地震、气候）	水文地质资料与实际不符	材料质量不合格、物资管理不善	实际工程量与清单不符	工程变更频繁
非常低（0.1）			✓		
较低（0.3）	✓	✓			
中（0.5）					✓
较高（0.7）				✓	
非常高（0.9）					

影响因素对后果的影响值　　　　　　　　　　　　　表 3-11

后果（权重）	影响因素				
	不可抗力（雷电、洪水、地震、气候）	水文地质资料与实际不符	材料质量不合格、物资管理不善	实际工程量与清单不符	工程变更频繁
成本（0.3）	50	30		30	10
进度（0.3）	30	10	10	50	50
质量（0.4）			50		
风险值	**7.2**	**3.6**	**2.3**	**16.8**	**9**

不可抗力的危险值：

0.3×(50×0.3＋30×0.3)＋0.7×0＝7.2

水文地质资料有误的危险值：

0.3×(30×0.3＋10×0.3)＋0.7×0＝3.6

材料质量不合格、物资管理不善的危险值：

0.1×(10×0.3＋50×0.4)＋0.9×0＝2.3

实际工程量与清单不符的危险值：

0.7×(30×0.3＋50×0.3)＋0.3×0＝16.8

工程变更频繁的危险值：

0.5×(10×0.3＋50×0.3)＋0.5×0＝9

从上面的计算及图 3-7 可以看出危险值小于 5 分的有两项。这里以 5 分为阈值，对得分在 5 分以下的枝进行修枝，对于这些风险因素可以少关注。对于高于 5 分的要重点关注，对于本例来说，最高分是 16.8 分，这项是风险管理人员要重点关注的风险项。

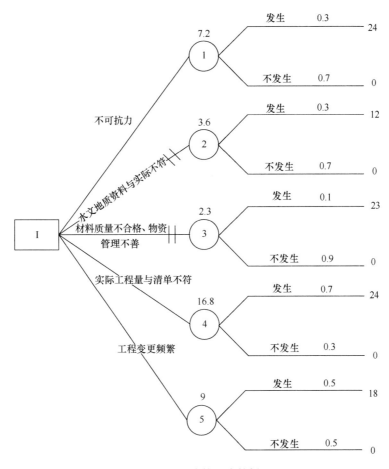

图 3-7 风险管理决策树

3.6 层 次 分 析 法

层次分析法（AHP）是美国数学家萨蒂于 20 世纪 70 年代初开发的一种将定性与定量相结合的用于解决无结构决策问题的建模方法。该方法的核心是建立分层递阶结构模型，其实质是一种通过确定权重进行系统综合的方法。该方法的程序：通过对复杂系统进行分析，建立分层递阶结构模型；在模型的每个层次，按某一上层准则对该层各要素逐一进行比较，形成判断矩阵；计算判断矩阵的最大特征值和相对应的特征向量，将特征向量标准化后作为该层次对该准则的权重；将各层次权重综合，计算出各层次要素对总目标的组合权重，从而确定可行方案权值作为决策。AHP 的特点：为系统分析人员提供一种系统分析与系统综合过程系统化、模型化的思维方法；以方案对总目标的权重为标准，作为方案选择的依据；可对判断矩阵进行一致性检验，以体现主观判断的准确性，实现定性与定量的结合；可解决多层次、多目标、半结构化和无结构问题。层次分析法的基本步骤如下：

1. 建立分层递阶结构模型

在对系统分析的基础上，建立分层递阶结构模型是 AHP 的核心和关键。分层递阶结构模型由目标层、准则层和方案层组成。目标层有总目标和分目标，总目标是最高目标，一个系统一般只有一个；准则层可以是方案的多层的评价标准；方案层是被评价的方案或措施。分层递阶结构模型的一般形式如图 3-8 所示。

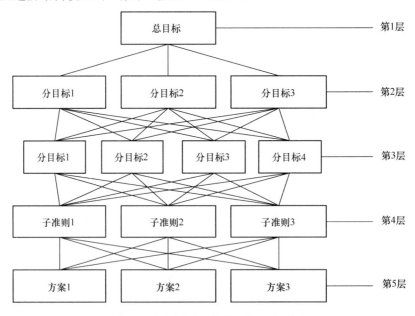

图 3-8　分层递阶结构模型的一般形式

2. 构建判断矩阵

分层递阶结构模型体现了上下层各元素之间的支配和隶属关系，按该关系，以上层中某元素为准则进行下层元素之间的两两对比，按 9 级评分体系评分并用矩阵形式描述，该矩阵称为判断矩阵，它是确定下层次元素对上层元素相对重要性的基础。

判断矩阵表示针对上一层次某元素而言，本层次与之有关的各元素之间的相对重要性。假定 A 层中元素 A_k 与下一层次中元素 B_1，B_2，$\cdots$，B_n 有联系，则所构造的判断矩阵见表 3-12。

判断矩阵示意表　　　　　　　　　　　　　　　　　　表 3-12

A_k	B_1	B_2	$\cdots$	B_n
B_1	b_{11}	b_{12}	$\cdots$	b_{1n}
B_2	b_{21}	b_{22}	$\cdots$	b_{2n}
$\vdots$	$\vdots$	$\vdots$	$\vdots$	$\vdots$
B_n	b_{n1}	b_{n2}	$\cdots$	b_{m}

注：如 $b_{12} = B_1$ 元素 $/B_2$ 元素，$b_{2n} = B_2$ 元素 $/B_n$ 元素。

其中，b_{ij} 是对于 A_k 而 b_{ij} 的取值根据所选择标度的不同而不同。通常人们所采用的标度为 $1\sim9$ 比例标度。即 b_{ij} 取 1，2，3，$\cdots$，9 及它们的倒数，其含义见表 3-13。

相对重要性等级表　　　　　　　　　　　　　　　　　　表 3-13

标度	含义	标度	含义
9	两个元素相比，前者比后者极重要	1/9	两个元素相比，后者比前者极重要
8		1/8	
7	两个元素相比，前者比后者很重要	1/7	两个元素相比，后者比前者很重要
6		1/6	
5	两个元素相比，前者比后者重要	1/5	两个元素相比，后者比前者重要
4		1/4	
3	两个元素相比，前者比后者稍重要	1/3	两个元素相比，后者比前者稍重要
2		1/2	
1	两个元素相比，前者和后者同样重要	1	两个元素相比，后者和前者同样重要

判断矩阵的矩阵表达形式为

$$b_{ij} = \begin{bmatrix} b_{11} & b_{12} & \cdots & b_{i1n} \\ b_{21} & b_{22} & \cdots & b_{2n} \\ \vdots & \vdots & \ddots & \vdots \\ b_{n1} & b_{n2} & \cdots & b_{m} \end{bmatrix} = \begin{bmatrix} w_1/w_1 & w_1/w_2 & \cdots & w_1/w_n \\ w_2/w_1 & w_2/w_2 & \cdots & w_2/w_n \\ \vdots & \vdots & \ddots & \vdots \\ w_n/w_1 & w_n/w_2 & \cdots & w_n/w_n \end{bmatrix}$$

判断矩阵是一个特殊矩阵，其元素满足以下条件：

$$b_{ii} = 1, \quad b_{ij} = 1/b_{ji}, \quad b_{ij} = b_{ik}/b_{jk}$$

该条件称为一致性条件，当满足该条件时，有：

$$\begin{bmatrix} w_1/w_1 & w_1/w_2 & \cdots & w_1/w_n \\ w_2/w_1 & w_2/w_2 & \cdots & w_2/w_n \\ \vdots & \vdots & \ddots & \vdots \\ w_n/w_1 & w_n/w_2 & \cdots & w_n/w_n \end{bmatrix} \cdot \begin{bmatrix} w_1 \\ w_2 \\ \vdots \\ w_m \end{bmatrix} = n \begin{bmatrix} w_1 \\ w_2 \\ \vdots \\ w_m \end{bmatrix}$$

可见，满足一致性条件的 n 阶判断矩阵具有唯一非零最大特征值 $\lambda_{\max} = n$，其他特征值均为零。

判断矩阵的构造表格形式见表 3-14。

某因素指标对比表　　　　　　　　　　　　表 3-14

指标	B_1	B_2	B_3	$\cdots$
B_1	1	b_{12}	b_{13}	$\cdots$
B_2	$1/b_{12}$	1	b_{23}	$\cdots$
B_3	$1/b_{13}$	$1/b_{23}$	1	$\cdots$
$\cdots$	$\cdots$	$\cdots$	$\cdots$	1

表 3-14 中，阴影部分的数据不用比较，$(B_i，B_i)$ 处为 1，因为 B_i 与 B_i 相比同等重要，$(B_i，B_j)$ 与 $(B_j，B_j)$ 互为倒数关系，表示 B_i 与 B_j 项目重要程度正好为 B_j 与 B_i 相比的倒数。

判断矩阵是依据专家和分析人员的经验，经研究后确定的。判断矩阵的维数 $n \leqslant 3$ 时，均可保证一致性。一般情况下，一致性条件中的第三个条件很难准确估计，所得的判断矩阵均不能满足一致性条件，故需检验判断矩阵的一致性。如不满足一致性条件，且超过一定准确度要求，需重新进行比较和确定判断矩阵。

通常以一致性指标、平均随机一致性和随机一致性比率等指标来衡量判断矩阵的准确度，来检查人们判断思维的一致性。

一致性指标 $C.I.$ 和随机一致性比率 $C.R.$ 的计算方法为：

$$C.I. = \frac{\lambda_{\max} - n}{n - 1}, \ C.R. = \frac{C.I.}{R.I.}$$

平均随机一致性指标 $R.I.$ 的值，依据判断矩阵的阶次，由表 3-15 中选取。

判断矩阵阶次与一致性指标对应表　　　　　　　　　　表 3-15

阶数	1	2	3	4	5	6	7	8	9
$R.I.$	0	0	0.58	0.90	1.12	1.24	1.32	1.41	1.45

一般认为，当 $C.R. \leqslant 0.1$ 时，判断矩阵具有较满意的一致性。

3. 单排序

当判断矩阵具有较满意的一致性时，就可计算本层次元素对上层次准则的权重，即排序。计算排序的方法实质上是求判断矩阵的最大非零特征值及其对应的特征向量，为避免复杂的计算，通常采用简化算法——和法和方根法。

（1）和法

设判断矩阵为 B，和法的步骤：

1）将判断矩阵的每列均做标准化处理；

2）按行相加，得到向量 W；

3）将向量 W 标准化，即为所求权重（特征向量）；

4）按下式计算最大特征值 $\lambda_{\max}$，即：

$$\lambda_{\max} = \lambda \frac{1}{n} \sum_{i=1}^{n} \frac{(Bw)_i}{w_{i\max}}$$

（2）方根法

设判断矩阵为 B，方根法的步骤：

1）将判断矩阵的每行各元素相乘，得 M_i，$M_i = \prod b_{ij}$；

2）将 M_i 开 n 次方，得向量 W；

3）将 W 标准化即为所求权重（特征向量）；

4）按下式计算最大特征值 $\lambda_{\max}$，即：

$$\lambda_{\max} = \lambda \frac{1}{n} \sum_{i=1}^{n} \frac{(Bw)_i}{w_{i\max}}$$

对可定量的准则，如造价、利润等，因其可直接用定量数值描述，故不需建立判断矩阵和用上述方法求权重，按判断矩阵的形成原理，可直接将定量数值标准化作为权重。

4. 总排序

单排序解决了每个层次诸要素对上层次某准则的权重（排序）问题，为了得到各元素对总目标的相对权重，必须进行排序的"综合"——总排序。总排序先从最上层开始，自上而下进行计算。总目标（第 1 层）的权重 $W^{(1)} = 1$，第二层对总目标的排序向量 $W^{(2)}$ 就是该层的单排序向量。

设 $P^{(k)} = (P_1^{(k)}, P_2^{(k)}, \cdots, P_n^{(k)})^T$ 为第 k 层次元素对 $(k-1)$ 层（上一层）各准则的单排序权重向量，$W^{(K_i-1)}$ 为准则层总排序权重向量，则第 K 层总排序为：

$$W^{(k)} = p^{(k)} \cdot W^{(k-1)} = \begin{bmatrix} w_{11}^{(k)} & w_{12}^{(k)} & \cdots & w_{1m}^{(k)} \\ w_{21}^{(k)} & w_{22}^{(k)} & \cdots & w_{2m}^{(k)} \\ \vdots & \vdots & \ddots & \vdots \\ w_{n1}^{(k)} & w_{n2}^{(k)} & \cdots & w_{nm}^{(k)} \end{bmatrix} \cdot \begin{bmatrix} W_1^{(k-1)} \\ W_2^{(k-1)} \\ \vdots \\ W_m^{(k-1)} \end{bmatrix}$$

3.7 模糊综合评价法

3.7.1 模糊综合评价概述

模糊性是事物本身状态的不确定性，或者说是指某些事物或者概念的边界不清楚，这种边界不清楚，不是由于人的主观认识达不到客观实际所造成的，而是事物的一种客观属性，是事物的差异之间存在着中间过渡过程的结果。

模糊数学就是试图利用数学工具解决模糊事物方面的问题。1965 年，美国加州大学的控制论专家扎德根据科技发展的需要，经过多年的潜心研究，发表了一篇题为《模糊集合》的重要论文，第一次成功地运用精确的数学方法描述了模糊概念，从而宣告了模糊数学的诞生。从此，模糊现象进入了人类科学研究的领域。

模糊数学着重研究"认知不确定"类的问题，其研究对象具有"内涵明确，外延不明确"的特点。模糊数学的产生把数学的应用范围，从精确现象扩大到模糊现象的领域，去处理复杂的系统问题。模糊数学绝不是把已经很精确的数学变得模模糊糊，而是用精确的数学方法来处理过去无法用数学描述的模糊事物。从某种意义上来说，模糊数学是架在形式化思维和复杂系统之间的一座桥梁，通过它可以把多年积累起来的形式化思维，也就是精确数学的一系列成果，应用到复杂系统里去。

一个事物往往需要用多个指标刻画其本质与特征，并且人们对一个事物的评价又往往不是简单的好与不好，而是采用模糊语言分为不同程度的评语。由于评价等级之间的关系是模糊的，没有绝对明确的界限，因此具有模糊性。显而易见，对于这类模糊评价问题，利用经典的评价方法存在着不合理性。应用模糊数学的方法进行综合评判将会取得更好的实际效果。

模糊综合评价是借助模糊数学的一些概念，对实际的综合评价问题提供一些评价的方法。具体地说，模糊综合评价就是以模糊数学为基础，应用模糊关系合成的原理，将一些边界不清、不易定量的因素定量化，从多个因素对被评价事物隶属等级状况进行综合性评价的一种方法。

应用模糊集合论方法对决策活动所涉及的人、物、事、方案等进行多因素、多目标的评价和判断，就是模糊综合评判。其基本原理是：

（1）确定被评判对象的因素（指标）集和评价（等级）集；

（2）分别确定各个因素的权重及它们的隶属度向量，获得模糊评判矩阵；

（3）把模糊评判矩阵与因素的权向量进行模糊运算并进行归一化，得到模糊评价综合结果。

可见，评判过程是由着眼因素和评语构成的二要素系统。着眼于因素和评语一般都有模糊性，不宜用精确的数学语言描述。

3.7.2 模糊综合评判法的模型和步骤

1. 确定评价因素和评价等级

设 $U = \{u_1, u_2, \cdots, u_m\}$ 为刻画被评价对象的 m 种因素（即评价指标）；

$V = \{v_1, v_2, \cdots, v_n,\}$ 为刻画每一因素所处的状态的 n 种决断（即评价等级）。

这里，m 为评价因素的个数，由具体指标体系决定；n 为评语的个数，一般划分为 3～5 个等级。

2. 构造评判矩阵和确定权重

首先对着眼因素集中的单因素 $u_i(i=1,2,\cdots,m)$ 作单因素评判，从因素 u_i 着眼该事物对抉择等级 $v_j(j=1,2,\cdots,m)$ 的隶属度为 r_{ij}，这样就得出第 i 个因素 u_i 的单因素评判集：

$$r_i = (r_{i1}, r_{i2}, \cdots, r_{in})$$

这样 m 个着眼因素的评价集就构造出一个总的评价矩阵 R。即每一个被评价对象确定了从 U 到 V 的模糊关系 R，它是一个矩阵：

$$R = \begin{bmatrix} r_{11} & r_{12} & \cdots & r_{1n} \\ r_{21} & r_{22} & \cdots & r_{2n} \\ \vdots & \vdots & \ddots & \vdots \\ r_{m1} & r_{m2} & \cdots & r_{mn} \end{bmatrix}$$

其中 r_{ij} 表示从因素 u_i 着眼，该评判对象能被评为 v_j 的隶属度（$i=1,2,\cdots,m; j=1, 2,\cdots,n$）。具体地说，$r_{ij}$ 表示第 i 个因素 u_i 在第 j 个评语 v_j 上的频率分布，一般将其归一化

使之满足 $\sum r_{ij} = 1$。这样，R 矩阵本身就是没有量纲的，不需作专门处理。

一般来说，主观或定性的指标都具有一定程度的模糊性，可以采用等级比重法。用等级比重确定隶属矩阵的方法，可以满足模糊综合评判的要求。用等级比重法确定隶属度时，为了保证可靠性，一般要注意两个问题：第一，评价者人数不能太少，因为只有这样，等级比重才趋于隶属度；第二，评价者必须对被评事物有相当的了解，特别是一些涉及专业方面的评价，更应该如此。对于客观和定量指标，可以选用频率法。频率法是先划分指标值在不同等级的变化区间，然后以指标值的历史资料在各等级变化区间出现的频率作为对各等级模糊子集的隶属度。这种方法操作方便，工作量小，但是比较粗糙，指标值的等级区间划分会影响评价结果。

得到这样的模糊关系矩阵，尚不足以对事物做出评价。评价因素集中的各个因素在"评价目标"中有不同的地位和作用，即各评价因素在综合评价中占有不同的比重。拟引入 U 上的一个模糊子集 A，称权重或权数分配集，$A = (a_1, a_2, \cdots, a_m)$。其中 $a_i > 0$，并且 $\sum a_i = 1$。它反映对诸因素的一种权衡。

权数乃是表征因素相对重要性大小的量度值。常见的评价问题中的赋权数，一般多凭经验主观臆测，富有浓厚的主观色彩。在某些情况下，主观确定权数尚有客观的一面，一定程度上反映了实际情况，评价的结果有较高的参考价值。但是主观判断权数有时严重地扭曲了客观实际，使评价的结果严重失真而有可能导致决策者的错误判断。在某些情况下，确定权数可以利用数学的方法（如层次分析法），尽管数学方法掺杂有主观性，但是数学方法严格的逻辑性而且可以对确定的"权数"进行"滤波"和"修复"处理，以尽量剔除主观成分，符合客观现实。

这样，在这里就存在两种模糊集，以主观赋权为例，一类是标志因素集 U 中各元素在人们心目中的重要程度的量，表现为因素集 U 上的模糊权重向量 $A = (a_1, a_2, \cdots, a_m)$；另一类是 $U \times V$ 上的模糊关系，表现为 $m \times n$ 行模糊矩阵 R。这两类模糊集都是人们价值观念或者偏好结构的反映。

2. 进行模糊评价

对每个 $U_i = \{u_{i1}, u_{i2}, \cdots, u_{ik}\}$ 的 k 个因素，按初始模型作综合评价。设 U_i 的因素重要程度模糊子集为 A_i，U_i 的 k 个因素的总的评价矩阵为 R_i，于是得到：

$$A_i o R_i = B_i = (b_{i1}, b_{i2}, \cdots, b_{in}), \quad i = 1, 2, \cdots, N$$

逐级计算即可得到每个指标因素的评价结果。

3.8 蒙特卡罗模拟法

蒙特卡罗方法是一种模拟法或统计试验法，是一种以数理统计理论为指导的模拟技术。它的实质是用按一定的概率分布产生随机数的方法来模拟可能出现的随机现象。它的主要优点是无需复杂的数学运算，只要经过多次反复试验，便能获得足够准确的近似结果（均值、方差及概率分布等），由于这种方法的试验次数很多，需要借助计算机模拟才能有效地进行。

用蒙特卡罗模拟法求解问题时，不需要像用一般的数理统计方法那样需要通过真实的抽样实验来完成，而是通过抓住事物运动过程的数量和物理特征，运用数学方法来进行模拟。每一次模拟描述系统可能出现的一次情况。经过成百上千次模拟后，便可得到一些很有价值的结果。

3.8.1 蒙特卡罗模拟基本原理

蒙特卡罗模拟是一种通过对每个随机变量进行抽样，将其代入数据模型中，确定函数值的模拟技术。独立模拟试验 N 次，得到函数的一组抽样数据，由此可以决定函数的概率分布特征，包括函数的分布曲线，以及函数的数学期望、方差等重要的数学特征。

利用蒙特卡罗模拟技术，可以根据工程项目全寿命周期各阶段或全寿命成本构成要素的概率分布对全寿命中各阶段或全寿命成本预测进行一系列模拟。在模拟分析过程中，该方法通过从各个成本构成要素的概率分布中抽取独立样本来对全寿命中各阶段或全寿命成本进行计算。在对全寿命中各阶段或全寿命成本进行第一次计算后，计算机可多次重复这一过程，利用随机数发生器选择一定区间内的值，这种选择根据概率分布确定数据出现的频率。其目的是通过输入具有一定概率分布的若干变量，得出结果变量工程项目全寿命中各阶段或全寿命成本的分布情况。简而言之，蒙特卡罗方法就是模拟已知概率分布的随机变量 x_1，x_2，$\cdots$，x_n 的函数 $Y = F(x_1, x_2, \cdots, x_n)$，得出函数 Y 的概率分布、累计概率分布及期望值、方差、标准差等数学特征值。

3.8.2 蒙特卡罗模拟常用的概率分布

蒙特卡罗模拟常用的分布函数有三角分布、均匀分布、梯形分布、正态分布、泊松分布和 β 分布等。对于那些没有充分根据或无法找到理论分布的成本风险因素，常常使用经验分布。利用专家调查法，根据专家长期的观察和经验，对风险因素给出其概率分布估计。

1. 三角分布

三角分布由三个参数来定义：最小值 a，最大值 b 和最可能值 m。临近最可能值的结果比那些位于端点的结果有较大的出现机会。通过改变最可能值相对于端点值的位置，三角分布可以是对称的，或者偏向两个方向的任何一个，如图 3-9 所示。

其概率密度函数由下式给出：

$$f(x) = \begin{cases} \dfrac{2(x-a)}{(b-a)(m-a)}, & \text{若 } a \leqslant x \leqslant m; \\ \dfrac{2(b-x)}{(b-a)(b-m)}, & \text{若 } m < x \leqslant b; \\ 0, & \text{其他。} \end{cases}$$

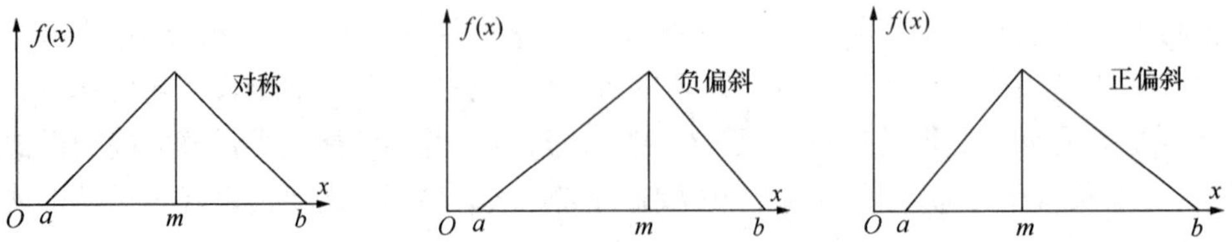

图 3-9 三角分布概率密度

其分布函数是:

$$F(x) = \begin{cases} 0, & 若 \ x < a; \\ \dfrac{(x-a)^2}{(b-a)(m-a)}, & 若 \ a \leqslant x \leqslant m; \\ 1 - \dfrac{(b-x)^2}{(b-a)(b-m)}, & 若 \ m \leqslant x \leqslant b; \\ 1, & 其他 \end{cases}$$

其均值为 $(a+b+m)/3$,而方差是 $(a^2+b^2+m^2-am-bm-ab)/18$。

三角分布常用作其他分布的粗略近似,如正态分布,或在缺少数据时使用。因为它取决于三个简单参数且能取各种形状,所以在为多种多样的假设建立模型时是非常灵活的。

2. 均匀分布

均匀分布描述在某最小值和最大值之间所有结果等可能的随机变量特征。对于具有最小值 a 和最大值 b 的均匀分布,密度函数是:$f(x) = \dfrac{1}{b-a}$,若 $a \leqslant x \leqslant b$。如图 3-10 所示。

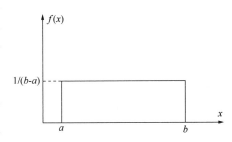

图 3-10 均匀分布概率密度函数

其分布函数是:

$$F(x) = \begin{cases} 0, & 若 \ x < a; \\ \dfrac{x-a}{b-a}, & 若 \ a \leqslant x \leqslant b; \\ 1, & 若 \ x > b \end{cases}$$ 均匀分布的均值为 $(a+b)/2$,方差为 $(b-a)^2/12$;

在对随机变量知之甚少时,常使用均匀分布,这时根据判断来选择参数 a 和 b,以反映建模者对随机变量取值范围的最佳估计。

当 $a=0$,$b=1$ 时,$f(x)$ 为区间 $[0,1]$ 之间的均匀分布,称为标准均匀分布。在模拟随机网络中,常用标准均匀分布来产生其他各种分布的随机变量。

3. 正态分布

正态分布是对称的,并且具有中位数等于均值的性质。虽然 x 的区域无界,但大部分密度向均值聚拢。其特性由两个参数描述,均值 μ 和方差 σ^2。正态分布的概率密度函数是:

$$f(x) = \frac{e^{-(x-\mu)^2/2\sigma^2}}{\sqrt{2\pi}\sigma}, \ -\infty < x < +\infty$$

这种分布的密度函数不存在封闭图形。图 3-11 给出了 $\mu=0$ 和 $\sigma=1$ 的标准正态分布的大致情形,标准正态分布的面积反映介于 $-\infty$ 和 μ 右边(或左边)距均值 z 倍标准差的点之间的概率,这里的 z 可由下式给出:

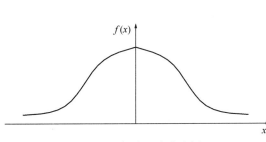

图 3-11 标准正态分布图

61

$$z = \frac{x - \mu}{\sqrt{\sigma^2}}$$

正态分布可以在许多自然现象中观测到，各种类型的误差，如机械加工项目说明书注明的偏差，常是正态分布的。

4. 泊松分布

泊松分布是用于建立某种度量单位内发生次数模型的一种离散分布。例如在某个时间区间内事件出现的次数，每一个顾客对库存的需求件数，或每行软件程序的错误个数。泊松分布所取的发生次数不受限制，各次发生是独立的，且平均次数是常数。它的概率质量函数是：

$$p(x) = \begin{cases} \dfrac{e^{-\lambda}\lambda^x}{x!}, & 若\ x = 0,1,2,\cdots; \\ \\ 0, & 其他。 \end{cases}$$

其中：均值和方差均为 λ。

5. β 分布

β 分布是在有限区间 $[a, b]$ 内连续型随机变量，改变其参数时，可得到各种不同概率分布曲线。

β 分布的概率密度函数表达式为：

$$f(x) = \frac{1}{(b-a)^{k_1+k_2-1}\beta(k_1, k_2)}(x-a)^{k_1-1}(b-x)^{k_2-1}$$

式中　k_1, k_2 ——β 分布的分布参数；

　　　a, b ——随机变量 x 的变动范围；

$\beta(k_1, k_2)$ ——β 函数，其值为：$\beta(k_1, k_2) = \dfrac{\Gamma(k_1 + k_2)}{\Gamma(k_1)\Gamma(k_2)}$

当 $a = 0$，$b = 1$ 时，则称为标准的 β 分布。

当 $k_1 = k_2$ 时，分布是对称的；当 $k_1 < k_2$ 时，分布是右偏斜的；当 $k_1 > k_2$ 时，则分布是左偏斜的。

当 k_1, k_2 均为非负整数时，β 分布的数学期望是 $a + \dfrac{k_1(b-a)}{k_1 + k_2}$，方差为 $\dfrac{k_1 k_2 (b-a)^2}{(k_1 + k_2)^2 (k_1 + k_2 + 1)}$。

由于 β 分布的分布参数较多且难以确定，计算量较大，在实际应用中很少采用。

6. 指数分布

指数分布适用于构建在时间上随机重现的事件的模型。因而，它常被用于为顾客到达服务系统的时间间隔，或机器、灯泡及其他机械或电子元件的失效前工作时间建立模型。指数分布的主要性质是它的无记忆性，即当前时间对未来结果没有影响。

指数分布的密度函数为：

$$f(x) = \lambda e^{-\lambda x}, \ x \geqslant 0$$

分布函数为：

$$F(x) = 1 - e^{-\lambda x}, \ x \geqslant 0$$

指数分布的均值为 $1/\lambda$，方差为 $(1/\lambda)^2$。

3.8.3 蒙特卡罗方法的求解步骤

蒙特卡罗模拟方法的一般步骤如下：

（1）分析哪些原始参数应属于随机变量，并确定出这些随机变量的概率分布。

（2）通过模拟试验随机选取各随机变量的值，并使选取的随机值符合各自的概率分布，随机数可使用随机数表，或直接用计算机求出随机数。

（3）建立经济评价指标的数学模型。

（4）根据模拟试验结果，计算出经济评价指标的一系列样本值。

（5）经过多次模拟试验，求出经济评价指标的概率分布或其他特征值。

（6）检验试验次数是否满足预定的精度要求。

蒙特卡罗模拟过程如图 3-12 所示。

用蒙特卡罗方法模拟任何一个实际过程，都需要用到大量的随机数，计算量很大，人工计算是不可能的，只能在计算机上实现。实际操作的时候可以用一些专业的蒙特卡罗模拟分析软件来完成，如"Monte Carlo 3.0""Crystal Ball""Risk Master"

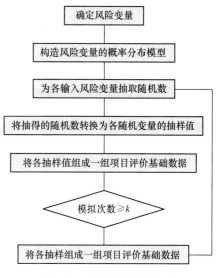

图 3-12 蒙特卡罗模拟过程

等。通过结合相关的风险分析软件，在一定程度上简化了全寿命成本风险分析的过程，提高了风险分析的准确度。

3.8.4 选择重复次数

蒙特卡罗模拟中的一个重要问题是选择模拟的重复次数。模拟的重复次数影响着结果的质量。一般地，重复的次数愈多，对输出分布的特性刻画及参数估计（如均值估计）就愈精确。从统计学可以得知，来自某总体的有固定容量 n 的多个样本的平均值将形成一个分布，称为该平均值的抽样分布。抽样分布与总体分布的均值和方差均存在一定的误差。由统计知识可知：

平均标准误差为：$\dfrac{\sigma}{\sqrt{n}}$，其中：σ 是那些个体观测值的标准差，n 为重复次数。由此看出，当 n 增加时，该标准误差减少。

如果将置信区间的宽度视为在估计均值时期望获得的精确度，则就能辨识适当的重复次数。假如我们期望估计值能以 $(1-a)$ 的置信区间精确到数量 $\pm A$ 之间，置信区间的半径就被设定为等于 A，其值为：

$$A = \frac{z_{a/2}\sigma}{\sqrt{n}}, \text{解之得到 } n = z_{a/2}^2 \sigma^2 / A^2$$

其中 σ 常用以下方法确定，以 N 次重复的初试样本来估计标准差和计算精确度。若精确度不够，则利用样本容量确定 n 的值，再将模拟重复 $(n-N)$ 次，然后合并结果。

3.9 方法应用案例分析

3.9.1 工程背景

某高校园区建设工程包括一栋教学楼（11000m²），一栋图书馆（8600m²），一栋实验楼（7600m²），一栋学校交流中心（7800m²），两栋学生宿舍楼（5000m²×2），改建第二食堂（2000m²）。建筑面积为47000m²（包括食堂改建2000m²），全部为多层建筑，异型框架结构，基础采用了独立基础和钢筋混凝土条形基础两种，防火等级为一级，抗震设防为七度。工程所有的施工单位和监理单位的确定全部按照我国建筑工程招标投标法的要求进行，并在全省范围内进行公开招标投标。招标投标的结果通过网络和媒体向社会公示。整个工程项目建设分成4个标段，分设了4个监理组。工程项目的建设程序和验收程序严格按照国家标准及地方标准执行，工程项目建设的政府监督机构为高校所在地质监站。工程建设投资为6100万元，其中省交通厅投入3600万元，其余资金由学校自筹及银行贷款。工程建设合同工期为14个月，工程开工日期为2017年11月8日，实际建设工期到2019年12月份竣工，历经两年多时间。该工程建设工期紧、任务重，建筑外形设计较复杂，施工场地狭小，施工相互干扰多，再加上建设方管理人员较少，且大部分是新人，给工程项目管理带来一定的难度。

3.9.2 风险识别

从建筑工程项目的建设程序来看，可分为建设的决策期、实施期和营运期，决策期主要是方案决策和投资决策。实施期主要是项目设计、施工招标投标、项目施工和竣工验收，营运期主要是指项目建成以后的营运管理及成本回收。从我国建筑工程项目的具体操作实际情况，并结合本论文提到的风险识别的过程和方法，把风险因素进行排列，并对就建筑工程项目中的目标风险进行分层规划并列表，为了更好地说明问题，这里只简单地列出质量风险因素的分层次排列，见表3-16。

工程项目质量目标风险因素　　　　　　　　　　表3-16

工程项目质量风险目标（X）	设计风险（Y_1）	技术设计（Z_1）
		技术变更风险（Z_2）
	施工风险（Y_2）	安全风险（Z_3）
		设备风险（Z_4）
		实施中的风险（Z_5）
		施工组织设计不科学（Z_6）
	其他风险（Y_3）	材料价格变化（Z_7）
		合同纠纷（Z_8）
		施工单位违约（Z_9）
		建设单位违约（Z_{10}）
		资金不足（Z_{11}）
		不可抗力风险（Z_{12}）

3.9.3 风险评估与应对措施

1. 构造判断矩阵

根据建筑工程项目的风险因素的构成,运用层次分析法(AHP),再根据 3.6 中判断矩阵的构造方法和计算过程来构造判断矩阵,对每工作包的风险因素进行风险评估,并邀请工程建设项目各参与方的主要管理人员和技术人员对各个风险因素的重要性进行两两比较测定,再加以均衡,把所得的均衡结果写成判断矩阵。具体的风险因素标度分值见表 3-17。

X-Y 判断矩阵及权重计算表　　　　　　　　　　　　　　表 3-17

	Y_1	Y_2	Y_3	权重 w_{12}	一致性检验
Y_1	1	1/3	1/2	0.16	$\lambda_{max} = 3.009$
Y_2	3	1	2	0.54	$C.R. = 0.009 < 0.1$
Y_3	2	1/2	1	0.30	

采用和法求解计算过程实例,按照 3.6,可以知道,判断矩阵为 $B = \begin{bmatrix} 1 & 1/3 & 1/2 \\ 3 & 1 & 2 \\ 2 & 1/2 & 1 \end{bmatrix}$。用 Excel 计算简单快捷(表 3-18)。

求解 X-Y 权重计算　　　　　　　　　　　　　　　表 3-18

	Y_1	Y_2	Y_3	按列标准化			求和	标准化
				Y'_1	Y'_2	Y'_3		
Y_1	1	1/3	1/2	0.17	0.18	0.14	0.49	0.16
Y_2	3	1	2	0.50	0.55	0.57	1.62	0.54
Y_3	2	1/2	1	0.33	0.27	0.29	0.89	0.30
求和	6.00	1.83	3.50				3.00	

所得的权重矩阵即为 $w_{12} = \{0.16, 0.54, 0.30\}$,进行一致性检验,$\lambda_{max} = \dfrac{1}{n} \sum_{i=1}^{n} \dfrac{(Bw)_i}{w_i}$,

$B \times w = \begin{bmatrix} 1 & 1/3 & 1/2 \\ 3 & 1 & 2 \\ 2 & 1/2 & 1 \end{bmatrix} \times \begin{bmatrix} 0.16 \\ 0.54 \\ 0.30 \end{bmatrix} = \begin{bmatrix} 0.49 \\ 1.62 \\ 0.89 \end{bmatrix}$,所以 $\lambda_{max} = 3.009$,当 $n = 3$ 时,$R.I. = 0.58$。

则一致性指标 $C.I.$ 和随机一致性比率 $C.R.$ 的计算方法为:

$$C.I. = \frac{\lambda_{max} - n}{n - 1} = \frac{3.009 - 3}{2} = 0.005, \quad C.R. = \frac{C.I.}{R.I.} = \frac{0.005}{0.58} = 0.009 < 0.1$$

满足一致性要求。

以下计算相同(表 3-19~表 3-22)。

Y_1-Z 判断矩阵及权重计算表　　　　表 3-19

	Z_1	Z_2	权重 w_{33}	一致性检验
Z_1	1	2	0.67	
Z_2	1/2	1	0.33	

$w_1 = \{0.67,\ 0.33\}$，注意：只有两个因素时，不用一致性检验。

Y_2-Z 判断矩阵及权重计算表　　　　表 3-20

	Z_3	Z_4	Z_5	Z_6	权重 w_{22}	一致性检验
Z_3	1	2	4	2	0.44	
Z_4	1/2	1	2	2	0.26	$\lambda_{max} = 4.12$
Z_5	1/4	1/2	1	1/3	0.10	$C.R. = 0.04 < 0.1$
Z_6	1/2	1/2	3	1	0.20	

$w_{22} = \{0.44,\ 0.26,\ 0.10,\ 0.20\}$。

Y_3-Z 判断矩阵及权重计算表　　　　表 3-21

	Z_7	Z_8	Z_9	Z_{10}	Z_{11}	Z_{12}	W	一致性
Z_7	1	1/3	1/6	1/6	1/7	3	0.047	
Z_8	3	1	1/7	1/6	1/7	3	0.079	
Z_9	6	7	1	3	4	6	0.384	$\lambda_{max} = 6.59$
Z_{10}	5	5	1/3	1	1/2	7	0.28	$C.R. = 0.095 < 0.1$
Z_{11}	7	7	1/4	2	1	7	0.278	
Z_{12}	1/3	1/3	1/6	1/7	1/7	1	0.39	

X-Y 判断矩阵及权重计算表　　　　表 3-22

	Y_1	Y_2	Y_3	权重 w_3	一致性检验
Y_1	1	1	3	0.45	
Y_2	1	1	3	0.45	$\lambda_{max} = 3$
Y_3	1/3	1/3	1	0.01	$C.R. = 0 < 0.1$

$w_3 = \{0.45, 0.55, 0.01\}$

2. 单因素排序和综合排序

把上述计算得到的排序指标权重放在一个表格中，得到表 3-23。

因素权重汇总表　　　　表 3-23

	Y_1	Y_2	Y_3	Z_i 相对于 X 的总权重
	0.45	0.45	0.01	
Z_1	0.67			0.263
Z_2	0.33			0.130

	Y_1	Y_2	Y_3	Z_i相对于 X 的总权重
	0.45	0.45	0.01	
Z_3		0.44		0.211
Z_4		0.26		0.125
Z_5		0.10		0.048
Z_6		0.20		0.096
Z_7			0.047	0.004
Z_8			0.079	0.007
Z_9			0.384	0.034
Z_{10}			0.28	0.024
Z_{11}			0.278	0.024
Z_{12}			0.39	0.034

3. 应对措施

经过计算可以分析，权重在 (0.1，1) 之间的有 Z_1（技术设计）、Z_2（技术变更风险）、Z_3（安全风险）、Z_4（设备风险），对这些风险应予以研究并加以控制。

权重在 (0.01，0.1) 之间的有 Z_5（实施中的风险）、Z_6（施工组织设计不科学）、Z_9（施工单位违约）、Z_{10}（建设单位违约）、Z_{11}（资金不足）、Z_{12}（不可抗力风险），对这些风险应给予足够的重视，加以跟踪监控。

权重在 (0，0.01) 之间的有 Z_7（材料价格变化）、Z_8（合同纠纷），这些风险对于项目影响较小，但也应给予重视。

复习思考题

1. 什么是德尔菲法？德尔菲法的步骤是什么？
2. 什么是风险检查表？
3. 如何利用风险矩阵法评估风险大小？
4. 利用决策树进行工程项目风险分析应该如何处理？
5. 利用层次分析法的分析步骤是什么？
6. 模糊综合评价法的步骤是什么？

67

4 现代工程项目决策阶段风险管理

4.1 现代工程项目决策阶段概述

工程项目决策阶段的主要工作包括投资机会研究、项目建议书研究、可行性研究、项目评估及决策等内容，本书在此主要介绍项目建议书、项目可行性研究和项目评价。

4.1.1 项目建议书

1. 项目建议书的概念

项目建议书（又称立项申请书）是项目建设单位就新建、扩建事项向上级主管部门和发改委投资项目管理部门申报的书面申请文件。

项目建议书是项目建设筹建单位或项目法人，根据国民经济的发展、国家和地方中长期规划、产业政策、生产力布局、国内外市场、所在地的内外部条件，提出的某一具体项目的建议文件，是对拟建项目提出的框架性的总体设想。

项目建议书主要论证项目建设的必要性，建设方案和投资估算比较粗，投资误差为±30%左右。

2. 项目建议书和可行性研究报告的区别

项目建议书的批复是可行性研究报告的重要依据之一；可行性研究报告是项目建议书的后续文件之一。此外，在可行性研究阶段，项目至少应有方案设计，市政、交通和环境等专业咨询意见也必不可少。对于房地产项目，一般还要有详规或修建性详规的批复。在此阶段投资估算要求较细，原则上误差在±10%；相应地，融资方案也要详细，每年的建设投资要落到实处，有银行贷款的项目，要有银行出具的资信证明。

很多项目在申报立项时，条件已比较成熟，土地、规划、环评、专业咨询意见等基本具备，特别是项目资金来源完全是项目法人自筹，没有财政资金并且不享受什么特殊政策，这类项目常常是项目建议书与可行性研究报告合为一体。

一个项目要获得政府扶持，首先必须先有项目建议书，项目建议书通过筛选通过后，再进行项目的可行性研究，可行性研究报告经专家论证后，才最后审定。这实际上也是一种常见的审批程序，是列入备选项目和建设前期工作计划决策的依据。项目建议书和初步可行性研究报告经批准后，才可进行以可行性研究为中心的各项工作。

3. 项目建议书的内容

一般而言，项目建议书包括以下内容。

第一部分　总论

一、项目概况

（一）项目名称

（二）项目的承办单位

（三）项目报告撰写单位

（四）项目主管部门

（五）项目建设内容、规模、目标

（六）项目建设地点

二、立项研究结论

（一）项目产品市场前景

（二）项目原料供应问题

（三）项目政策保障问题

（四）项目资金保障问题

（五）项目组织保障问题

（六）项目技术保障问题

（七）项目人力保障问题

（八）项目风险控制问题

（九）项目财务效益结论

（十）项目社会效益结论

（十一）项目立项可行性综合评价

三、主要技术经济指标汇总

在总论部分中，可将项目立项报告中各部分的主要技术经济指标汇总，列出主要技术经济指标表，使审批者对项目作全貌了解。

第二部分　项目发起背景和建设必要性

一、项目建设背景

（一）国家或行业发展规划

（二）项目发起人以及发起缘由

（三）……

二、项目建设必要性

（一）……

（二）……

（三）……

（四）……

三、项目建设可行性

（一）经济可行性

（二）政策可行性

（三）技术可行性

（四）模式可行性

（五）组织和人力资源可行性

第三部分　项目市场分析及前景预测

一、项目市场规模调查

二、项目市场竞争调查

三、项目市场前景预测

四、产品方案和建设规模

五、产品销售收入预测

第四部分　建设条件与厂址选择

一、资源和原材料

二、建设地区的选择

三、厂址选择

第五部分　工厂技术方案

一、项目组成

二、生产技术方案

三、总平面布置和运输

四、土建工程

五、其他工程

第六部分　环境保护与劳动安全

一、建设地区环境现状

二、项目主要污染源和污染物

三、项目拟采用的环境保护标准

四、治理环境的方案

五、环境监测制度的建议

六、环境保护投资估算

七、环境影响评价结论

八、劳动保护与安全卫生

第七部分　企业组织和劳动定员

一、企业组织

二、劳动定员和人员培训

第八部分　项目实施进度安排

一、项目实施的各阶段

二、项目实施进度表

三、项目实施费用

第九部分　项目财务测算

一、项目总投资估算

二、资金筹措

三、投资使用计划

四、项目财务测算相关报表

财务测算参考《建设项目经济评价方法与参数》，依照如下步骤进行：

1. 基础数据与参数的确定、估算与分析。

2. 编制财务分析的辅助报表。

3. 编制财务分析的基本报表估算所有的数据进行汇总并编制财务分析的基本报表。

4. 计算财务分析的各项指标，并进行财务分析从项目角度提出项目可行与否的结论。

第十部分　财务效益、经济和社会效益评价

一、生产成本和销售收入估算

二、财务评价

三、国民经济评价

四、不确定性分析

五、社会效益和社会影响分析

第十一部分　可行性研究结论与建议

一、结论与建议

二、附件

三、附图

4.1.2　项目可行性研究

1. 项目可行性研究的作用

项目可行性研究的作用体现在以下几方面：

（1）可行性研究是建设项目投资决策和编制设计任务书的依据；

（2）可行性研究是项目建设单位筹集资金的重要依据；

（3）可行性研究是建设单位与各有关部门签订各种协议和合同的依据；

（4）可行性研究是建设项目进行工程设计、施工、设备购置的重要依据；

（5）可行性研究是向当地政府、规划部门和环境保护部门申请有关建设许可文件的依据；

（6）可行性研究是国家各级计划综合部门对固定资产投资实行调控管理、编制发展计划、固定资产投资、技术改造投资的重要依据；

（7）可行性研究是项目考核和后评估的重要依据。

2. 项目可行性研究意义

可行性研究是确定建设项目前具有决定性意义的工作，是在投资决策之前，对拟建项目进行全面技术经济分析的科学论证。

在投资管理中，可行性研究是指对拟建项目有关的自然、社会、经济、技术等进行调研、分析比较以及预测建成后的社会经济效益。在此基础上，综合论证项目建设的必要性、财务的盈利性、经济上的合理性、技术上的先进性和适应性以及建设条件的可能性和可行性，从而为投资决策提供科学依据。

可行性研究报告分为政府审批核准用可行性研究报告和融资用可行性研究报告。

审批核准用的可行性研究报告侧重关注项目的社会经济效益和影响。

融资用报告侧重关注项目在经济上是否可行。具体概括为：政府立项审批、产业扶持、银行贷款、融资投资、投资建设、境外投资、上市融资、中外合作、股份合作、组建公司、征用土地、申请高新技术企业等各类可行性报告。

3. 可行性研究工作组织管理流程

项目可行性研究工作按以下流程进行：

（1）招标选择可行性研究机构；

（2）审核可行性研究报告编写大纲；

（3）收集、准备相关资料；

（4）审核、沟通初步意见；

（5）审核可行性研究成果；

（6）办理相关审批、核准或备案手续。

4. 可行性研究报告的主要内容

（1）投资可行性：根据市场调研的结果及相关产业政策等因素，论证项目投资建设的可行性。

（2）技术可行性：从项目实施的技术角度，合理设计技术方案，并进行方案比选和评价。

（3）财务可行性：从项目及投资者的角度，设计合理的融资方案，构建符合项目建设运营需要的债务结构，测算项目的财务盈利能力，评价投资的安全性和还款能力。

（4）组织可行性：制订合理的项目进度计划，设计合理的项目组织机构，选择经验丰富的管理人员，制订合适的培训计划。

（5）经济可行性：从资源配置的角度衡量项目的价值，评价项目在增加供给、创造就业、提高人民生活等方面的效益。

（6）环境可行性：从环境保护和可持续发展的角度，评价项目在控制污染、保护生态平衡、自然资源利用、环境质量改善等方面的效益。

（7）社会可行性：分析项目对社会的影响，包括政治体制、方针政策、经济结构、法律道德、宗教事务及社会稳定等。

（8）风险因素及对策：对项目的市场风险、技术风险、财务风险、组织风险、法律风险、经济及社会风险等因素进行评价，制定应对策略。

5. 可行性研究报告编写格式

项目可行性研究报告的编写格式如下：

第一章　项目总论

一、项目背景

1. 项目名称

2. 承办单位概况

3. 项目可行性研究报告编制依据

4. 项目提出的理由与过程

二、项目概况

三、项目可行性与必要性

四、问题与建议

第二章　市场预测

一、产品市场供应预测

二、产品市场需求预测

三、产品目标市场分析

四、价格现状与预测

五、市场竞争力分析

六、市场风险

第三章　资源条件评价

一、项目资源可利用量

二、项目资源品质情况

三、产品目标市场分析

四、项目资源赋存条件

五、项目资源开发价值

第四章　项目建设规模与产品方案

一、建设规模

二、产品方案

第五章　项目场址选择

一、项目场址所在位置现状

二、项目场址建设条件

三、项目场址条件比选

第六章　项目技术方案、设备方案和工程方案

一、项目技术方案

二、项目主要设备方案

三、项目工程方案

第七章　项目主要原材料、燃料供应

一、主要原材料供应

二、燃料供应

三、主要原材料、燃料价格

四、编制主要原材料、燃料年需要量表

第八章　总图、运输与公用辅助工程

一、项目总图布置

二、项目场内外运输

三、项目公用辅助工程

第九章　项目节能措施

一、节能措施

二、能耗指标分析

第十章　项目节水措施

一、节水措施

二、水耗指标分析

第十一章　项目环境影响评价

一、场址环境条件

二、项目建设和生产对环境的影响

三、环境保护措施方案

四、环境保护投资

五、环境影响评价

第十二章　项目劳动安全卫生与消防

一、危害因素和危害程度

二、安全措施方案

二、项目风险程度分析

三、项目风险防范和降低风险对策

第二十一章　结论与建议

一、项目推荐方案的总体描述

二、项目推荐方案的优缺点描述

三、项目主要对比方案

四、结论与建议

第二十二章　附图、附表、附件

4.1.3　项目评价

项目评价主要有项目财务评价、项目国民经济评价、项目社会评价、项目环境评价等。

1. 项目财务评价

项目财务评价是根据国家现行财税制度和市场价格体系，分析项目直接发生的财务费用和收益，编制财务报表，计算评价指标，考察项目的盈利能力、清偿能力以及外汇平衡等财务状况，据以判断项目的财务可行性。

（1）财务评价程序

1）选定财务评价的基础数据和参数；

2）计算销售收入和成本费用；

3）编制财务评价报表；

4）计算财务指标，并进行盈利能力和偿债能力分析；

5）进行不确定性分析；

6）编制财务评价报告。

（2）财务评价的基础数据与参数的选取

财务评价的基础数据与参数是否合理，直接影响财务评价的结论，在进行财务分析计算之前，应做好这项基础工作。

财务评价基础数据和参数主要有：

1）财务价格，含固定价格和变动价格；

2）税率；

3）利率；

4）汇率；

5）项目计算期及投资使用计划；

6）生产负荷；

7）财务基准收益率。

（3）不确定性分析

项目评价所采用的数据大部分来自估算和预测，有一定程度的不确定性。为了分析不确定因素对经济评价指标的影响，需要进行不确定性分析，估计项目可能存在的风险，考察项目的财务可靠性。根据拟建项目的情况，有选择地进行敏感性分析、盈亏平衡分析。

敏感性分析是通过分析、预测项目主要不确定因素的变化对项目评价指标的影响，找出敏感因素，分析评价指标对该因素的敏感程度，并分析该因素达到临界值时项目的承受能力。敏感性分析有单因素分析和多因素分析两种。

盈亏平衡分析实际上是一种特殊形式的临界点分析。进行这种分析时，将产量或者销售量作为不确定因素，求取盈亏平衡时临界点所对应的产量或者销售量。盈亏平衡点越低，表示项目适应市场变化的能力越强，抗风险能力也越强。

2. 项目国民经济评价

项目国民经济评价是按合理资源配置的原则，采用影子价格等国民经济评价参数，从国民经济的角度考察投资项目所耗费的社会资源和对社会的贡献，评价投资项目的经济合理性。

国民经济评价的研究内容主要是识别国民经济效益与费用，计算和选取影子价格，编制国民经济评价报表，计算国民经济评价指标并进行方案比选。

（1）国民经济效益与费用识别

国民经济效益是指项目对国家经济所做的贡献，分为直接效益和间接效益。项目的国民经济费用是指国民经济为项目付出的代价，分为直接费用和间接费用。

（2）国民经济评价指标和参数

根据国民经济效益费用流量表计算经济内部收益率和经济净现值等指标。国民经济评价参数是国民经济评价的基础。正确使用和理解评价参数，对正确计算费用、效益和评价指标，以及比选优化方案具有重要的作用。

国民经济评价参数体系有两类，一类是通用参数，如社会折现率、影子汇率和影子工资等，这些通用参数由有关专门机构组织测算和公布；另一类是货物的影子价格等一般参数，由行业或者项目评价人员测定。

（3）国民经济评价与财务评价的关系

项目财务评价立足于投资者或项目本身的微观经济效果分析，国民经济评价则是从整个国家和社会的角度出发，追求资源的配置在国家利益上的合理性，注重宏观经济效果分析。

项目财务评价是国民经济评价的基础，没有财务评价就不能进行国民经济评价，而国民经济评价反过来可以肯定或否定财务评价。

当国民经济评价认为项目可行，而项目财务评价认为不可行时，可采用调节税收、贷款利率以及其他优惠政策等经济手段，使财务评价变得可行；当国民经济评价认为项目不可行，而财务评价认为可行时，一般应予以否定。

3. 项目社会评价

项目社会评价旨在系统调查和预测拟建项目的建设、运营产生的社会影响与社会效益，分析项目所在地区的社会环境对项目的适应性和可接受程度。通过分析项目涉及的各种社会因素，评价项目的社会可行性，提出项目与当地社会协调关系、规避社会风险、促进项目顺利实施、保持社会稳定的方案。

社会评价的主要内容包括项目的社会影响分析、项目与所在地区的互适性分析和社会风险分析三个方面。

（1）社会影响分析

项目的社会影响分析旨在分析预测项目可能产生的正面影响（通常称为社会效益）和负面影响。

1) 项目对所在地区居民收入的影响。主要分析预测由于项目实施可能造成当地居民收入增加或者减少的范围、程度及其原因；收入分配是否公平，是否扩大贫富收入差距，并提出促进收入公平分配的措施建议。对于扶贫项目，应着重分析项目实施后减轻当地居民的贫困和帮助贫困人口脱贫的程度。

2) 项目对所在地区居民生活水平和生活质量的影响。主要分析预测项目实施后居民居住水平、消费水平、消费结构、人均寿命的变化及其原因。

3) 项目对所在地区居民就业的影响。主要分析预测项目的建设、运营对当地居民就业结构和就业机会的正面影响与负面影响。其中正面影响是指可能增加就业机会和就业人数，负面影响是指可能减少原有就业机会及就业人数，以及由此引发的社会矛盾。

4) 项目对所在地区不同利益群体的影响。主要分析预测项目的建设、运营会使哪些人受益或受损，以及对受损群体的补偿措施和途径。

5) 项目对所在地区弱势群体的影响。分析预测项目的建设和运营对当地妇女、儿童、残疾人员利益的正面影响和负面影响。

6) 项目对所在地区文化、教育、卫生的影响。分析预测项目建设和运营期间是否可能引起当地文化教育水平、卫生健康程度的变化以及对当地人文环境的影响，提出减少不利影响的措施建议。公益性项目应特别注重这方面的分析。

7) 项目对当地基础设施、社会服务容量和城市化进程等的影响。分析预测项目建设和运营期间，是否可能增加或者占用当地的基础设施，包括道路、桥梁、供电、供水、供汽、服务网点，以及产生的影响。

8) 项目对所在地区少数民族风俗习惯和宗教的影响。分析预测项目的建设和运营是否符合国家的民族和宗教政策，是否充分考虑了当地民族的风俗习惯、生活方式或者当地居民的宗教信仰，是否会引发民族矛盾、宗教纠纷，影响当地社会安定。

（2）互适性分析

互适性分析主要是分析预测项目能否为当地的社会环境、人文条件所接纳，以及当地政府、居民支持项目存在与发展的程度，考察项目与当地社会环境的相互适应关系。

① 分析预测与项目直接相关的不同利益群体对项目建设和运营的态度及参与程度，选择可以促使项目成功的各利益群体的参与方式，对可能阻碍项目存在与发展的因素提出防范措施。

② 分析预测项目所在地区的各类组织对项目建设和运营的态度，可能在哪些方面、在多大程度上对项目予以支持和配合。对需要由当地提供交通、电力、通信、供水等基础设施条件，粮食、蔬菜、肉类等生活供应条件，医疗、教育等社会福利条件的，当地是否能够提供，是否能够保障。对于国家重大建设项目，应特别注重这方面的分析。

③ 分析预测项目所在地区现有技术、文化状况能否适应项目建设和发展。对于为发展地方经济、改善当地居民生产生活条件兴建的水利项目、公路交通项目、扶贫项目，应分析当地居民的教育水平能否适应项目要求的技术条件，能否保证实现项目既定目标。

（3）社会风险分析

项目的社会风险分析是对可能影响项目的各种社会因素进行识别和排序，选择影响面大、持续时间长，并容易导致较大矛盾的社会因素进行预测，分析可能出现这种风险的社会环境和条件。对于那些可能诱发民族矛盾、宗教矛盾的项目，应特别注重这方面的分析，并提出防范措施。

4. 项目环境评价

项目环境评价是在研究确定场址方案和技术方案中，调查研究环境条件，识别和分析拟建项目影响环境的因素，提出预防或减轻不良环境影响的对策和措施，比选和优化环境保护方案。

（1）环境影响评价的分类

国家根据工程项目对环境的影响程度，对工程项目的环境影响评价实行分类管理。项目环境影响评价文件分为环境影响报告书、环境影响报告表和环境影响登记表三类。

1）环境影响报告书

对于可能造成重大环境影响的工程项目，应当编制环境影响报告书，对产生的环境影响进行全面评价。项目环境影响报告书的内容应当包括：项目概况；项目周围环境现状；项目对环境可能造成影响的分析、预测和评估；项目环境保护措施及其技术、经济论证；项目环境保护投资估算；项目对环境影响的经济损益分析；对项目实施环境监测的建议；环境影响评价的结论。涉及水土保持的项目，还必须有经水行政主管部门审查同意的水土保持方案。

2）环境影响报告表

对于可能造成轻度环境影响的项目，应当编制环境影响报告表，对产生的环境影响进行分析或专项评价。

3）环境影响登记表

对环境影响很小、不需要进行环境影响评价的项目，应当填报环境影响登记表。

环境影响报告表和环境影响登记表的内容和格式，由国务院环境保护行政主管部门制定。

（2）环境影响评价的主要内容

1）环境条件调查

环境条件调查主要包括以下几个方面：

自然环境。调查项目所在地的大气、水体、地貌、土壤等自然环境状况；

生态环境。调查项目所在地的森林、草地、湿地、动物栖息、水土保持等生态环境状况；

社会环境。调查项目所在地居民生活、文化教育卫生、风俗习惯等社会环境状况；

特殊环境。调查项目周围地区名胜古迹、风景区、自然保护区等环境状况。

2）环境影响因素分析

主要是分析项目建设过程中破坏环境、生产运营过程中污染环境，导致环境质量恶化的主要因素。

① 污染环境因素分析

分析生产过程中产生的各种污染源，计算排放污染物数量及其对环境的污染程度。

A. 废气。分析气体排放点，计算污染物产生量和排放量、有害成分和浓度，研究排放特征及其对环境的危害程度。

B. 废水。分析工业废水（废液）和生活污水的排放点，计算污染物的产生量和排放量、有害成分和浓度，研究排放特征、排放去向及其对环境的危害程度。

C. 固体废弃物。分析计算固体废弃物的产生量与排放量、有害成分及其对环境的污染程度。

D. 噪声。分析噪声源位置，计算声压等级，研究噪声特征及其对环境造成的危害程度。

E. 粉尘。分析粉尘排放点，计算产生量与排放量，研究组分与特征、排放方式及其对环境造成的危害程度。

F. 其他污染物。分析生产过程中产生的电磁波、放射性物质等污染物发生的位置特征，计算强度值及其对周围环境的危害程度。

② 破坏环境因素分析

分析项目施工和生产运营对环境可能造成的破坏因素，预测其破坏程度。主要分析以下几个方面：

A. 对地形、地貌等自然环境的破坏；

B. 对森林草地植被的破坏，如引起的土壤退化、水土流失等；

C. 对社会环境、文物古迹、风景名胜区、水源保护区的破坏。

（3）环境保护措施

在分析环境影响因素及其影响程度的基础上，应根据国家有关环境保护法律、法规规定提出治理方案。

1）治理措施方案

根据项目的污染源和排放污染物的性质不同，应采取不同的治理措施：

① 废气污染治理。可采用冷凝、吸附、燃烧和催化转化等方法；

② 废水污染治理。可采取物理法（如重力分离、离心分离、过滤、蒸发结晶、高磁分离等）、化学法（如中和、化学凝聚、氧化还原等）、物理化学法（如离子交换、电渗析、反渗析、气泡悬上分离、汽提吹脱、吸附萃取等）、生物法（如自然氧池、生物滤化、活性污泥、厌氧发酵）等方法；

③ 固体废弃物污染处理。有毒废弃物可采取防渗透池堆存；放射性废弃物可以封闭固化；无毒废弃物可以露天堆存；生活垃圾可采取填埋、堆肥、生物降解或者焚烧方式处理；利用无毒固体废弃物加工制作建筑材料或者作为建材添加物，进行综合利用；

④ 粉尘污染治理。可采用过滤除尘、湿式除尘、电除尘等方法；

⑤ 噪声污染治理。可采取吸声、隔声、减震、隔震等措施；

⑥ 建设和生产运营引起环境破坏的治理。对岩体滑坡、植被破坏、地面塌陷、土壤劣化等，应提出相应治理方案。

2）治理方案比选

应对环境治理的各个局部方案和总体方案进行技术经济比较，并做出综合评价。评价的主要内容包括：

① 技术水平比较。分析比较不同环境保护治理方案所采用的技术和设备先进性、适用性、可靠性和可获得性；

② 治理效果比较。分析比较不同环境保护治理方案在治理前及治理后环境指标的变化情况，以及能否满足环境保护法律法规的要求；

③ 管理及监测方式比较。分析比较各种治理方案所采用的管理和监测方式的优缺点；

④ 环境效益比较。将环境治理保护所需投资和环保设施运行费用与所获得的收益相比较。优选效益费用比值较大的方案。

环境保护治理方案经比选后，提出推荐方案并编制环境保护治理设施和设备表。

4.2 项目建议书与可行性研究阶段风险管理

由于项目决策阶段是研究项目建设必要性、项目技术可行性、项目经济合理性的关键时期，直接决定了项目的决策和取舍与否，这一阶段的项目风险管理至关重要。进行项目决策阶段风险管理，首先要对项目的决策阶段进行界定。由于目前我国只对于政府投资项目才采取审批制度，对于非政府投资项目一律不用审批项目建议书，所以把项目建议书阶段和可行性研究阶段合并称为项目建议书与可行性研究阶段。因此，项目决策阶段包括项目建议书与可行性研究阶段、项目评价与决策阶段。

4.2.1 项目建议书与可行性研究阶段风险管理的目标

项目建议书与可行性研究阶段风险是指在投资决策前，对拟建项目的所有方面（工程、技术、法律等）进行全面的、综合的调查研究上分析项目建设必要性，说明技术上、市场上、工程上和经济上的可能性过程中出现的不确定因素，以及该因素对项目目标产生的有利或不利的影响的机会事件的不确定性和损失的可能性。

在此阶段的风险管理主要目标是：（1）保证市场调查资料的真实、可靠；（2）选择正确的估算方法，防止估算错误；（3）防止考虑不周，缺项漏项现象的发生。

4.2.2 项目建议书与可行性研究阶段风险识别

1. 工程项目环境的风险识别

环境分析是对工程项目所在外部环境的宏观分析，寻找影响该工程项目的有利因素和不利因素。

PEST 是目前常用的环境分析方法，其将外部一般环境分为以下 4 个方面：

（1）政治环境

政治环境包括国家的社会制度、执政党的性质、政府的方针政策等。由于政府的方针特点、政策倾向对组织活动的态度和影响也是不断变化的，对于这些变化，组织可能无法预测，但一旦发生变化后，其对活动产生的可能影响是可以分析的。

（2）经济环境

经济环境分为宏观经济环境和微观经济环境。宏观经济环境主要是指一个国家国民收入、国民生产总值及其变化情况等。微观经济环境主要是指企业所在地或所需服务地区的消费者的收入水平、就业程度等，这些因素直接决定着企业目前及未来的市场大小。

（3）社会文化环境

社会文化环境包括一个国家和地区的居民教育程度和文化水平、风俗习惯等。文化水平会影响居民的需求层次；宗教信仰和风俗习惯会禁止或限制某些活动的进行；审美观点则会影响人们对组织活动内容、活动方式及活动成果的态度。

（4）技术环境

任何组织的活动都需要利用一定的物质条件，这些物质条件反映着一定的技术水平。社会的进步会影响这些物质条件所反映的技术水平的先进程度，从而会影响利用这些条件进行组织活动的效率。

2. 工程项目战略决策的风险识别

工程项目的战略决策风险可用 SWOT 分析方法进行识别，即将与研究对象密切关联的内部优势因素、内部劣势因素和外部机会因素、外部威胁因素进行分析并依照一定的次序按矩阵形式罗列，然后用系统分析的研究方法将各因素相互匹配起来进行分析研究，从中得出一系列相应的结论。

SWOT 战略决策分析方法的目的就是通过组织内部评价来识别优势和劣势因素，通过外部环境评价识别机会和威胁因素，并用系统的思想将这些似乎独立的因素相互匹配，以此进行战略组合，根据不同时期的情况，制定和采取相应的施工企业或项目组织战略决策。SWOT 分析的主要思想就是：抓住机会，避免威胁，强化优势，克服劣势。

通常 SWOT 分析方法可用矩阵示意（图 4-1）。

以下是某工程项目 SWOT 分析的主要内容：

竞争优势（S）：包括技术技能优势、有形资产优势、无形资产优势、人力资源优势、组织体系优势、竞争能力优势。

竞争劣势（W）：包括缺乏具有竞争意义的技能技术，缺乏有竞争力的有形资产、无形资产、人力资源、组织资产。

STRENGTHS 优势	WEAKNESSES 劣势
OPPORTUNITIES 机会	THREATS 威胁

图 4-1 SWOT 矩阵示意图

工程项目的机会（O）：包括客户群的扩大趋势或产品细分市场，技能技术向新产品新业务转移，为更大客户群服务，前向或向后整合，市场进入壁垒降低，获得购并竞争对手的能力，市场需求增长强劲，可快速扩张，出现向其他地理区域扩张、扩大市场份额的机会。

工程项目生存的外部威胁（T）：包括出现将进入市场的强大的新竞争对手，替代品抢占产品或服务销售额，主要产品市场增长率下降，汇率和外贸政策的不利变动，人口特征、社会消费方式的不利变动，客户或供应商的谈判能力提高，市场需求减少，容易受到经济萧条和业务周期的冲击。

SWOT 分析法的基本规则：进行 SWOT 分析的时候，对工程项目的优势与劣势有客观的认识；区分工程项目的现状与前景；考虑全面；简洁化，避免复杂化与过度分析；最终 SWOT 分析法需因人而异。

3. 工程项目其他方面的风险识别

（1）项目实施计划与进度方面的风险

项目实施计划与进度是根据制定建设工期和勘察设计、设备制造、工程施工、安装、试生产所需时间与进度要求，选择整个工程项目实施方案和总进度，用横道图或网格图表述最佳实施计划方案的选择。存在风险主要包括：自然风险、社会风险、融资风险、设计风险、施工风险、技术风险等。

（2）投资估算和资金筹措方面的风险

投资估算方面的风险主要分为：工程量估算不足；设备材料劳动力价格上涨使投资不足；计划失误或外部条件因素导致建设工期拖延等。

资金筹措方面的风险主要包括：业主资金筹措不足导致支付不及时，影响工程进度；项目资金、财政补助、项目贷款及其他来源结构不合理；资金头寸储蓄过多，造成资金闲置，增加财务费用等。

4.2.3 项目建议书与可行性研究阶段风险评估

在项目建议书和可行性研究阶段，风险评价通常采用以下方法：

1. 常用的风险评价方法

（1）概率分析法

（2）蒙特卡罗模拟法

（3）调查和专家打分法

（4）层次分析法

（5）模糊综合评判法

2. 概率分析法应用案例

概率分析是通过研究各种不确定性因素发生不同幅度变动的概率分布及其对拟建项目方案经济效果的影响，对方案的净现金流量及经济效果指标做出某种概率描述，从而对方案的风险情况做出比较准确的判断。

（1）随机现金流的概率描述

一个项目在不确定性情况下，其净现金流即为随机现金流。

描述随机变量的两个主要特征是期望值和方差。

假设：项目寿命期 n 为常数，

现金流时间序列为 $y_t = \{y_0, y_1, y_2, y_3, \cdots, y_n\}$，

y_t 的各离散数值为 $y_t^1, y_t^2, \cdots, y_t^m$，

对应发生的概率分别为 $P_1, P_2, \cdots, P_t$

且：

$$\sum_{j=1}^{m} P_j = 1 \text{ 则} y_i \text{ 的期望值 } E(y_t)$$

$$E(y_t) = \sum_{j=1}^{m} y_t^j \times P_j = y_t^1 P_1 + \cdots + y_t^m P_m$$

y_t 的方差为：$D(y_t) = \sum_{j=1}^{m} [y_t^j - E(y_t)]^2 \cdot P_j$

随机净现值的计算公式为：$NPV = \sum_{t=0}^{n} E y_t (1 + i_0)^{-t}$

根据各年净现金流量 $y_t(t = 0, 1, 2, \cdots, n)$ 的期望值，可求得 NPV 的期望值。假定 $\{y_t(t = 0, 1, 2, \cdots, n)\}$ 相互独立；

$$D(NPV) = \sum_{t=0}^{n} D y_t (1 + i_0)^{-2t}$$

标准差 $\sigma = \sqrt{D(NPV)}$

（2）案例分析

某企业要从四个相互排斥的方案中选择一个最优方案。

各方案的净现值及其概率等有关资料见表 4-1。试用方差法评价方案风险及选择方案。

各方案净现值及其概率表　　　　　　　　　　　　　　表 4-1

方案	NPV					E(NPV)	D(NPV)
	−40	10	60	110	160		
A	0.2	0.2	0.2	0.2	0.2	60	5000
B	0.1	0.2	0.4	0.2	0.1	60	3000
C	0	0.4	0.3	0.2	0.1	60	2500
D	0.1	0.2	0.3	0.3	0.1	65	3850

解：

1）计算各方案 $E(NPV)$

$E(NPV_A) = (-40 + 10 + 60 + 110 + 160) \times 0.2 = 60$（万元），同理，

$E(NPV_B) = 60$ 万元

$E(NPV_C) = 60$ 万元

$E(NPV_D) = 65$ 万元

2）计算各方案方差 $D(NPV)$

$D(x) = E(x^2) - [E(x)]^2$

$D(NPV_A) = 5000$ 万元^2

$D(NPV_B) = 3000$ 万元^2

$D(NPV_C) = 2500$ 万元^2

$D(NPV_D) = 3850$ 万元^2

3）方案的比较

方案 A，B，C 的净现值期望值均为 60 万元，按 $E(NPV)$ 法比较，三个方案无优劣之分。

但从方差考虑，$D(NPV_C) < D(NPV_B) < D(NPV_A)$，C 为最优。方案 D 的净现值期望值是 65 万元最大，如果按 $E(NPV)$ 法，则应选方案 D。但其方差较大，说明其获利的稳定性和可靠性较差。

究竟选方案 C 还是方案 D，最后取决于决策者对于 C、D 两种方案存在风险的偏好倾向。

4.2.4　项目建议书与可行性研究阶段风险应对

1. 风险回避

分析风险事件是否可以回避，如果可以回避，而且不损害根本利益，不会由此放弃机会，则首选回避风险。

2. 预防和减轻

综合考虑预防和减轻风险的费用投入和效果，选择预防或减轻。

3. 风险转移

如果风险既不能分散，也不易预防，自留成本较高，则可以考虑连同权利、责任一并转移。

4. 风险自留

分析风险造成的后果是否可以承受，而后确定是否采取自留策略；如果在采取预防、

减轻、转移等对策时，所花费的成本支出大于这些风险发生所造成损失，则选择风险自留。

5. 风险分散

如果风险由一家企业难以独自承担，则可以吸收更多的投资者或合作伙伴，共同分担风险，当然也共同分担了机会或收益。

4.3　项目评价与决策阶段风险管理

在建设项目和投资方案的经济评价中，所研究的问题都是发生在未来，所应用的数据是根据假设和现有统计资料进行预测和估算的，加之时间推移、条件的变化和一些未考虑因素的影响，从而使项目评价不可避免地带有不确定性，使投资决策存在潜在的风险。

在此阶段的风险管理就是指风险管理人员对可能导致损失的风险因素进行识别、预测、分析、评估和有效的处置，以最低的成本为项目的成功完成提供最大安全保障。

4.3.1　项目评价与决策阶段的风险识别

由于客观环境的不断发展变化，项目评估时可能缺乏足够的信息资料或没有全面考虑到未来可能发生的情况，所以目前的预测和假设与未来的情况不可避免地会产生误差，还会包含不同程度的风险和不确定性。

不确定性分析一般包括盈亏平衡分析、敏感性分析、概率分析等，这里只通过敏感性分析角度来识别风险。

从工程项目评估工作的实践来看，各种不确定性敏感因素的存在是不可避免的。一般情况下，产生不确定性的风险因素包括：

1. 物价的浮动

由于市场经济造成市场竞争，任何一个地区都存在不同程度的价格波动。因此，随着时间推移，项目评价中采用的产品价格和原材料价格，以及有关的各项费用和工资必然会发生变化。

2. 技术装备和生产工艺的变革

随着科学技术日新月异的变动，根据原有的技术条件与生产水平估计的项目产品销售收入，可能由于新技术、新产品、新工艺和新设备的出现和替代而发生变化。

3. 生产能力的变化

由于种种原因导致项目建成投产后达不到评估时预先确定的设计生产能力，使生产成本上升和销售收入下降，随之会改变各种经济效益指标。

4. 建设资金不足和建设工期的延长

由于基础数据选择和估算不准，忽视了非定量的无形因素的估计，使工程项目建设工期延长，投产时间推迟，引起投资总额、经营成本和其他各种受益的变化。

5. 政府政策和法规的变化

由于国内外政治形势和经济发展与体制改革的影响，政府的各项经济政策和财务制度的规定也随之改变。

4.3.2 项目评价与决策阶段的风险评价

1. 确定型风险评价

确定型风险评价是假定项目各种状态出现的概率为1，只计算各种方案在不同状态下的后果，进而选择风险不利后果最小、有利后果最大的过程称为确定型风险评价。

确定型风险评价主要采用盈亏平衡分析法和敏感性分析法。

（1）盈亏平衡分析法

盈亏平衡分析的目的在于预测利润，控制成本，确定盈亏界限，制定合理产量和成本目标，正确规划生产水平，合理安排生产能力，及时了解经营状况，提高企业利润。

在项目投产后的正常经营中，如何做到不亏损，争取多赢利，往往需要事先估计每年最低限度需要推销多少数量的产品才能保本，销售数量超过多少时，才会赢利，这就是项目的盈亏平衡点。

盈亏平衡点是指项目在一定时间内的销售收入总额与支出的成本（费用）总额相等。在这点上利润为零，既无赢利也不亏损。因此，有如下关系式：

$$S = C$$
$$PQ* = C_\mathrm{f} + C_\mathrm{v}Q*$$

如图4-2所示的盈亏平衡点分析如下：

设：F——固定成本；V——变动成本；

$\quad\ C_\mathrm{v}$——单位产品变动成本。

则：Q——产量；Y——总费用$=F+V=F+C_\mathrm{v}\times Q$；

$\quad\ P$——单价；S——销售收入$=P\times Q$；

$\quad\ Z$——盈利额。

（2）敏感性分析法

敏感性分析法的目的是考察与项目有关的一个或多个主要因素发生变化时对该项目投资价值指标的影响程度。

通过敏感度分析，可以了解和掌握在项目经济分析中，由于某些参数估算的错误或使用数据不可靠而造成的对投资价值指标的影响程度，有助于确定在决策过程中需要重点调查和分析的因素（表4-2、图4-3）。

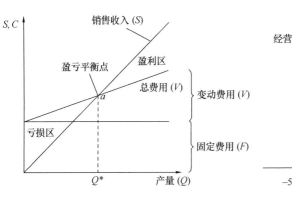

图4-2 盈亏平衡点分析示意图

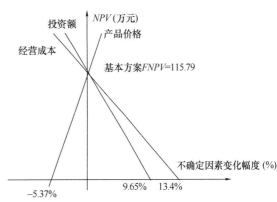

图4-3 敏感性分析示意图

敏感性分析计算数据表 表 4-2

序号	评价指标	基本方案	投资		经营成本		销售收入	
			+10%	−10%	+10%	−10%	+10%	−10%
1	内部收益率（%）	17.72	16.19	19.47	14.47	20.73	22.35	12.47
2	较基本方案增减（%）		−1.53	1.75	−3.25	3.01	4.63	−5.25

2. 非确定型风险评价

（1）随机型风险评价

当各种可能出现的自然状态的概率可以估量时，这种风险估计就成为随机型风险评价，它是运用概率论与数理统计方法预测和研究各种不确定因素对投资价值指标影响的一种定量分析方法。

（2）不确定型风险评价

当出现的自然状态概率无法确定时，这种评价就成为不确定型风险评价。这时候往往采用经验丰富的评估人员根据经济、技术、政策等资料来估计概率的方法，这样估计出的概率就是主观概率。

复 习 思 考 题

1. 项目评价有哪些内容？

2. 在项目建议书与可行性研究阶段，要开展哪些方面的风险识别？

3. 产生不确定性的风险因素有哪些？

4. 确定型风险评价有哪些方法？

5 现代工程项目建设准备阶段风险管理

5.1 工程项目建设准备阶段概述

工程项目在建设准备阶段有很多的工作需要完成。在建设准备阶段主要工作内容包括组建项目法人；筹集项目建设资金；征地、拆迁、"三通一平"乃至"七通一平"；安排勘察设计、准备必要的施工图纸；组织施工招标投标，择优选定施工单位；组织建筑材料、设备订货；委托工程监理；办理施工许可证；办理建设工程质量监督手续等。按规定做好施工准备，具备开工条件后，建设单位申请开工，进入施工安装阶段。

5.1.1 组建项目法人

项目法人是指具有民事权利能力和民事行为能力，依法独立享有民事权利和承担民事义务的，并以建设项目为目的，从事项目建设管理的组织。一般情况下，项目法人是由项目投资方派代表组成的管理机构或者设立项目公司，依法对建设工程项目进行具体管理。项目法人在建设工程项目实施阶段处于中心地位，并对项目实施的全过程负责。

5.1.2 筹集项目建设资金

建设项目资金筹措亦称资金筹集，是对拟建项目所需投资进行的自有资金和借贷资金的筹集。项目的自有资金包括项目主持者自有资金、国内外协作者自有资金、对国内外发行的股票等。项目借贷资金来源有国际金融机构贷款、国与国之间的政府贷款、出口信贷、商业信贷、国内的各种贷款，以及对国内外发行的债券等。

当项目自有资金不能满足项目投资所需的时候，需要筹措借贷资金。但对于独立经营的企业说来，筹措借贷资金一般都需要有一定的自有资金作基础，以减少借贷资金的风险性。

5.1.3 建设用地征地、拆迁、"三通一平"

根据现行的法律法规和政策要求，建设用地征地拆迁程序的内容包括四个部分，即征地拆迁前的报批、过程中的审核与报批、征地拆迁过程中的实施以及最后争议裁决的补充，这些程序环环相扣，保证征地拆迁的合理化与合法化，保障当事人的利益。

"三通一平"是建设项目在正式施工以前，施工现场应达到水通、电通、道路通和场地平整等条件的简称。一般是指将能满足施工高峰需要的水源电源引入建设工程的建筑红线以内；为大型施工和运输机械提供进入现场的道路；整个施工现场的障碍物已清除、场地经过平整。至于有的大中型工业建设项目，现场范围大、工程项目多，施工所需的水电源和临时道路应当引入现场的哪个范围，可由甲乙双方商定。此外，"五通一平"是指通电、通路、通给水、通信、通排水、土地平整。"七通一平"通电、通路、通给水、通信、通排水、通热力、通燃气、土地平整。

5.1.4 工程勘察与工程设计

工程勘察和工程设计是工程建设的重要环节，勘察与设计的结果不仅影响建设工程的投资效益、工程质量、安全生产，其技术水平和指导思想对城市建设的发展也会产生重大影响。

建设工程勘察是指为满足工程建设的规划、设计、施工、运营及综合治理等的需要，对地形、地质及水文等状况进行测绘、勘探、测试，并提供相应成果和资料的活动，岩土工程中的勘测、设计、处理、监测活动也属工程勘察范畴。

建设工程设计是在进行可行性研究并经过初步技术经济论证后，根据工程建设项目总体需求及地质勘查报告，对工程的外形和内在实体进行筹划、研究、构思、设计和描绘，形成设计说明书和图纸等相关文件。建设工程设计分为房屋建设工程设计和专业建设工程设计。房屋建设工程项目设计一般分为方案设计、初步设计和施工图设计三个阶段。专业建设工程设计一般分为初步设计和施工图设计两个阶段。

5.1.5 招标投标

招标投标是一种市场竞争交易方式，也是规范选择交易主体、订立交易合同的法律程序。招标投标分为货物招标投标、工程招标投标、服务招标投标三种类型。

招标投标业务的基本程序包括招标前的准备工作、投标、开标、评标、决标及中标签约等几个环节。

5.1.6 办理施工许可证

《建筑法》第七条规定，建筑工程开工前，建设单位应当按照国家有关规定向工程所在地县级以上人民政府建设行政主管部门申请领取施工许可证。施工许可证是由建设行政主管部门颁发的准予建筑工程开工的文件，它具有一定的法律效力，凡是依照本法应当申请领取施工许可证的建筑工程，没有施工许可证就不能开工。

申请领取施工许可证应当具备以下条件，包括：①已经办理该建筑工程用地批准手续。②在城市规划区的建筑工程，已经取得规划许可证。③需要拆迁的，其拆迁进度符合施工要求。④已经确定建筑施工企业。⑤有满足施工需要的施工图纸及技术资料。⑥有保证工程质量和安全的具体措施。⑦建设资金已经落实。⑧法律、行政法规规定的其他条件。

5.1.7 办理工程质量监督手续

建设单位在领取施工许可证或者开工报告前，应当按照国家有关规定向县级以上地方人民政府建设行政主管部门申请办理工程质量监督手续。准备的申请材料包括：①建设工程质量监督注册申请表；②建设工程规划许可证；③施工中标通知书、施工合同及施工单位资质证书、项目经理资格证书；④监理中标通知书、监理合同及监理单位资质证书、项目总监资格证书；⑤施工图设计文件及审查报告、合格书；⑥岩土工程勘察报告；⑦工程质量责任信息档案。

本章重点讨论工程项目融资风险、设计风险、招标投标风险管理。

5.2 工程项目融资风险管理

5.2.1 项目融资的概念与特征

1. 项目融资的概念

项目融资（Project Financing）有广义与狭义之分。广义项目融资是凭借企业有形资产的价值作为担保取得筹资信用，即"为项目融资"，主要适用于中小型项目和多数大型工业项目，这类项目的融资主要涉及传统的融资方式，如银行贷款、债券融资与股票融资等，以及许多创新的融资方式，如可转换债券、资产证券化等。狭义项目融资是根据项目建成后的收益作为偿债的资金来源的筹资活动，换句话说，它是以项目的资产作为抵押来取得筹资的信用，即"通过项目融资"，主要适用于少数超大型的基础设施项目，如电厂项目、交通项目、污水处理项目等。

2. 项目融资的基本特征

项目融资有以下几方面的基本特征：

（1）至少有项目发起方、项目公司、贷款方三方参与；

（2）项目发起方以股东的身份组建项目公司，该项目公司为独立的法人，从法律上与股东分离；

（3）贷款银行为项目公司提供贷款。贷款银行将以项目的资产与收益作为贷款偿还的保证，而对于项目公司之外的资产无权索取，即如果项目公司无力偿还贷款，则贷款银行只能获得项目的本身的收入与资产，而与项目的发起人无关；

（4）处于资金安全的考虑，贷款银行必然对项目的谈判、建设、运营进行全过程的监控；

（5）为使项目风险的合理分担，项目融资必然要以复杂的贷款和担保文件作为项目各方行为的依据；

（6）由于贷款方承担较大的风险，所以他要求的利率也必然较高，再加上其他费用，使得融资成本整体较高；

（7）鉴于项目融资的复杂性，因此，对项目的主办者与经营者有较高的能力要求。

5.2.2　项目融资渠道与融资方式

1. 融资渠道

融资渠道是指筹集资金的来源的方向与通道，企业筹集资金的渠道包括国家财政资金、企业自留资金、银行信贷资金、非银行金融机构资金、其他企业资金、民间资金与国外资金。

2. 融资方式

融资方式是指企业筹集资金所采取的具体形式。企业筹集资金的方式包括：直接投资、发行股票、银行借款、发行债券、融资租赁、BOT以及资产证券化等方式。

3. 融资渠道与融资方式的关系

融资渠道与融资方式的关系见表5-1。

融资渠道与融资方式的关系表　　　　　　　　　　　表5-1

配合方式　渠道	直接投资	发行股票	银行借款	发行债券	融资租赁	BOT	资产证券化
国家财政资金							
企业自留资金							
银行信贷资金							
非银行金融机构资金							

续表

配合方式 渠道	直接投资	发行股票	银行借款	发行债券	融资租赁	BOT	资产证券化
其他企业资金							
民间资金							
国外资金							

5.2.3 传统的筹资方式

1. 权益资本

权益资本包括：①发行股票筹资；②直接投资资本。

2. 借入资金

借入资金包括：①国内银行信贷资金（长期贷款、短期贷款）；②国外贷款（外国政府贷款、国际金融组织贷款、出口信贷、国际商业贷款）；③发行债券（企业债券、可转换债券、境外债券）。

5.2.4 项目融资方式的创新

1. BOT（Build-Operate-Transfer）

BOT 即"建设—经营—移交"方式，是指由政府与私人资本签订项目特许经营协议，授权签约方的私人企业承担该基础设施的融资、建设和经营，在协议规定的特许期内，项目公司向设施的使用者收取费用，用于收回投资成本，并取得合理的收益，特许期结束后，签约方的私人企业将这项基础设施无偿转让给政府。

2. TOT（Transfer-Operate-Transfer）

TOT 即"移交—经营—移交"方式，是指委托方（政府）与被委托方（外商或私人企业）签订协议，规定委托方将已建成投产运营的基础设施项目移交给被委托方在一定期限内进行经营，委托方凭借所移交的基础设施项目的未来若干年的收益（现金流量），一次性地从被委托方那里融到资金，再将资金用于新的基础设施项目的建设，经营期满后，被委托方再将项目移交给委托方。

3. ABS（Assets Backed Securitization）

ABS 即资产证券化，是将原始权益人（卖方）缺乏流动性但能够产生可预见未来现金收入的资产，重新构造转变成为资本市场可销售和流通的金融产品的过程。

北美、欧洲和一些新兴市场可以证券化的资产包括：居民住宅抵押贷款；私人资产抵押贷款/汽车销售抵押贷款/个人消费抵押贷款/学生贷款；人寿/健康保险单；信用卡应收款/转账卡应收款；计算机租赁/办公设备租赁/飞机租赁；商业房产抵押贷款/各类工商业抵押贷款。

4. 产品支付

产品支付是在石油、天然气和矿产品等资源类开发项目中运用的具有无追索权或有限追索权的融资模式。它是以产品和这部分产品销售收益的所有权作为担保品，不是以项目产品的销售收入来偿还债务，而是直接以项目产品来还本付息。在贷款偿还之前，贷款方拥有部分或全部产品的所有权。

产品支付融资程序：

（1）建立专设公司，购买一定比例的石油产品；

（2）贷款银行把资金贷给专设公司；

（3）专设公司以产品的所有权及其有关购买合同作为对贷款银行的还款保证；

（4）项目公司从专设公司获得建设和投资资金；

（5）项目投产后，进行产品销售。专设公司销售或项目公司作为专设公司的代理人进行销售，专设公司将销售收入归还贷款银行的本息。

项目开发阶段产品支付结构如图 5-1 所示。

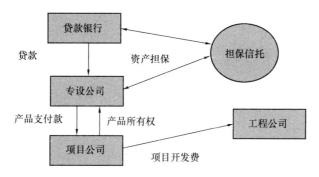

图 5-1　项目开发阶段产品支付结构示意图

项目投产阶段产品支付结构如图 5-2 所示。

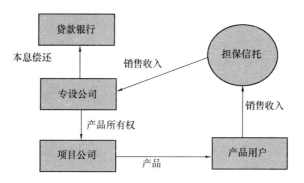

图 5-2　项目投产阶段产品支付结构示意图

5. 金融租赁（Financial Lease）

（1）直接租赁：出租人购置设备的出资比例为 100%。

（2）杠杆租赁：购置设备的出资比例中的小部分由出租人承担，大部分由银行等金融机构提供补足。出租人承担的部分一般为 20%~40%。购置成本的借贷部分称为杠杆。

杠杆租赁操作程序：

（1）项目发起人建立一个单一目的的项目公司。

（2）建立合伙制形式的金融租赁公司。包括专业租赁公司、银行等。

（3）有合伙制的金融租赁公司筹集购买资产所需的资金。

（4）合伙制的金融租赁公司根据项目公司的资产购置合同购买相应资产，并租给项目公司。

（5）开发阶段，项目公司代表租赁公司监督项目建设，并支付租金。

（6）项目生产阶段，项目公司生产出产品，出售给发起人或其他用户。项目公司交纳租金，租赁公司通过担保信托偿还银行贷款本息。

（7）租赁公司专人负责管理项目公司的现金流，以保证租赁合同的实施。

（8）当租赁公司收回成本并盈利后，项目公司仅交纳很少租金。在租赁期满，项目发起人买回或由租赁公司售出，返还项目公司。

5.2.5 项目融资风险分析、评价与管理

1. 项目融资风险的种类

（1）项目进展阶段的风险

1）项目建设阶段的风险

项目建设前所从事的项目规划、可行性研究、工程设计、地质勘探等工作所带来的风险由项目投资者承担；

项目建设阶段，购买工程用地、设备和支付工程价款等工作所带来的风险，由贷款银行承担，且在完工时，贷款银行风险达到最高。

2）项目试生产阶段的风险

项目完工标准是指项目产品的产量和质量、原材料、能耗等技术经济指标在规定的时间范围内达到项目融资文件的具体规定，才可以被贷款银行认为正式完工。

3）项目生产经营阶段的风险

项目生产经营阶段的风险包括生产经营风险、市场风险、政治风险、法律风险等，随着债务的偿还，贷款银行的风险逐步降低。

（2）项目风险的表现形式

1）信用风险

信用风险是指项目参与方是否能够按照合同文件履行各自的职责及其承担的对项目的信用保证责任。

在项目融资中，即使对借款人、项目发起人有一定的追索权、贷款人也将评估项目参与方的信用、业绩和管理技术，而项目发起人同样关心参与方的可靠性和信用。

信用风险贯穿于项目始末。

2）完工风险

完工风险是指项目延期完工或完工后无法达到设计运行标准等风险。完工风险是项目融资的核心风险之一。主要表现为：项目竣工延期、项目建设成本超支、达不到规定的设计指标；在特殊情况下，项目完全停工放弃。

3）生产风险

项目试生产和生产应允过程中存在的风险。包括：技术风险、资源风险、能源原材料供应风险、经营管理风险。

4）市场风险

产品销售量的不确定性。主要包括：价格风险、竞争风险和需求风险。

5）金融风险

项目收益的不确定性，主要包括：利率风险和汇率风险。

6）政治风险

借款人和贷款人需要承担的风险。分为两类：①国家风险，如国家政治体制的崩溃、

对项目实行国有化；对项目产品实行禁运等。②国家政治经济政策的稳定性风险，如税制的变更、税费调整、外汇管理的变化。

7）法律风险

法律条款的变动给项目带来的风险。

8）环境保护风险

环境保护法律法规给项目带来的风险。例如，改善项目生产环境的投资，增加成本。

2. 项目融资风险分析方法

项目融资风险分析基本思路：①确定选用评价项目的标准；②将项目因素与选用的标准进行比较，判断项目风险的大小。

（1）确定项目风险贴现率的 CAPM 模型

项目投资收益和净现值的计算基础是选定的贴现率。

项目风险贴现率的含义是指项目的资本成本在公认的低风险的投资收益率的基础上，根据具体项目风险因素加以调整的一种合理的项目投资收益率。

资本资产定价模型（Capital Asset Pricing Model 简称 CAPM）是由美国学者夏普（William Sharpe）、林特尔（John Lintner）、特里诺（Jack Treynor）和莫辛（Jan Mossin）等人在资产组合理论的基础上发展起来的，是现代金融市场价格理论的支柱，广泛应用于投资决策和公司理财领域。主要研究证券市场中资产的预期收益率与风险资产之间的关系，以及均衡价格是如何形成的。

1）CAPM 模型

$$R_i = R_f + \beta_i(R_m - R_f)$$

式中 R_i——在给定风险水平下的项目的合理投资收益率；

R_f——无风险投资收率（项目寿命期相近的政府债券利率）；

β_i——项目的风险矫正系数（资本市场同一行业相似公司的贝塔系数表示）；

R_m——资本市场的平均投资收益率（较长时期骨架指数收益率）。

2）应用

$$NPV = \sum_{t=0}^{n} (CL - CO)_t (1+i)^{-t}$$

① 将风险矫正贴现系数 R_i 代替项目现金流量净现值公式中的 i；

② 运用 CAPM 模型计算项目投资的合理资金成本，即加权平均资本成本（WACC），为项目投资决策提供依据。

3）计算过程

① 确定贝塔系数；

② 根据 CAPM 模型计算股本资金成本；

③ 根据债务资金的成本，估算债务资金成本；

④ 运用加权平均法计算项目的投资平均资本成本。

4）决策依据

资本投资收益率等于加权平均资本成本，说明满足最低风险收益的要求。

5）项目的 NPV 敏感性分析

① 确定分析指标，如 NPV；

② 需要分析测度的变量；

③ 计算个变量要素的变动对指标的影响程度。

（2）项目融资中的风险评价指标

1）项目债务覆盖率

项目债务覆盖率用于偿债的有效净现金流与偿债额之比，公认的范围为 $1 \sim 1.5$。

$$DCR_t = \frac{(CI - CO)_t + RP_t + IE_t + LE_t}{RP_t + IE_t + LE_t}$$

式中　RP_t——第 t 年到期的债务本金；

　　　IE_t——第 t 年应付的债务利息；

　　　LE_t——第 t 年应付的项目租赁费用。

累计债务覆盖率（公认范围是 $1.5 \sim 2.0$）：

$$\sum DCR_t = \frac{\sum(CI - CO)_t + RP_t + IE_t + LE_t}{RP_t + IE_t + LE_t}$$

2）资源收益覆盖率

对于使用某种自然资源的生产性项目，一般要求可供开采的资源总储量是项目融资期间计划开采的资源量的 2 倍。

$$RCR_t = PVNP_t / OD_t$$

式中　$PVNP$——项目累计毛利润的现值。

$$PVNP_t = \sum_{i=t}^{n} \frac{NP_i}{(1+R)^t}$$

式中　n——项目寿命；

　　　NP——项目第 t 年的毛利润（销售收入—成本）；

　　　OD——未偿还债务总额。

3）项目债务承受比率（公认范围为 $1.3 \sim 1.5$）

$$CR = PV / D$$

式中　PV——项目融资期间内采用风险矫正贴现率为折现率计算的现金流量的现值；

　　　D——计划贷款的金额。

3. 项目融资风险的应对措施

项目融资风险可以分为两种类型。一是非系统风险（核心风险），与项目建设和生产经营有直接相关的，可控制的风险。如完工风险、生产风险、市场风险、环境保护风险。二是系统风险（环境风险），是不可控制的风险，如政治风险、法律风险、金融风险。

（1）非系统风险的应对措施

1）完工风险的应对措施

对于项目公司，采用不同形式的项目建设承包合同，如固定价格、固定工期的交钥匙合同。

对于贷款银行，采取的措施有：完工担保合同或商业完工标准；评请项目管理代表，项目监理监督项目建设。

2）生产风险的应对措施

不同生产风险种类设计不同合同文件：

① 原材料能源风险——长期供应协议。

② 资源类项目——最低资源覆盖率、最低资源储量担保。

③ 技术风险——贷款银行要求所使用的技术经过市场证实的成熟技术、生产先进工艺。

④ 经营管理风险——项目投资者对融资项目和行业是否熟悉、是否具有良好的资信和管理经验，是否具有利润分成、成本控制奖等。

3）市场风险的应对措施

① 项目筹划的质量。

② 项目产品是否具有长期销售协议。

③ 定价充分反映通胀、利率、汇率等变化。

④ 争取政府及当地主管部门信用支持。

4）环境风险的应对措施

① 投资者应熟悉所在国的相关法律。

② 拟定环保计划作为融资的前提，考虑未来的环保管制。

③ 将环保评估纳入监督范围。

（2）系统风险的应对措施

1）政治风险的应对措施

① 政治风险担保。

② 项目融资引入多边机构，如政府支持、出口信贷、多边机构等。

③ 从项目所在国的央行获得长期的外汇支持。

2）法律风险的应对措施

① 聘请律师。

② 项目公司与东道国政府签署相互担保协议，如进口限制协议、开发协议。

3）金融风险的应对措施

① 利率、汇率风险管理，若东道国货币不是硬通货，通过经营管理和适当的协议分散给其他参与方；如果是硬通货，可以通过金融衍生工具进行对冲。

② 汇兑风险，与项目所在国的央行取得自由兑换硬通货的承诺协议。

5.3 工程项目设计风险管理

5.3.1 工程设计阶段的特点

1. 工程设计工作表现为创造性的脑力劳动。设计人员通过已有的知识和经验积累，按照业主方对建筑物的功能需求，用二维图纸或三维模型表达创造性思维的结果。

2. 设计阶段是决定建设工程价值和使用价值的主要阶段。在设计阶段可以基本确定整个建设工程的价值。

3. 设计阶段是影响建设工程投资规模的关键阶段。在方案设计阶段，影响工程项目投资的可能性为 $75\%\sim95\%$；在工程项目技术设计阶段，影响投资的可能性为 $35\%\sim75\%$；在工程项目施工图设计阶段，影响投资的可能性为 $5\%\sim10\%$。由此可见，在工程设计阶段，是影响工程投资的至关重要的阶段，也是节约工程投资可能性最大的阶段。

4. 设计工作需要反复协调。工程设计涉及许多不同的专业领域，需要在各个专业设计之间进行反复协调。在设计过程中，还需要在不同设计阶段之间进行反复协调。

5. 设计质量对建设工程总体质量具有决定性影响。在设计阶段，通过工程图纸和设计文件，确定工程实体的建设内容、质量要求、使用功能、使用价值质量要求以及建设方案。

5.3.2 工程项目设计风险管理的作用

对建设工程项目设计风险进行管理，具有多重作用。

1. 提高工程建设资金利用率。建设单位在对工程设计风险进行科学的管理之后，可以在一定程度上解决工程超预算的问题，使工程预算处于正常的范围之内，从而可以为建设单位节约大量的资金。由此可见，做好建设工程设计风险管理工作对于提升建设资金利用率具有现实意义。

2. 提高建设工程质量。工程项目设计是对建设工程的整体规划，所以工程设计质量高低直接影响建筑工程质量。如果解决了工程设计中的一些风险问题就能减少建设工程施工中的一些漏洞，在一定程度上可以提高建设工程实体的总体质量。

3. 优化建设工程项目的施工组织设计过程。对建设工程设计风险进行管理可以有效合理地计划工程的施工进度安排，保证建筑工程可以按时进行验收和交付。并且通过事前的工程设计可以提前推测在工程具体施工环节中有可能出现的突发情况，同时做好有关的应对准备工作，这样在工程的施工过程中可以及时采取有效措施处理意外发生的问题，保证工程可以按时施工和保障建筑工程质量，从而满足业主的需求。

5.3.3 工程项目设计的主要风险

1. 业主方的个人行为干扰设计造成的风险

一是业主方利用强势地位，要求设计师更改前期设计，特别是对于强制性条文的执行，如果对强制条文执行的严格程度有所松动，则对于设计文件的质量将产生很大的影响；二是业主方要求不明确，导致设计文件不能准确地满足业主需要，产生设计图纸返工现象；三是业主提供的资料不完整、过于简单，或者资料中存在难以发展的错误，使得设计产生偏差和缺陷。

2. 设计单位原因造成的风险

(1) 设计人员的原因。一是专业人员的技术水平、工作态度和职业素质，设计人员不规范的设计行为导致设计风险；二是设计人员片面追求高效率、控制设计费用，人为压缩设计周期，降低了设计质量。

(2) 设计管理的原因。一是不按正常设计阶段设计。工业、交通、电力、市政等工程建设项目设计一般划分为初步设计、施工图设计两个阶段。大型复杂工业项目，或有复杂技术问题的主体工程，往往在初步设计和施工图设计之间又增加技术设计阶段，或将工程初步设计与技术设计两阶段合并成为扩大初步设计。民用建筑工程设计一般划分为方案设计、初步设计和施工图设计三个阶段。技术要求简单的民用建筑工程经有关建设主管部门同意，设计委托可以约定，方案设计审批后直接进入施工图设计，即简化成两阶段设计。二是专业衔接出现问题，工程项目的设计，由建筑、结构、水、暖通、智能系统等专业构成，且由多个设计单位共同完成，各个专业系统的协调对于设计成果特别重要。三是设计基础资料不足。四是设计出图审核环节疏漏，图纸审核要防止在合法性、合理性、环境保护、消防安全、结构安全、美观和使用功能以及完整性、可读性、一致性等方面出现问题。五是边设计边施工，聚集专业交叉的诸多矛盾；六是设计进度拖延。如果设计进度拖延，那么后续的各项工作也必然要滞后，其直接后果就是人员、机器设备以及建筑材料的闲置，并进一步延长了工程项目的总工期，从而也会增加工程造价。因此，严格控制设计进度对于降低全过程的造价风险具有重大的作用。

3. 施工过程原因造成的风险

施工过程中发生设计更改的原因：一是设计图纸不符合现场实际状况；二是按原设计施工技术难度太高，必须更改设计；三是施工生产环节失误，需要更改设计进行恢复；四是设备安装尺寸问题，容易产生设计、设备、现场三者之间的错位。

5.3.4 工程项目设计风险的应对措施

1. 工程项目设计风险规避

加强对设计人员的职业教育与培训；严格遵守工程设计基本程序；建立有效的激励机制和约束机制。

2. 工程项目设计风险自留与控制

具体措施包括：界定和落实明确的设计专业工程界面；约束业主方更改设计的权限；明确设计进度控制要求；明确设计合同条款约束；及时解决施工现场出现的图纸问题；工程项目施工现场技术人员参与设计阶段的工作。

3. 工程项目设计风险转移

实行工程项目设计责任保险制度。对专项工程设计进行外包。

5.4 工程项目招标投标风险管理

在现代工程项目管理中，风险管理已成为衡量业主和承包商管理水平的主要标志之一。

招标投标阶段是工程合同的形成阶段，招标投标活动的行为后果直接影响工程项目的实施，在招标投标阶段进行风险管理，有利于业主选择合适的承包商，有利于项目目标的实现，有利于承包商进行准确报价和对风险采取有效的对策和管理计划。

5.4.1 业主在招标阶段的风险管理

业主的风险管理，就是指在工程施工招标投标过程中，业主对不能达到预期目标或者遭受损失的可能性进行分析，进行风险识别并制定风险应对措施。

1. 业主的风险识别

在招标过程中，业主的风险主要来源于以下几方面：

（1）工程设计风险

在施工过程中，工程设计的缺陷常常产生大量的工程变更，而设计变更是造成施工索赔的重要因素，对于业主而言，设计变更往往造成投资额的增加，使工程项目的造价难以掌握和控制。

（2）招标范围不明确

业主在招标文件中给出工程项目的招标范围，即明确工程承包的内容和范围。招标范围不明确，一方面造成承包商投标报价不准确，另一方面容易造成合同争议，影响工程项目的实施。

（3）工程量清单编制错误

工程量清单反映了拟建工程的全部工程内容及为实现这些工程内容而进行的所有工作，是投标人投标报价的依据。

招标人编制工程量清单时，如果出现错项、漏项、工程量不准确的问题，可能引起承包商的索赔或通过不平衡报价等方式改变报价结构或提高工程造价，从而损害业主的利益。

（4）合同风险

合同文件是招标文件的重要组成部分，合同风险是在合同拟定过程中，由于合同条款责任不清、权利不明所造成的风险。

业主在拟定合同条件时往往过多地将风险转嫁、偏重于承包商，造成承包商合同履行不力，这样有失公平的合同对于业主来说，常常潜在更大的风险。

2. 业主的风险防范

（1）认真审核工程设计图纸，明确招标范围。

招标前，业主应组织有关人员对拟建工程项目进行详细研究，认真审核设计图纸，最好请专业的审图机构进行审核，尽量减少工程项目在结构上和功能上的修改。此外，图纸后附带的地质、水文、建筑、气象等技术资料也应做到细致全面。

工程项目的招标范围应该清楚、具体，避免使用"除另有规定外的一切工程""承包商可以合理推知且为本工程实施所需的一切辅助工程"之类含混不清的工程内容说明的语句。

（2）编制严谨的工程量清单，选择合适的合同计价形式。

在招标活动中，业主应委托实力强、信誉好且具有相应资质的工程咨询单位编制工程量清单，对于工程量要做到准确计算，项目特征和工程内容描述清楚。

业主应根据工程项目的特点和实际情况，选择合适的合同计价形式，降低合同风险。

例如，有些项目在招标阶段，建材市场的价格较高，业主就应该在合同中增加材料调价条款，因为工程项目建设时间较长，在建设周期内，材料降价的可能性要比涨价的可能性大。

再例如，有些项目也可考虑将总价合同和单价合同形式结合起来，即投标报价应包含招标图纸或招标文件及工程量清单内的所有内容，工程量清单中的错项、漏项等人为错误，不作为结算调整的依据。但对于施工过程中不可避免的变更和工程量增减，可按照单价进行调整。这样能有效规避工程量清单编制错误所造成的风险。

（3）规范招标程序，选择合适的承包商。

选择实力和信誉较好的招标代理公司代理招标活动，资格预审、现场踏勘、投标答疑、开标、评标及定标的各项工作要合乎法律、法规的要求，应根据工程项目特点和实际情况制定评标原则，评标委员会构成应合理，并给予评标专家足够的评标时间，以便能够对投标文件中的技术方案和投标报价进行比选和分析，确保选出质优价廉的承包商。

合同条款最重要的是体现风险的合理分担。

从业主的角度，过多地将风险偏重承包商一方，这属于一种认识上的误区，合同中苛刻的、不平衡条款往往是一把双刃剑，不仅伤害承包者，而且会伤害业主自己。

从总体上来说，一个公平合理、责权利平衡的合同可以使承包商报价中的风险费用减少，业主可以得到一个合理的报价，同时减少合同的不确定性并最大限度发挥合同双方风险控制和履约的积极性。业主应避免不顾主客观条件，任意在合同中加上对承包商的单方面约束性条款，或者加上对自己的免责条款，把风险全部分配给对方。

5.4.2 承包商在投标阶段的风险管理

在招标投标阶段，承包商的基本目标是取得中标，获得工程项目的施工任务。由于承包商的这种急于中标的心理以及建筑市场的激烈竞争，承包商在投标的过程中存在更多的风险因素。

1. 承包商的风险识别

投标过程中，承包商的风险主要有以下几方面：

（1）投标决策风险

投标决策是指承包商对工程项目是否投标及采取何种投标策略。决策失误往往使承包商不但丧失发展机会，而且还会蒙受巨大损失。

（2）编制投标文件的风险

投标文件是业主选择承包商的重要依据，投标文件中的失误会直接造成投标失败。

常见的投标失误主要有以下几点：

1）对招标内容没有实质性响应

招标文件的内容包括：投标人须知；投标书及附件；合同协议书；合同条件；合同的技术文件，如图纸、工程量清单、技术规范等。

在工程项目的招标投标活动中，招标文件是一份最重要的文件。《招标投标法》中规定，投标人应当按照招标文件的要求编制投标文件，投标文件应当对招标文件提出的实质性要求和条件做出响应。没有实质性响应招标文件的投标文件往往被认为是废标。

2）工程项目组织构成不合理

工程项目组织由项目经理和各专业技术人员构成。项目经理的个人业绩和技术人员的专业构成是评标的重要考核指标。如果项目经理没有施工过类似工程项目，或者专业人员构成不合理等都会导致投标失败。

3）施工组织设计不合理

承包商提出的施工技术方案不成熟，或者编制的施工方案不够详细，以及施工的各项计划安排、现场施工平面布置不合理等也会导致投标失败。

4）投标报价风险

投标报价过高，超出业主的预算或者与标底相差太远，中标的机会就会大大减少。投标报价过低，会使承包商利润减少甚至亏损。

（3）合同风险

工程承包合同中一般都有风险条款和一些明显的或隐含地对承包商不利的条款。这是进行合同风险分析的重点。承包合同的风险主要有：

1）合同中明确规定的承包商应承担的风险。这种风险一般在合同条款中都比较明确的规定应由承包商承担。如合同中规定，工程变更在5%的合同金额内，承包商得不到任何补偿，则在这个范围内工程量的增加是承包商的风险。

2）合同条文不全面、不完整、不清楚，合同双方责权利关系不清楚所带来的风险。这样的承包合同在执行过程中会导致双方发生分歧，最终导致承包商的损失。

例如，合同中缺少业主拖欠工程款的处罚条款。又如合同中对一些问题不作具体规定，仅用"另行协商解决"等字眼。承包商要注意这些风险条款，合理分析所承担的风险。

3）业主为转移风险所单方面提出的过于苛刻、责权利不平衡的合同条款。例如，合同中规定"业主对由于第三方干扰造成的工程拖延不负责任"，这实际上把第三方干扰造成的工程拖延的风险转嫁给了承包商。

2. 承包商的风险防范

（1）招标文件分析

承包商取得招标文件后，应首先检查招标文件的完备性，然后对招标条件、技术、合同文件进行全面的分析。

1）招标条件分析

主要分析的内容是投标人须知，通过分析不仅掌握工程项目的情况、招标活动的安排和各项要求，对投标活动做出相应的安排，而且承包商应了解投标风险，综合分析企业目标、企业自身的经营状况、建筑市场的形势等多方面的因素，确定是否投标及投标的策略。

2）技术文件分析

即进行图纸会审，工程量复核，从而了解具体的工程范围、技术要求、质量标准。在此基础上进行施工组织设计，安排劳动力，做好各种材料、构件的供应采购计划。

3）合同文本分析

分析的内容主要是合同协议书和合同条件。合同文本的最基本要求是内容完整、定义清楚、平等互利。合同的文本分析一般从以下几方面进行：

① 合法性分析

主要分析的内容是当事人主体资格是否合法，发包人是否具有发包工程、签订合同的资质和权能；工程项目是否具备招标投标的条件；工程承包合同内容是否符合法律的要求。

② 完备性分析

承包合同的完备性包括相关的合同文件的完备性和合同条款的完备性。

合同文件的完备性主要指各种合同文件齐全。

合同条款的完备性指合同条款齐全、完整。

③ 合同双方责权利平衡性分析

合同应公平合理地分配双方的责任和权益，使它们达到总体平衡。

在承包合同中要注意合同双方责任和权利的制约关系。业主的一项合同权益，必是承包商的一项责任，反之亦然。对于合同的任一方，有一项权益，必然有与此相关的一项责任；同时，有一项责任，则必然又有与此相关的一项权益。

（2）认真编制投标文件，确定投标报价策略

承包商在详细分析招标文件的基础上，应认真编制投标文件，根据工程项目的特点确定项目经理人选和专业技术人员的构成，编制高水平的施工组织设计，增加业主的信任度和对业主的说服力。

在投标报价方面，根据企业生产经营状况，灵活采取各种报价策略。

在报送投标文件前，应指派专人检查投标文件，避免一些细节上的失误。

（3）合同风险防范

承包商应选拔熟悉国家法律、法规的人员担任合同管理工作，必要时可以聘请律师作为法律顾问，充分考虑合同实施过程中的各种不利因素，为以后的合同索赔创造机会。同时，承包商应广泛收集与项目有关的各种资料，制定合同谈判策略，为合同谈判做好准备。

复 习 思 考 题

1. 简述项目融资风险的应对措施。
2. 工程项目设计的主要风险有哪些？
3. 业主的风险防范有哪些内容？
4. 承包商的风险防范有哪些内容？

6 现代工程项目实施阶段风险管理

6.1 工程项目实施阶段概述

在工程项目建设的全过程中，实施阶段包括工程设计、工程招标投标、工程施工等活动，施工阶段是最为关键的。有时，狭义上的实施阶段也称之为施工阶段。然而，由于施工阶段的周期长，关系复杂等因素，在项目的实施过程中，有很多不确定的风险因素会阻碍工程项目的顺利实施，因此在此阶段实行风险管理具有重要意义。

6.1.1 施工阶段的特点

（1）施工阶段是以执行计划为主的阶段。在施工阶段，建设工程目标规划和计划的制定工作已经基本完成，而其主要工作是伴随着计划实施而进行的过程控制和纠偏。

（2）施工阶段是实现建设工程价值和使用价值的过程。建设工程的价值是在施工过程中形成的，包括物化价值转移和活动劳动价值增值。施工活动是形成建设工程实体、实现建设工程使用价值的过程。施工活动就是根据设计图纸和有关设计文件的规定，将蓝图变为可供使用的建设工程实物的生产活动。

（3）施工阶段是资金投入量最大的阶段。建设工程价值形成的过程也是资金不断投入的过程。虽然在施工阶段影响投资总额的程度只有10%左右，但在保证施工质量、保证实现设计所规定的功能和使用价值的前提下，仍然可以通过施工方案优化等手段降低物化劳动和活劳动消耗降低建设工程投资。

（4）施工阶段需要协调的内容多。在施工阶段，参与方众多，包括建设单位、设计单位、监理单位、施工总承包单位、专业承包单位、劳务分包单位、材料设备供应单位、检测单位等，这些单位在建设单位或总承包单位的协调下共同完成每一道工序、分部分项工程乃至整个工程的施工任务。

（5）施工质量对建设工程单体质量具有核心任用。设计质量能否实现取决于施工环节的质量。

6.1.2 施工阶段风险管理的复杂性

在工程项目施工阶段，主要工作内容包括施工准备、工程项目进度管理、工程项目成本管理、工程项目质量管理、工程项目安全生产管理、工程项目合同履约管理等，相应地，这些工作都可能存在风险，都需要做好风险管理工作。

工程项目施工阶段，是把图纸变成工程实体的过程，也是实现工程建设目标的重要过程。影响进度、成本、质量、安全生产等目标的因素众多，同时，这些目标之间具有相互连带关系。例如，工期、质量、安全、自然因素、资源价格等会影响成本。进度是安排工程项目管理相关工作的主线，其他工作围绕进度主线而展开。质量第一、安全至上表明了工程质量和安全生产管理在施工过程中的重要地位。因此，施工阶段风险管理具有更大的复杂性。

6.2　工程项目进度风险管理

工程项目进度风险管理是指在不确定性条件下对工程项目工期进行的风险管理。作为建设工程项目实施依据的技术经济分析，是建立在项目管理人员对未来可能存在的风险事件所作出的预测和判断基础之上的。由于建设工程项目实施的过程可以分解成各个具体的工序活动，在项目的整个过程中都受到政治经济形势、资源条件、技术发展情况等因素的影响，未来的变化带有不确定性，加上预测方法和工作条件的局限性，对建设工程项目工期中各项活动的估算与预测结果不可避免地会有误差。这使得工期的实际目标可能偏离其预期目标，从而给业主和施工单位带来很大的风险。

例如，投资超支、建设工期拖长、生产能力达不到设计要求、原材料价格上涨、劳务费用增加、产品售价波动、市场需求量变化、贷款利率及外币汇率变动等，都可能使一个投资项目达不到预期的经济效果，甚至发生亏损。

建设工程项目合同中作为可以顺延工期的理由的不确定性因素，恰好是研究建筑工程项目工期风险最好的着眼点。只有分析好了这些因素对工程项目工期的影响大小及程度，才能更好地预算和控制工程项目的工期，从而保证工程能够顺利完成。

6.2.1　影响工程项目进度的主要因素

1. 气候因素

建设工程的施工活动主要在露天、高空、地下作业，气候环境等因素对施工工期和施工安全影响较大。例如，工程项目实施过程中出现超常规的洪水、地震、暴雨、飓风等，都可能导致施工现场停工以及其他损失。

2. 设计发生变化

工程项目施工过程采用新技术、新工艺、新方法、新材料、新设备时，可能会使设计工艺、施工顺序和施工部署发生变化，对工期产生不良影响。

3. 工艺失效

工艺失效对工程项目工期的影响来自两个方面：一是施工工艺的不确定性风险因素，建筑物具有较强的单体化和个性特点。由于设计经常改良，因而施工工艺也必须不断创新，这样，建筑物的施工工艺就面临可能失败的风险。二是设备缺陷或故障引发的工艺失效。

4. 劳动生产率

劳动生产率对工程项目工期的影响主要有三个方面：一是施工队伍素质。目前，我国建筑产业工人队伍总数大约5400万人，长期以来，建筑产业工人队伍处于数量不清、素质不高、年龄老化、流动无序、权益保障不力的状态，特别是职业技能培训不足对工期、质量、安全存在较大隐患。二是劳动用工配套性是否合理，一项工程项目需要许多专业的工种共同完成。诸如瓦工、木工、钢筋工、电焊工等数十种之多。虽然企业在配备工人的时候，都是按照施工组织设计和劳动力资源配套招用，但由于建筑工程规模大，需要多个队伍，因而各个工种在配备方面的配套是否合理难以准确地预测。三是劳动用工动态性，劳务作业是否根据施工进度计划所确定的施工时间进场作业，并能保持计划设定的作业效率，在规定的期限内完成符合质量标准要求的施工任务，经过作业交工或交接验收之后，即时撤离施工现场。

5. 材料设备延误

材料设备延误对工程项目工期的影响主要有以下四个方面：一是材料设备质量不符合设计要求。二是设备供应的不确定性，建设工程常使用的建筑材料主要是钢材、木材、水泥、砂石料等。这些建筑材料在国内市场上供应充裕，但是，由于生产厂家数量众多，同样的材料质量差别大，施工现场使用不当，可能会影响施工工程质量，造成直接经济损失，由于需要返工造成工期延误。三是建筑材料的价格不确定性，由于建设工程项目的施工周期比较长，建筑材料的价格可能变动而使得采购延迟，停工待料，最终会影响工期。四是当地的运输条件差，运输延误而使工期拖延。

6.2.2 工程项目进度风险的应对策略

1. 投标时避免盲目承诺，争取合理工期

施工企业在工程投标时，应当谨慎测算工期，避免为承接工程而做出超越自身施工能力的承诺。例如，A公司为了顺利承接工程在合同中承诺了不切实际的工期，按照《全国统一建筑安装工程工期定额》计算的工期应为1200天，最终签订合同时竟然缩减到700天，后者仅约占前者的50%，如果遵循正常的施工进度，按时完工几乎不可能。

2. 明确工期顺延的条件

虽然《建设工程施工合同（示范文本）》通用条款第三条"施工组织设计和工期"第13款对工期顺延进行了相关约定，但承包方还是应该注意在专用条款中进一步详细约定工期顺延的条件，把可能发生的情况都要考虑进去，以防范工期延误风险的发生。

3. 慎重约定违约金条款

工期违约金一般是指承包人延误工期需承担的违约责任。发承包双方在签订合同时，可以约定每延期一天承担工程造价一定比例的违约金（比如合同价款的0.1‰），也可约定每延期一天的具体金额。但是工程项目的合同价款一般数额都较大，在选择违约金比例或具体金额时，还要考虑自身的承受能力、利润空间等。

4. 做好工期签证

工期签证是工期纠纷案件中承包人主张权利或对抗发包人工期违约之诉最有效的证据之一，在施工过程中一定要重视证据材料的收集和工期签证。

5. 防止发包人的工期索赔

根据《建设工程施工合同（示范文本）》第26.4款，发包人不按合同约定支付工程款（进度款），双方又未达成延期付款协议，导致施工无法进行，承包人可停止施工，由发包人承担违约责任。当发包人存在上述违约行为时，承包人可以行使停工权，工期顺延，发包人还须支付停工、窝工损失费。但是，停工毕竟是对双方当事人之间权利义务产生重大影响的行为，处理不当还可能遭到业主索赔，务必谨慎行使。

6.3 工程项目成本风险管理

6.3.1 工程项目成本风险的识别

工程项目成本风险的识别就是通过科学的方法辨别出影响项目成本目标实现的风险事

件及其存在的可能性，并予以分类，并且对这些风险可能产生的后果及严重程度作出定性判断。

工程项目成本风险识别的方法主要有财务状况分析法、保险调查法、分解分析法、德尔菲法和缺陷树法等。

工程项目成本的风险识别过程主要立足于数据搜集、分析和预测。

一般借助于风险识别的各种方法，找出各阶段不同层次的影响成本的风险因素，确定一份合理的风险事件清单，用以包罗对项目成本构成威胁的所有主要风险。

还应指出，由于风险是随时存在的，因此风险识别必须是一个连续不断的过程。

6.3.2 工程项目成本的风险分类

工程项目成本的风险分类目的有两个，首先是可以提高承包人对影响成本的风险事件的认识程度，其次是可以帮助承包人根据风险的性质采取相应策略来降低风险，减少损失。

表 6-1 是根据风险的性质及其潜在影响来划分的风险因素。据此，承包人就可以全面地评价影响成本的各种风险因素及其影响程度。同时也有助于检查风险的涉及范围，这样承包人不会只注重于某些风险而忽视其他风险。

工程项目成本风险事件分类　　　　　　　　　　　　　　　表 6-1

风险类别		典型风险事件
技术风险	设计	技术规范不当，缺陷设计，设计内容不全
	施工	施工方案的变化，缺陷工程
	其他	工艺设计未达到先进性指标，工艺流程不合理
非技术风险	财政和经济	通货膨胀、汇率的变动、税费的变化、价格调整
	材料	新材料、新工艺的引进，消耗定额变化，材料价格变化
	资金	资金筹措方式不合理、资金不到位、资金短缺
	自然灾害	洪水、地震、火灾、台风、塌方、雷电等
	政治和环境	法律及规章的变化、战争和骚乱、污染、罢工等
	人员及工资	技术人员、管理人员、一般工人的素质及工资的变化
	设备	施工设备选型不当，出现故障，安装失误

6.3.3 工程项目成本的风险评估

工程项目成本的风险评估就是对工程项目中影响成本超支的特定风险发生的概率及其影响程度作出定量估计。

常用的方法有：外推法、客观估计与主观估计法、期望值法、蒙特卡罗模拟法。

通过对影响成本风险因素的识别以及风险评估，项目管理人员也已对项目成本存在的种种风险和潜在的损失进行全面、科学地认识，对损失发生的概率和严重程度加以估计和预测。在此基础上，采取相应对策来减少风险造成的成本超支，实施有效的成本风险管理。

6.3.4 工程项目设计阶段的成本风险控制

设计阶段是工程成本控制的关键和重点，虽然设计费用占工程成本的比例不大，可设计阶段对工程投资的影响度为 $75\%\sim95\%$。同一工程建设项目，有着不同的设计方案，从而有着不同的造价，而合理科学的设计，可降低工程成本的10%。但在设计过程中设计人员往往重技术、轻经济，过于强调安全系数，而忽略经济上的合理性；有的设计人员一味追求造型新颖独特，而忽略了由此带来的造价大幅度增加。

1. 推行工程设计招标和设计方案竞选

技术与经济的结合是控制工程成本的有效手段，通过设计招标和进行设计方案竞选，建设单位择优选用设计方案，使设计方案既符合"适用、经济、安全、绿色、美观"的建筑方针，又满足使用功能要求，同时又确保工程造价控制在投资范围内。

例：某一工程建设项目设计方案招标，有甲、乙、丙3家设计单位参加投标，建设单位根据使用功能、平面布置、经济性、美观性4项指标（表6-2），采用加权评分法进行各方案的评分，结果选择了得分最高的甲方案为中标方案，避免了设计不合理所造成的经济损失。

加权评分计算表 　　　　　　　　　　　表6-2

评价指标	权重	方案甲		方案乙		方案丙	
		得分	加权得分	得分	加权得分	得分	加权得分
使用功能	0.42	9.5	3.99	8.5	3.57	7.5	3.15
平面布置	0.2	8.0	1.60	7.5	1.5	8.5	1.70
经济性	0.28	9.2	2.58	7.5	2.10	9.1	2.548
美观性	0.1	7.5	0.75	8.5	0.85	9.6	0.96
总分			8.916		8.02		8.358

2. 运用价值工程进行设计方案选择

价值工程是运用集体智慧和通过有组织的活动，着重对产品进行功能分析，使之以较低的总成本可靠地实现产品必要的功能，从而提高产品价值的一套科学的技术经济分析方法。要使建筑产品的价值得以大幅度提高，以获得较高的经济效益，在建筑设计阶段可应用价值工程，使建筑产品的功能与造价合理匹配。

（1）提高价值的途径

提高价值的途径有五种：

一是双向型，即在提高产品功能的同时，又降低产品成本；

二是改进型，即在产品成本不变的条件下，通过提高产品的功能，提高利用资源的成果或效用，达到提高产品价值的目的；

三是节约型，即在保持产品功能不变的前提下，通过降低成本达到提高价值的目的；

四是投资型，即产品功能有较大幅度提高，产品成本有较少提高；

五是牺牲型，即在产品功能略有下降、产品成本大幅度降低的情况下，也可达到提高产品价值的目的。

（2）案例分析

某住宅楼设计，设计人员根据建设单位的要求提供了A、B、C、D、E共5个设计方案。建设单位通过调查研究，设置了平面布局、采光通风层数与层高、牢固耐久、"三防"设施、建筑造型、室内装饰、室外装饰、环境设计、技术参数、施工进度和造价等12项人们关心的设计质量指标，并要求造价控制在3850万元内。

价值工程技术小组通过计算得出 5 个设计方案的技术和经济指标，见表 6-3。

各设计方案质量综合评价表   表 6-3

项目名称	A	B	C	D	E
预算造价	4200	3520	3700	3600	3500
技术指数	0.1760	0.1680	0.1690	0.1686	0.1566
经济指数	x	0.289	0.065	0.215	0.301

由表 6-3 可知：

A 方案投资金额超过了建设单位限值，所以 A 方案首先予以否定。在 B、C、D、E 方案中，E 方案经济指数虽高于 B 方案，但优势不明显。而从技术指数看，B 方案却明显优于 E 方案。因此，建设单位选择了各方面较均衡协调的 B 方案，以免日后功能的不合理而引起成本风险。

3. 积极推行限额设计，有效控制工程成本

限额设计即在限定的资金范围内完成规定的设计内容。这要求设计单位充分理解业主的设计意图，在设计之前，将设计任务书的投资额分配到各单项工程和单位工程，作为进行初步设计的造价控制总目标，即最高投资限额。

例如：某一办公楼建设项目，业主对项目投资非常重视，在项目一期建设设计合同中明确要求"设计人员应进行限额设计，按协议文件所进行的设计，其初步概算不应突破 0.2 亿"。

将限额设计提升到一个空前的高度，成为业主约束、考核设计单位各个设计阶段工作质量的一个重要指标。

设计单位为了履行限额设计承诺，成立设计工作组，深入分析与业主的设计合同，广泛收集类似工程的技术经济指标，分析工程的建筑技术特点，咨询与本项目相关的特殊材料、设备的产品特点和成本构成，并进行主要材料设备的市场询价，聘请行业内资深专家为设计顾问，同时做好各个设计阶段的概算工作，最终使设计成果既满足功能的要求，又使整个项目的设计经济价值控制在合同要求范围之内。

6.3.5 工程招标投标阶段的成本风险控制

工程建设项目招标投标是国际上通用的、比较成熟科学合理的工程承发包方式。目前，我国工程建设也普遍推行招标投标制，其目的是控制工期，确保工程质量，降低工程成本，提高经济效益。但在这一阶段，无论是工程量计算、标底编制，还是合同签订等任何一个环节出现问题，均会给建设单位带来不可估量的损失。例如，某一工程建设项目进行机电工程招标，在标底编制过程中机电安装预算员将所有机电材料的单价一律高套，使得机电造价增加了几十万元。

1. 调查研究，做好招标工作

（1）认真做好招标文件的编制工作，尤其重要的是标底的编制和审查。

（2）认真做好招标前投标单位的资质审查，必要时进行实地考察，以免出现"一级企业投标、二级企业转包、三级企业进场"等不正常现象，影响工程成本的控制。

（3）做好工程的评标工作。

2. 做好中标后的合同签订工作

合同是一个关于利益交易关系的法律约定，是对承、发包方利益的合法、有效保护。要签订一个对工程质量、工期、价款及价款的结算方式、违约责任、解决争议的方法等条款均有约定的完整、全面的工程合同，应做好以下几方面的工作：

首先，必须成立一个有丰富的专业知识和谈判经验、并具有较强的分析判断能力和应变能力的谈判组织，应做好谈判前各种资料收集和分析，拟定谈判方案，做到知己知彼，争取签订一个有利的、合理的、低价的合同。

其次，对工程施工过程的风险应有预见性，对可能引起索赔的因素有正确的预测，签订的合同条款能够有效避免和转移风险，减少索赔现象过多的发生。例如，某工程合同中规定从甲方全部提供施工场地之日起15天开工，并按实际开工计算工期，而后乙方应负延期一切责任。基础工程正赶上雨期施工，投入大量人力、物力，进度还是缓慢。当乙方提出索赔工期，因合同约定明确，索赔无效。

再次，还应争取工程担保、工程保险等减少工程风险损失和赔偿纠纷的风险控制措施，适当转移、有效分散和合理避免各种风险，提高工程成本的控制效果。

6.3.6 工程项目施工阶段的成本风险控制

施工阶段是工程建设的一个重要阶段，是将工程设计图纸变为物质形态的工程实体的主要阶段。在这一阶段中，建设单位施工现场代表的素质、监理人员素质都直接影响工程质量、工期以及工程成本。

1. 重视资金的时间价值，控制建设期利息支出

贷款总额和贷款时间的长短是决定建设期贷款利息多少的主要因素。而建设周期和资金到位时间决定贷款时间长短。因此，建设单位需理顺资金各环节的管理，以节约和控制投资额，提高资金使用效果为主要目的，做好资金收入预测和工程进度与资金支出预测，使资金的筹集与使用相协调，减少贷款利息，降低工程成本。

2. 加强合同管理，减少施工索赔，提高反索赔能力

建设单位施工现场代表和监理人员应具有丰富施工经验并熟知合同条款内涵，以利用合同条款随时解决合同纠纷，且全面履约，避免索赔的发生。

由于工程施工中干扰事件的复杂性，往往双方都有责任，双方都有损失，建设单位施工现场代表和监理人员应增强反索赔意识，通过反索赔否定对方的索赔要求，使自己免于损失，并积极寻求向对方索赔的机会，使工程成本得以控制。

例如，承包商使用的工程材料和机械设备等不符合合同规定和质量要求，从而使工程质量产生缺陷。这时，业主可向承包商提出工程质量缺陷所产生的直接和间接经济损失的反索赔要求。

3. 加强控制，严把工程变更关

变更是工程建设项目始终要面对的问题，同时也是承包商扭亏或赢利的良好机会。因此，在工程建设过程中还应做好对变更的管理。建立良好的签证管理制度，严格控制设计变更和修改，杜绝不必要的签证是控制工程变更的有力措施。此外，设计变更应根据施工场地的实际情况，优化设计方案，降低不必要的投资，且新增设计部分应在不改变原有功能的前提下，更多考虑经济效益和社会效益。

6.3.7 工程项目竣工阶段的成本风险控制

竣工结算阶段是工程成本控制的最后阶段，控制的关键在于核实增减成本项目的工作量，防止不合理增加工作量。应根据施工合同的约定、竣工资料、现场签证和工程变更材料进行审核，使审核后的结算与限额成本对口，并控制在概算以内。

实践证明，通过对工程项目结算的审核，一般情况下，经审核后的工程结算与施工单位编制的工程结算大约相差 10%，有的高达 20%。因此，竣工阶段的成本控制对控制投资起到关键的作用。

6.4 工程项目质量风险管理

6.4.1 工程质量管理的特点

工程质量就是满足需求的程度。在此，"需求"包括明示的、隐含的和必须履行的需求和期望。明示的需求一般是指合同环境中，用户明确提出来的需要或要求，提出是通过合同、标准、规范、图纸、技术文件所作出的明确规定；隐含的需求则应加以识别和确定，具体说，一是指顾客的期望，二是指那些人们公认的、不言而喻的、不必做出规定的"需要"，如房屋的居住功能是基本需要，但美观和舒适性则是"隐含需要"。需求是随时间、环境的变化而变化的，因此，应定期评定质量要求，修订规范，开发新产品，以满足变化的质量要求。

工程质量管理的特点体现在以下几方面：

（1）影响质量的因素多。工程项目的施工是动态的，影响项目质量的因素也是动态的。项目的不同阶段、不同环节、不同过程，影响质量的因素也各不相同。如设计、材料、自然条件、施工工艺、技术措施、管理制度等，均直接影响工程质量。

（2）质量控制的难度大。由于建筑产品生产的单件性和流动性，不能像其他工业产品一样进行标准化施工，施工质量容易产生波动，而且施工场面大、人员多、工序多、关系复杂、作业环境差，都加大了质量管理的难度。

（3）过程控制的要求高。工程项目在施工过程中，由于工序衔接多、中间交接多、隐蔽工程多，施工质量有一定的过程性和隐蔽性。在施工质量控制工作中，必须加强对施工过程的质量检查，及时发现和整改存在的质量问题，避免事后从表面进行检查。因为施工过程结束后的事后检查难以发现在施工过程中产生、又被隐蔽了的质量隐患。

（4）终结检查的局限性。建设工程项目建成后不能依靠终检来判断产品的质量和控制产品的质量；也不可能用拆卸和解体的方法检查内在质量或更换不合格的零件。因此，工程项目的终检（竣工验收）存在一定的局限性。所以工程项目的施工质量控制应强调过程控制，边施工、边检查、边整改，并及时做好检查、认证和施工记录。

6.4.2 工程项目质量风险的概念与特征

1. 工程项目质量风险的概念

工程质量风险是由于工程实体本身因素引起的致使生命伤害、财产损失的可能性的描述。

在施工阶段，工程质量风险主要包括：①施工过程中实际投入的生产要素的质量风险；②施工作业技术活动的实施状态和结果偏离造成的质量风险。

在施工阶段，造成工程质量风险的原因主要有：①质量策划不到位产生的质量目标不明确；②质量管理组织机构不完善、管理制度不健全产生的质量责任不清晰；③技术人员数量不足，或者专业技术素质不高产生的管理缺位；④各项技术工作不及时或失误产生的质量隐患；⑤对工程材料、物资和设备质量控制不严；⑥施工过程中未按施工图纸和批准的施工组织设计进行施工；⑦施工中对关键工序、特殊工序控制不严；⑧过程质量和竣工质量验收未严格按照标准进行。

2. 工程项目质量风险的特征

工程项目质量风险有以下几方面的特征：

（1）复杂性。在施工阶段，工程项目质量的形成涉及人员、材料、施工机械、施工作业方法、施工环境等众多因素，工序质量控制的参与方也较多，因此引发质量风险的内外因素较复杂。

（2）严重性。由于工程项目投资规模大，一旦发生质量问题需要进行修补或返工时，必然会造成人力、材料、资金的损失。

（3）隐蔽性。由于工程项目结构复杂、施工工艺烦琐，施工过程某一环节产生的质量问题容易被下一道工序覆盖，将给人民生命和财产造成损失。

6.4.3　工程项目质量风险管理的过程

工程质量风险管理是在工程建设过程中，通过计划、组织、协调、控制等过程，进行内附识别、风险评价、风险应对、风险监控的过程，以实现工程项目的质量目标。

1. 风险识别

在施工阶段，工程质量风险识别主要包括三类：①质量风险因素的识别；②质量风险事件的识别；③质量风险影响后果的识别。

2. 风险评价

针对风险识别的结果，根据各类风险对施工阶段工程质量的影响程度，估计各类风险的发生概率及影响大小，构建风险因素评价体系，对风险影响结果进行排序。

3. 风险应对

根据工程质量风险因素排序结果，采取合适的风险应对策略和措施，以降低风险发生的概率，减少风险事件发生造成的损失。

4. 风险监控

采用技术和管理方法，跟踪和监督风险应对策略实施的效果，并进行纠偏。工程项目质量监控需要建设单位、设计单位、施工单位和监理单位共同参与。

6.4.4　建设单位质量风险控制

（1）确定工程项目质量风险控制方针、目标和策略；根据相关法律法规和工程合同的约定，明确项目参与各方的质量风险控制职责。

（2）对项目实施过程中业主方的质量风险进行识别、评估，确定相应的应对策略，制订质量风险控制计划和工作实施办法，明确项目机构各部门质量风险控制职责，落实风险控制的具体责任。

（3）在工程项目实施期间，对建设工程项目质量风险控制实施动态管理，通过合同约束，对参建单位质量风险管理工作进行督导、检查和考核。

6.4.5 设计单位质量风险控制

（1）在设计阶段，做好方案比选工作，选择最优设计方案，有效降低工程项目实施期间和运营期间的质量风险。在设计文件中，明确高风险施工项目质量风险控制的工程措施，并就施工阶段必要的预控措施和注意事项，提出防范质量风险的指导性建议。

（2）将施工图审查工作纳入风险管理体系，保证其公正独立性，摆脱业主方、设计方和施工方的干扰，提高设计产品的质量。

（3）项目开工前，由建设单位组织设计、施工、监理单位进行设计交底，明确存在重大质量风险源的关键部位或工序，提出风险控制要求或工作建议，并对参建方的疑问进行解答、说明。

（4）工程实施中，及时处理新发现的不良地质条件等潜在风险因素或风险事件，必要时进行重新验算或变更设计。

6.4.6 施工单位质量风险控制

（1）制订施工阶段质量风险控制计划和工作实施细则，并严格贯彻执行。

（2）开展与工程质量相关的施工环境、社会环境风险调查，按承包合同约定办理施工质量保险。

（3）严格进行施工图审查和现场地质核对，结合设计交底及质量风险控制要求，编制高风险分部分项工程专项施工方案，并按规定进行论证审批后实施。

（4）按照现场施工特点和实际需要，对施工人员进行针对性的岗前质量风险教育培训；关键项目的质量管理人员、技术人员及特殊作业人员，必须持证上岗。

（5）加强对建筑构件、材料的质量控制，优选构件、材料的合格分供方，构件、材料进场要进行质量复验，确保不将不合格的构件、材料用到项目上。

（6）在项目施工过程中，对质量风险进行实时跟踪监控，预测风险变化趋势，对新发现的风险事件和潜在的风险因素提出预警，并及时进行风险识别评估，制定相应对策。

6.4.7 监理单位质量风险控制

（1）编制质量风险管理监理实施细则，并贯彻执行。

（2）组织并参与质量风险源调查与识别、风险分析与评估等工作。

（3）对施工单位上报的危险性较大工程的专项方案进行审核，重点审查风险控制对策中的保障措施。

（4）对施工现场各种资源配置情况、各风险要素发展变化情况进行跟踪检查，尤其是对专项方案中的质量风险防范措施落实情况进行检查确认，发现问题及时处理。

6.5 工程项目安全生产风险管理

党的十八大以来，党中央空前重视安全生产管理工作，针对安全生产系统地作出了一系列重要指示：一是强化红线意识、实施安全发展战略；二是抓紧建立健全安全生产责任体系；三是强化企业主体责任落实；四是加快安全监管改革创新；五是全面构建长效机制；六是领导干部要敢于担当。党中央关于安全生产管理的重要论述是在新时代做好全国安全生产工作和建设工程安全生产创新发展的根本遵循和指导思想，必须在实际工作中坚定不移贯彻始终。

6.5.1 工程项目安全生产管理的特点

（1）施工场地的固定化使安全生产具有局限性。建筑产品坐落在固定的地点上，一经确定建设不可随意搬移。由于施工活动空间狭小，这就决定了必须在有限的场地、有限的空间集中大量的人力、物资、施工机械进行交叉作业，风险因素加大，容易产生高空坠落、物体打击等伤亡事故。

（2）施工周期长、受自然环境影响大。由于建筑物体积庞大，需较长时间才能完成建造任务。从基础、主体、屋面、室外装修到配套市政等整个工程的70%，均需要进行露天作业。施工作业人员需要经历春夏秋冬四季寒暑的变化，容易导致伤亡事故的发生。

（3）在建筑产品生产过程中，由于工序不断变动，施工生产具有流动性，安全生产措施呈现动态性变化，人和物的不安全因素多。

（4）建筑产品形成过程中的施工生产工艺复杂多变，专业、工序和工种众多，协调管理和安全培训难度大。

（5）建筑施工的高能耗、施工作业的高强度、施工现场的噪声、扬尘等都对施工作业人员产生不利的工作环境，此外，高温、严寒使得工人体力和注意力下降，雨雪天气导致工作面滑湿，夜间照明度不足等，都容易导致安全事故发生。

（6）操作人员技能和业务素质较低，安全生产观念淡薄，违反操作规程和劳动纪律的现象较多。

6.5.2 工程项目施工安全控制的难点

（1）施工安全控制面广。由于建设工程规模较大，生产工艺复杂，工序多，建造过程中的流动作业多，高处作业多，作业位置多变，不确定性因素多。因此，安全控制工作涉及范围大、控制面广。

（2）施工安全控制的动态性。①由于建设工程项目的单件性，每个项目的条件环境均不同，面对的安全因素、措施、人员都处于变动之中。②由于建设工程施工场所的分散性，不同的场地也有具体的、不同的生产环境和影响因素。

（3）施工安全控制系统的交叉性。建设工程项目的施工过程是一个开放系统，施工过程本身会对社会环境和自然环境造成影响，同时，施工过程也会受到自然环境和社会环境的约束，施工安全控制需要把工程建造系统、环境系统和社会系统结合起来。

（4）施工安全控制的严谨性。由于建设工程施工的安全因素复杂，风险程度高，伤亡事故多，所以，施工安全的预防控制措施必须严谨、科学，如有疏漏就可能造成管理失控，酿成事故和损失。

6.5.3 工程项目安全生产风险类型

1. 施工现场生产过程的安全风险

（1）施工现场与人员有关的风险。主要是人的不安全行为，典型表现为"三违"，即：违章指挥、违章作业、违反劳动纪律，集中反映在那些施工现场经验不丰富、素质较低的人员当中。事故原因统计分析表明，70%以上的事故是由"三违"造成的。

（2）存在于分部、分项工艺过程、施工机械运行过程和物料的风险。

1）脚手架、模板和支撑、塔式起重机、物料提升机、施工电梯安装与运行，人工挖孔桩、基坑施工等局部结构工程失稳，造成机械设备倾覆、结构坍塌、人员伤亡等事故。

2）施工高层建筑或高度大于2m的作业面（包括高空、四口、五临边作业），因安全防护不到位或安全兜网内积存建筑垃圾、人员未配系安全带等原因，造成人员踏空、滑倒等高处坠落摔伤或坠落物体打击下方人员等事故。

3）焊接、金属切割、冲击钻孔、凿岩等施工时，由于临时电漏电遇地下室积水及各种施工电器设备的安全保护（如漏电、绝缘、接地保护、一机一闸）不符合要求，造成人员触电、局部火灾等事故。

4）工程材料、构件及设备的堆放与频繁吊运、搬运等过程中，因各种原因发生堆放散落、高空坠落、撞击人员等事故。

（3）存在于施工现场自然环境中的风险。

1）人工挖孔桩、隧道掘进、地下市政工程接口、室内装修、挖掘机作业时，损坏地下燃气管道等，因通风排气不畅，造成人员窒息或中毒事故。

2）深基坑、隧道、地铁、竖井、大型管沟的施工，因为支护、支撑等设施失稳、坍塌，不但造成施工场所被破坏、人员伤亡，还会引起地面、周边建筑设施的倾斜、塌陷、坍塌、爆炸与火灾等意外。基坑开挖、人工挖孔桩等施工降水，造成周围建筑物因地基不均匀沉降而倾斜、开裂、倒塌等事故。

3）海上施工作业由于受自然气象条件如台风、汛、雷电、风暴潮等侵袭，发生翻船等人亡、群死群伤的事故。

2．临建设施的安全风险

（1）厨房与临建宿舍安全间距不符合要求，施工用易燃易爆危险化学品临时存放或使用不符合要求、防护不到位，造成火灾或人员窒息中毒事故；工地饮食因卫生不符合标准，造成集体中毒或疾病。

（2）临时简易帐篷搭设不符合安全间距要求，发生火烧连营的事故。

（3）电线私拉乱接，直接与金属结构或钢管接触，发生触电及火灾等事故。

（4）临建设施撤除时房顶发生整体坍塌，作业人员踏空、踩虚造成伤亡事故。建筑工地重大危险源主要有：高处坠落、坍塌、物体打击、起重伤害、触电、机械伤害、中毒窒息、火灾、爆炸和其他伤害等。

3．管理制度的安全风险

（1）施工企业未制定安全生产管理制度、安全文明施工管理制度、安全生产责任制。

（2）施工企业未制定安全技术措施。

（3）施工单位无安全生产许可证；从事消防工程安装企业无消防安全资格认证；从事特种作业人员无特种作业操作上岗证。

6.5.4 工程项目安全生产风险应对措施

风险是客观存在的，是人们无法消除的。施工现场管理人员对待风险应采取正确的态度，要正视风险，把握其规律，采取相应的对策措施，认真做好风险因素的事前控制，尽量化解或减轻风险造成的损失。

（1）建立建筑工地重大风险源的公示和跟踪整改制度。加强施工现场巡视，对可能影响安全生产的重大风险源进行辨识，并进行登记，掌握重大风险源的数量和分布状况，经常性地公示重大风险源名录、整改措施及治理情况。重大风险源登记的主要内容应包括：工程名称、风险源类别、地段部位、联系人、联系方式、重大风险源可能造成的危害、施工安全主要措施和应急预案。

（2）对人的不安全行为，要严禁"三违"，加强教育，做好传、帮、带，加强现场实时监控和检查，严格处罚，使作业人员自觉遵守安全生产规则。

（3）淘汰落后的技术、工艺，适度提高工程施工安全设防标准，提升施工安全技术与管理水平，降低施工安全风险。

（4）制定和实行施工现场大型施工机械安装、运行、拆卸和外架工程安装的检验检测、维护保养、验收制度。

（5）对不良自然环境条件中的风险源，要制订有针对性的应急预案，并选定适当时机进行演练，做到人人会操作的装置和工具。

（6）制定和实施工程项目施工安全承诺和现场安全管理绩效考评制度，确保安全生产投入，形成施工安全长效机制。

（7）施工生产安全事故隐患排查治理

1）施工生产安全事故隐患的治理原则

施工生产安全事故隐患的治理原则主要有：①冗余安全度治理原则；②单项隐患综合治理原则；③直接隐患与间接隐患并治原则；④预防与减灾并重治理原则；⑤重点治理原则；⑥动态治理原则。

2）施工生产安全事故隐患处理程序

施工生产安全事故隐患处理的程序如下：①当场指正、限期纠正，预防隐患发生；②做好记录，及时整改，消除安全隐患；③分析统计，查找原因，制定预防措施；④跟踪验证措施的效果。

3）建立安全生产隐患排查治理长效机制

事故致因理论认为，人员伤亡是事故的后果，事故发生往往是由于人的不安全行为、物的不安全状态和组织管理上的不安全因素造成的，生产安全事故隐患就是导致事故发生的直接原因。

开展安全生产隐患的排查治理，能从根本上防止人的不安全行为，消除物的不安全状态，改进组织管理上的缺陷，有效防范和遏制建筑生产安全事故。

建筑工程施工现场由于施工阶段、施工工艺、施工环境随时发生改变，作业人员流动性大，工种多，高处作业和交叉作业多，极易产生各类隐患。定期组织开展隐患排查，及时发现问题，消除隐患，能极大地促进施工现场生产安全。

施工安全事故隐患排查治理工作包括以下几项内容：①确定隐患排查的内容和范围；②实施事故隐患的排查和治理；③建立隐患排查治理长效机制。

6.6　工程项目合同风险管理

工程合同管理是工程项目管理的核心，现代工程项目的复杂性高、项目的参与方多、建设周期长，致使工程项目的风险因素多、风险大，而实践中，这些风险都大部分通过合同转移给了承包商，给承包商的合同风险管理带来更多的困难和挑战。近年来，由于合同风险分配不合理、合同文件内容多、合同文件不规范等原因，合同纠纷案件逐年上升，其及时处理和解决显得越来越重要。因此，合同的风险管理已越来越多地受到建筑企业的重视。

6.6.1 工程项目合同寿命周期内的主要风险

1. 投标报价阶段风险

在工程项目投标报价阶段，主要风险主要有：

（1）投标报价信息失误风险。

（2）报价策略失误的风险，包括：① 合同类型选择的风险（合同类型不同，对应的风险也不同，见表6-4）；② 低价夺标、高价索赔的风险。

（3）报价漏项或多项的风险。

合同类型与风险对应表 表 6-4

合同类型	业主风险	承包商风险
总价合同	————	————
单价合同	————	————
成本补偿合同	————	————
设计—建造、交钥匙合同	————	————

2. 合同签订和履行过程中的风险

在工程项目合同签订和履约过程中，主要风险有：

（1）工程款支付的风险。

（2）业主方管理能力的风险。

（3）合同条款方面的风险，包括：① 合同条款不完备；② 合同条款所规定的权利义务不平等；③ 合同定义不准确。

（4）其他承包合同所带来的风险。

（5）分包合同的所带来的风险。

（6）工程变更风险。

（7）承包商不注意合同履约管理所带来的风险。

3. 竣工验收与交付阶段或合同终止后的风险

6.6.2 工程项目合同风险应对措施

1. 建立合同风险预控体系

（1）重视投标文件评审和论证

在合同签订之前，建立合同风险预控体系。由于在合同签订后，整个合同文件中包含了近90%招标投标文件中的内容，合同条件在招标投标和合同谈判过程中已经确定，所以，合同的大部分风险在签订之前就已经确定，要成功地进行合同的风险管理，应注重合同签订之前合同风险预控指标体系的建立和执行，即对招标投标文件和拟投标项目进行评审和论证。主要工作内容有以下几个方面：

1）根据项目的不同类型、承发包方式等，建立公司的合同风险预控指标体系。

2）合同投标阶段确定投标报价策略和合同谈判策略。

3）合同谈判阶段争取风险转移或风险补偿的具体合同条件。

4）根据合同投标阶段和合同谈判阶段的结果，编制合同履约过程中的项目合同风险预控计划体系。

（2）严格招标投标文件评审和合同评审

在投标及合同签订阶段，严格招标投标文件评审和合同评审。主要工作内容有以下几方面：

1）仔细审查业主的财务状况。

2）深入调查工程所在国（地）的政治和经济环境。

3）在投标时尽可能留有选择的余地。

4）详细进行现场调查。

5）合同风险的总评价。

（3）注重合同风险总体评价

承包商在合同谈判和签订阶段时必须对项目的合同风险有一个总体的评价。对以下问题，都应当有应对策略。

1）工程规模较大，工期较长，而业主采用固定总价合同形式。

2）业主要求采用固定总价合同，但工程招标文件中的图纸不详细、不完备，工程量不准确，范围不清楚等。

3）业主将编制标书时间压缩得很短，承包商没有时间详细分析招标文件，而且招标文件为外文，采用承包商不熟悉的合同条件。

4）工程环境不确定性大。如物价和汇率大幅度波动，水文地质条件不清楚，而业主要求采用固定价格合同。

大量的工程实践证明，如果存在与上述情况类似的问题，特别当一个工程中同时出现上述问题，则这个工程可能彻底失败，甚至有可能将承包商企业拖垮。

（4）加强对建设工程合同的审查和会签

1）仔细审查合同文件的完备性；

2）仔细审查合同文件的优先顺序；

3）仔细审查合同文件所确定的工程范围；

4）仔细审查合同价款和支付，包括仔细审查合同价款的构成和计价货币、合同价款的调整办法，仔细审查合同支付方式、合同价款的分段支付是否合理；

5）仔细审查合同条款中关于保函的规定；

6）仔细审查合同条款中关于误期损害赔偿费的规定；

7）仔细审查合同条款中关于承包商违约罚款金额和责任限额的规定；

8）仔细审查合同条款中税费条款和保险的规定；

9）仔细审查合同条款中关于业主责任的规定；

10）仔细审查合同条款中争议解决条款的规定；

11）合同审查后的建议或对策。

2. 建立合同履约风险管理体系

合同履约过程是合同风险管理的具体措施的实施过程，主要应注重两个方面和四个环节。

（1）两个方面

一是注重对已分析出的风险的应对措施；二是注重对临时出现风险的应对措施。

（2）四个环节

一是加强合同文件的风险及风险条款审查、阅读和交底，使合同风险管理的控制措施落实到人；

二是做好合同进度付款和竣工结算的及时申请和办理；

三是及时办理合同变更和索赔；

四是及时办理合同风险发生时的索赔处理。

3. 合同风险管理总结

工程结束后，做好合同风险管理的总结，以及合同风险预控指标体系的修正和纠偏。

（1）对项目合同风险管理结果进行总结，编制项目合同风险预控计划体系执行情况总结表。

（2）根据项目合同风险预控计划体系执行情况总结表对公司同类项目的合同风险预控指标体系进行修正和纠偏，作为今后该类项目的合同风险预控计划体系编制和执行的基础。

（3）根据项目的不同类型、专业特殊性等，建立公司合同风险管理案例信息库，作为公司今后项目合同风险管理的重要信息资源。

（注：本章 6.5 等相关内容可参考附录 1 和附录 2）

复 习 思 考 题

1. 工程项目进度风险的应对策略有哪些？

2. 工程项目设计阶段的成本风险控制措施有哪些？

3. 建设单位、设计单位、施工单位、监理单位如何进行工程质量风险控制？

4. 工程项目安全生产风险类型有哪些？

5. 如何做好施工生产安全事故隐患排查治理？

6. 工程项目合同签订和履行过程中有哪些风险？

7 现代工程项目竣工验收阶段风险管理

7.1 工程项目竣工验收阶段概述

7.1.1 工程项目竣工验收的概念与内容

1. 工程项目竣工验收的概念

竣工验收是由工程项目验收主体及交工主体等相关单位组成的验收机构，以批准的项目设计文件、国家颁布的施工验收规范和检验标准为依据，按照一定的程序和手续，在项目建成后，对工程项目总体质量和使用功能进行检验、评价、鉴定和认证的活动。

通常情况下，工程项目竣工验收的交工单位是施工单位或者工程总承包商，验收主体是项目建设单位，竣工验收的客体是设计文件规定、施工合同约定的特定工程对象。

2. 工程项目竣工验收的作用

工程项目竣工验收是投资由建设转入生产、使用和运营的标志，是全面考核和检查建设工作是否符合设计要求和工程质量的重要环节，是项目业主、合同商向投资者汇报建设成果和交付新增固定资产的过程。国家和省级政府的主管部门对项目的竣工验收都有明确的规章制度和严格的条例。

工程项目竣工验收的主要作用有：

（1）从整体上看，工程项目竣工验收是全面考核工程项目决策、设计、施工及设备制造安装质量，总结工程建设经验，提高工程项目管理水平的重要环节，也是一项重要的投资建设管理制度。

（2）从投资者和建设单位的角度看，工程项目竣工验收是加强固定资产投资管理、促进项目尽早达到设计能力和使用要求，提高项目运营效果的需要。

（3）从承包商角度看，工程项目竣工验收是承包者对所承揽的工程建造任务接收建设单位或者主管部门的全面检查和认可，是承包商完成合同义务的标志，此外，及时办理项目竣工移交手续，收取工程价款，有利于促进建筑施工企业确认工作成果，总结项目管理经验。

3. 工程项目竣工验收的内容

工程项目竣工验收的内容随工程项目的不同而异，一般包括以下两个部分：一是工程实体验收：建筑工程验收和安装工程验收。二是工程资料验收：工程技术资料、工程综合资料和工程财务资料验收。

工程项目竣工验收的阶段划分为：单位工程竣工验收、单项工程竣工验收、全部工程竣工验收。

4. 工程项目竣工验收应达到的基本条件

（1）工程设计文件和合同约定的各项施工内容已经完成。

（2）有完整的并经过审核的工程竣工资料，符合验收规定。

（3）有勘察、设计、施工、监理等单位分别签署的工程质量与技术文件。

（4）有工程使用的主要建筑材料、构配件、设备进场的证明及试验报告。

（5）有施工签署的工程保修书。

7.1.2 工程项目竣工验收风险管理的目标和任务

1. 工程项目竣工验收阶段风险管理的目标

（1）识别本阶段的风险源、估计评价风险，通过采取恰当的防范和转移措施，使损失降到最低，使项目顺利转入生产阶段。

（2）评价风险管理成功与失败经验，编写风险管理经验文件，建立风险管理档案，为以后项目的风险管理提供经验。

2. 工程项目竣工验收阶段风险管理的任务

（1）识别、评估该阶段的风险，并采取有效的措施进行风险处置。

（2）建立风险管理档案。

7.1.3 工程项目竣工验收风险管理的特点

竣工验收阶段工程项目实体已完成，主要的工作是文件整理和验收工作。但这一阶段的工作质量影响后期项目的运行，同时这一过程涉及众多的相关单位和组织。

这一阶段的风险管理主体，应是工程项目风险管理委员会或工程项目业主单位组建的风险管理小组。

对风险的识别应从文件资料的完整性、验收工作的可靠程度等方面进行辨识和评价。在此基础上制定风险管理计划并实施。

7.1.4 工程项目竣工验收阶段风险管理的组织

工程项目竣工验收由建设单位组织进行。建设单位可以组建风险管理小组，该小组以业主和使用者为主，同时需要设计方、监理方、承包方、分包方共同参与。

7.2 工程项目竣工验收阶段风险识别

7.2.1 工程项目竣工验收风险识别的依据

竣工阶段风险识别主要是以竣工验收资料、工程内容为对象，对建筑工程、安装工程的符合性、对竣工验收资料的完整性、准确性，辨别并确定可能出现的对工程实体、利益相关者造成的影响因素，并将这些影响因素编制成文档。

1. 竣工验收的主要依据

工程项目竣工验收的主要依据包括上级主管部门对该项目建设的批准文件，可行性研究报告，施工图设计文件及设计变更洽商记录，国家颁布的相关标准和现行有效验收规范，工程施工承包合同文件，技术设备说明书，主管部门关于工程竣工的规定等。

2. 竣工验收阶段历史资料

工程项目竣工验收历史资料主要包括类似工程在竣工验收阶段发现的风险因素以及因竣工验收不合格而产生使用阶段的风险等。

7.2.2　工程项目竣工验收风险识别的过程

1. 工程项目竣工验收风险识别的步骤

在工程项目竣工验收阶段，识别风险可以采用以下步骤：

（1）确定目标；

（2）明确参与者；

（3）收集资料；

（4）估计项目风险状况；

（5）根据直接或间接的征兆，识别潜在的项目风险。

在工程项目竣工验收阶段，因为要涉及整个工程的资料和内容，包括工程技术资料、工程综合资料、工程财务资料以及建筑、安装工程建设内容，因此对风险管理小组成员的个人素质要求较高。该阶段风险管理小组成员要包括熟悉财务、工程造价、工程技术、工程建设管理等内容的相关人员，同时还要包含项目建成以后的使用者。

收集资料时，重点关注如下几类：

（1）工程项目总体计划。

（2）工程项目竣工验收阶段的前提、假设和制约因素，包括该阶段范围管理计划；人力资源与沟通管理计划；资源管理需求计划；竣工验收阶段的采购与合同中有关该阶段的管理计划；各项标准及验收文件。

（3）与项目竣工验收阶段类似的案例。

通常还可以通过如下渠道来收集资料和获得经验和教训：

（1）查看工程项目档案，可以从已整理过的文件中找到该阶段的存在问题以及解决方法，或者从项目利益相关者或组织中其他人的经验中获得。

（2）阅读公开出版的资料。

（3）采访工程项目建设参与者，向曾经参与工程项目的有关方调查，征集有关资料。

2. 工程项目竣工验收风险识别技术

在工程项目竣工验收阶段，由于该阶段工作内容复杂，可以利用检查表法、德尔菲法、头脑风暴法以及 WBS 等方法。

7.2.3　工程项目竣工验收风险的类型

1. 承包商风险

对于承包方来说，风险主要体现在竣工验收条件的设定、竣工验收资料管理、债权债务处理以及利益相关者关系的协调风险等方面。

（1）竣工验收的风险。这一阶段施工方应全面回顾项目实施的全过程，以确保项目验收顺利通过。

（2）竣工验收资料管理的风险。

1）由于施工项目经理部或企业未按有关资料管理的规定做，使竣工资料不全或混乱，影响施工项目竣工验收。

2）建设单位与施工单位在签订施工承包合同时，对施工技术资料的编制责任和移交期限等事项未能作出全面、完整、明确的规定，造成竣工验收时资料不符合竣工验收规定，影响竣工验收。

3) 监理人员未能按规定及时签订认可的资料，以致在竣工验收时发生纠纷，影响竣工验收工作的顺利进行。

4) 由于市场的供求机制不健全，法规不健全，业主拖欠工程款，施工企业拖欠材料款、机械设备租赁费，资源供应方为了今后索取款项故意不按时交付有关证明文件，致使竣工验收工作不能正常进行。

(3) 债权债务处理的风险。包括：①债权处理 ②债务处理。

2. 业主方风险

对于业主方来说，该阶段的风险主要体现在：合同的履行、资料的真实性、项目实体的质量风险，以及运营阶段所面临的市场风险等。

(1) 合同风险。合同未履行，合同伙伴有争议，责任不明确，产生索赔要求。

(2) 质量风险。包括设计引起的质量风险；施工引起的质量风险；监理引起的质量风险。

(3) 保修风险。由于承包商的保修责任不落实引起的使用风险。

7.3 工程项目竣工验收阶段风险估计与评价

7.3.1 工程项目竣工验收风险估计

竣工验收风险估计是对工程项目竣工验收阶段的风险事件发生可能性的大小、可能出现的后果、可能发生的时间和影响范围的大小等的估计。

工程项目竣工验收风险估计过程的步骤如下：

(1) 收集资料。由于工程项目具有单件性和固定性等特点，在某些情况下，有价值的、可供使用的历史数据资料不一定十分完备。此时，可采用专家调查等方法获得具有经验性的主观评价资料。

(2) 建立风险模型。以取得的有关风险事件的数据资料为基础，对风险事件发生的可能性和可能的结果给出明确的量化的描述，即风险模型。

(3) 风险发生后的概率和后果的估计。通常用概率来表示风险事件发生的可能性；可能的后果则用费用损失或建设工期的拖延来表示。

(4) 综合估计。通常可以将风险事件的发生概率和可能的结果结合起来进行估计。

7.3.2 工程项目竣工验收风险评价

工程项目竣工验收风险评价就是要确定风险大小的先后次序、确定各风险事件间的内在联系以及把握该阶段各风险因素之间的相互关系。

工程项目竣工验收风险评价的步骤包括：

(1) 确定竣工验收阶段风险评价标准。通常，对于不同的主体有不同的评价标准，要考虑项目风险评价标准与项目目标之间的相关性，以及风险评价标准的层次。

(2) 确定评价时的项目风险水平。按该阶段项目目标风险的分类方法，分析实现项目整体目标的风险，综合不同目标风险，得到该阶段项目整体风险水平。

(3) 风险水平比较。单个风险水平和标准的比较，整体风险水平和标准的比较，综合性比较。

7.4 工程项目竣工验收风险应对

本节从总承包商风险的角度，讨论如何实施风险应对策略。

1. 总承包商对分包工程验收的风险应对策略

当总承包商不能及时进行分包工程验收，可能导致分包可能提出索赔，影响其他工程的进行，可能承担由此造成的损失。因此，总承包商应事先制定分包工程验收计划和具体的验收要求、验收责任人，对于要求进行验收的分包工程，总包应及时报告发包人，及时组织验收，做好各项工作的衔接。

2. 总承包商提交竣工验收报告的风险应对策略

当总承包商未按照合同约定及时提交竣工验收报告及完整的竣工验收资料时，将导致竣工结算被拖延，承担逾期竣工责任及工程的保管责任。因此，总承包商可采取以下两个方面的措施：一是需要严格按照合同约定的日期通过直接送达、快递送达、挂号信送达等方式向发包人及时提交竣工验收报告及完整的竣工验收资料，并做好签收记录，保存好签收记录和快递、挂号信凭证等资料；二是在工程施工过程中，分阶段收集整理相关资料，以保证在工程竣工后的最短时间内向发包人提交竣工报告和完整的竣工验收资料。

3. 总承包商竣工验收资料不完整的风险应对策略

当总承包商提交的竣工验收资料不完整时，会造成发包人不能正常验收，导致下列风险：一是竣工结算被拖延；二是承担逾期竣工责任；三是承担对工程的保管责任。因此，总承包商应当严格按照合同约定编制完整的竣工验收资料和竣工验收报告，并编制相应目录、装订成册，做好签收记录。办理交接手续时应明确交接资料的文件清单，并书面确认。

4. 总承包商验收未通过时进行整改的风险应对策略

当总承包收到建设单位对竣工验收提出整改意见后，未及时组织整改，导致竣工结算被拖延，并承担逾期竣工的责任。因此，总承包商可要求发包人出具书面整改清单及整改要求，组织人员及时、全面进行整改。如发包人提出的整改要求没有依据，则应积极协商、据理力争，保留好相关证据。给施工企业造成损失的，应及时按约提出索赔。

5. 业主方不组织竣工验收的风险应对策略

当业主方为拖延结算，在总承包商提交竣工报告后不组织竣工验收，可能导致施工企业被视为工期延误、结算依据缺乏、额外承担对工程的保管责任。因此，面对业主方拖延结算的情况，总承包商可采取下列措施：一是完成合同范围内的工程，不留尾项，并提供完整的竣工验收报告；二是及时有效地送达完整的竣工验收资料，并保留好送达凭证；三是发书面函件催促建设单位尽快验收，并说明其拖延验收的法定后果；四是应积极谨慎处理业主的拖延，可能会涉及施工企业的优先受偿权。

6. 总承包商未及时办理工程移交手续的风险应对策略

当工程验收通过后，总承包商未及时办理工程的移交手续，导致总承包商可能承担工程的保管责任或违约责任。因此，在工程验收通过时，总承包商应及时办理工程的移交手续，将竣工项目移交业主方，及时转移撤出施工现场，解除施工现场全部保管责任。总承包可视情况采取下列措施：一是如果按合同约定应当移交，则应遵守合同的约定；二是如因业主方不接收导致不能移交，则应发书面函件催促，或签订补充协议代保管，或及时提交索赔报告，办理索赔手续；三是如因业主方违约，总承包商为保护自身权利采取暂不移交措施，则应及时主张自己的权利，并在恰当的时候移交工程，以免承担责任。

复 习 思 考 题

1. 工程项目竣工验收风险的类型有哪些？
2. 工程项目竣工验收风险估计的步骤有哪些内容？
3. 工程项目竣工验收阶段，总承包商风险应对策略有哪些？

8 现代国际工程承包项目风险管理

8.1 国际工程承包概述

8.1.1 国际工程及国际工程承包的概念

1. 国际工程的概念

国际工程是指通过国际性公开招标投标竞争进行工程发包、并按照国际上通用的工程项目管理模式进行建设的工程。国际工程项目的咨询、设计、融资、采购、施工及培训等各个阶段的参与者可能来自于多个国家或国际组织。

国际工程包括工程咨询和工程承包两大行业。国际工程咨询行业是以高水平的智力劳动为主的服务行业，是运用多学科知识经验、现代科学技术和管理方法为主的投资决策与实施提供咨询服务以提高宏观和微观经济效益。国际工程咨询包括投资机会研究、可行性研究、项目评估、勘测、设计文件编制、工程监理、项目后评估等。

2. 国际工程承包的概念

国际工程承包是业主和承包商之间的一种经济合作关系，是通过国际的招标、投标或其他协商途径，由国际承包商以自己的资金、技术、劳务、设备、材料、管理、许可权等，为工程业主方实施项目建设或办理其他经济事务，并按事先商定的合同条件收取费用的一种国际经济合作方式。

国际工程承包包括投标、施工详图设计和部分永久性工程设计、施工、设备采购及安装调试、专业工程分包、提供劳务等。

3. 中国建筑业"走出去"战略

"走出去"战略的实施推动建筑企业充分利用国际、国内两种资源，积极开拓国际、国内两个市场，取得重大成就，表现在国际工程承包额大幅度增长，市场范围多元化，培养了一大批国际化工程管理人才。但与国外知名承包商相比，我国建筑企业也存在较大差距，例如市场占有率低、总承包项目少、融资能力不强、工程管理水平不高、国际工程管理人才不足等，这些都是要努力加以改进的方面。

随着"一带一路"倡议得到更多国家的认同，在政策沟通、设施联通、贸易畅通、资金融通、民心相通方面的主要合作，将沿线国家的经济发展需求与中国工程承包的国际竞争优势深度结合，中国建筑企业在"一带一路"沿线国家的工程建设市场规模不断扩大：首先可以逐步拓宽业务领域，培育竞争新优势；其次可以延长产业链，提升价值链；再次是带动设备材料出口，优化供应链结构。"一带一路"沿线国家对基础设施建设的需求为建筑业输出过剩产能提供新途径，开拓"一带一路"沿线工程承包市场为中国建筑业国际化人才培养提供新舞台，从而有助于推动中国建筑业的高质量发展。

8.1.2 国际工程承包市场的基本特征

（1）跨国性。国际工程承包市场的主体来源于多个国家和地区的跨国竞争，市场主体多国性，这些主体具有不同地域、文化、民族背景，市场竞争具有典型的国际化特征。

（2）综合性。国际工程承包市场活动不仅仅是单纯的施工承包，而且涉及劳动力、资金、材料设备、技术标准等众多因素在国际的转移。

（3）商业性。国际工程承包活动以获取经济利益为主要目的。

（4）高度竞争性。发达国家和发展中国家都很重视国际工程承包活动，虽然各自的出发点不同，但为了获得合同订单，都展示出各自的竞争实力。

（5）高度风险性。国际工程承包活动面临着国际市场的政治、经济、文化、自然环境、社会等多重风险的影响。

（6）强制约性。国际工程承包活动的法律约束性强，特别强调以合同为依据，履约过程的要求严格。

（7）多样性。多样性表现为所先用法律、规范、标准的多样性，即便是同一个工程项目，都可以在合同中约定，不同的专业系统可以适用不同国别或地区的法律或标准规定。

8.2 国际工程承包风险的类型

国际工程的市场环境与国内工程的市场环境相比有较大的不同，国际工程市场环境有较多的因素具有特殊性，应对和处置的措施、方法也会有差别。国际工程风险类型主要有政治风险、社会风险、自然风险、技术风险、合约风险、文化风险、其他风险。

8.2.1 政治风险

国际工程承包活动的政治风险主要表现为：

1. 政局不稳

在有些国家经常会发生政变，实行戒严，要求解散政府，重新选举。

政府更迭随之带来的影响，就是上一任政府的项目被暂停或取消，项目的前期投入以及应收工程款无法收回，承包商蒙受巨大损失，同时还要采取应急措施，做好保障员工生命和财产安全工作。

2. 政策多变

有些国家和地区经常会出台一些新的法律法规，如对劳动力的限制、各种税收的增加等。所有政策法令的变化都会影响到国外承包单位在当地的经营工作。有些国家的政府还会按照惯例，法令政策的变化不会对承包商进行补偿，因此也会对项目成本产生巨大影响。

3. 主权债务违约

主权债务是一国以自己的主权为担保向外（不管是向国际货币基金组织，向世界银行，还是向其他国家）借来的债务。当一国政府财政不能偿付其主权债务时发生的主权债务违约。主权债务危机将会拖累资本市场和建筑市场，众多工程建设项目都蒙上资金断裂的阴影。

4. 战争内乱

一个国家的政治局势，除了受到本国内部各种势力的影响之外，邻国的以及区域性的各种影响也不容忽视。因此对于进入那些政局不稳定国家的建筑市场应该慎之又慎。

5. 国有化

这是指一个主权国家依据其本国法律，将原属于外国直接投资者所有的财产的全部或部分，采取征用或类似的措施，使其转移到本国政府手中的强制性行为，这是一个跨国公司对外直接投资时面临的主要风险之一。投资项目一旦被国有化，项目投资方以及承包方都会受到项目变更、暂停或取消的影响而受到损失，应警惕外资项目被国有化的风险，这是承包商容易忽视的地方。《双边投资协定》是国家之间签订的保护海外投资者利益的双边条约，投资者和承包商在实施项目前都应该查阅一下签订国家的名单。

8.2.2　社会风险

国际工程承包活动社会风险的主要表现为：

1. 社会、恐怖活动

社会恐怖行为对地区社会安全造成极大的伤害。频繁的恐怖活动也将危及工程建设企业员工的人身安全。保障人身安全是做好国际工程承包的前提，也是国际工程承包商必须高度关注的风险之一。

2. 宗教信仰、风俗习惯

在有些国家和地区，存在比较极端的民族主义、宗教主义倾向。

在工程项目实施过程中，应当充分尊重当地人的宗教信仰和风俗习惯。项目经理应对项目成员进行深入的环境教育，以免引起不必要的误解和纠纷，尤其在一些有极端倾向的民族地区，了解当地习俗至为重要。

3. 社会风气

有些国家社会风气不好，腐败严重，各个部门、机构和关口都公开索要财物。

8.2.3　自然风险

国际工程承包活动自然风险的主要表现为：

1. 地理环境

工程项目所在地的地理位置，可能在平整的场地上，也可能在杂草丛生的荒地上，还可能在热带雨林中，或在四周环海的孤岛中。

在国外为了实施项目，可能要先伐树、先清淤、先修路、先架桥，甚至先修码头的情况也时有发生。这与国内"三通一平"的做法截然不同。

因此，在决定建设一个项目前必须先进行现场考察，如果是道路工程，现场考察就必须是沿道路全线，只有充分的考察才能尽可能避免存在的风险。

2. 气候条件

不同的国家地区气候条件有着显著差异。

例如：在俄罗斯、蒙古等国家冬季严寒，一年中大概有半年时间很难施工；在中东国家由于夏季炎热，需要在混凝土里加冰水降温；地处中非热带雨林带上的刚果（布）全年有三分之二的时间在下雨；在拉丁美洲岛国巴哈马，施工必须要有防飓风措施等。因此，不同的气候条件也要求有不同的应对措施。

3. 地质风险

地质风险是必须高度关注的风险。有的工程项目是软土地基，基层为流动的淤泥层，处理不好会造成整个项目的沉降；有的工程项目地下有溶洞或大的裂隙，而如果溶洞或裂隙又与海相邻，则降水和地基处理都会产生较大困难；有的工程项目地下岩石为六类以上岩层，这种项目最好不要采用开挖方案，费时费力。

地基处理是工程施工中对工期和成本影响较大的施工环节，许多严重拖延工期和成本超支的工程项目都是没有充分预见到地质风险。

4. 水源电源

在国内，工程项目建设不用考虑或者很少考虑水源、电源问题，而对于国际工程则必须格外关注。

一些国家使用的电压和频率与国内不同，国内的施工机械使用就必须先转换电压和频率。许多国家项目所在地不通市政水电，或者市政水电非常不稳定，经常停水停电。就必须考虑自备发电机供电。水源可采用打井取水方式，如果打井取水是咸水则需配备水车到指定地点拉水。中东地区"水比油贵"也因此而来。

8.2.4 技术风险

国际工程承包活动技术风险的主要表现为：

1. 工程标准

中国工程建设领域采用的是国标（GB），其他国家除了自己国家的规范外，有的使用美标（ASTM），有的使用英标（BS），有的是欧标（ES）。甚至有的规定同时采用上述两种以上的标准，当出现歧义的时候，按更高、更严的标准执行。因此，熟悉国际上常用的工程标准，了解上述不同规范标准之间的差异，是做国际工程承包前应认真学习的功课。

2. 技术规范

工程项目业主方一般会针对不同的项目提供专门的技术规范，技术规范中除了会引用项目所使用的规范编号外，还会对具体的施工工艺、材料要求以及验收标准等进行更加详细的规定，这些技术规范是施工现场工作的"圣经"，必须严格遵守。

3. 惯例做法

当地的惯例做法也不容忽视。例如：国内常用的换土地基处理方法，在某些非洲国家却得不到认可；国外普遍流行的空心砌块做楼板的施工方法在国内也很少见；在国外往墙上甩砂浆的抹灰方法，还是当地工人比较拿手；在国外用麻绳吊顶的法国传统工艺还在使用，而这在国内看来效率低下，简直无法理解其缘由。

4. 材料标准

在美国永久工程上使用的材料应满足美标，在英国应满足欧标。

中国的材料物美价廉，已得到全世界的认可，但材料标准却成为材料推广的一个无形障碍。事实上，我国大量建筑材料的各项指标已经能够满足美标和欧标的要求，只是缺少美标和欧标的认证证书，同时，发达国家还有包括绿色标志等众多的技术壁垒，因此中国材料进入发达国家任重道远。

8.2.5 合约风险

国际工程承包活动中，合约风险是工程承包商所直接面临的风险。有的国家和政府部门的项目会使用自己专用的合同文件，有的项目业主方则采用 FIDIC，ICE，JCT，AIA等国际标准合同文件，并做相应的改动。因此，熟悉这些合同文件，认真分析合同条款是发现、识别合约风险的唯一途径。

以下举例说明一些需重点关注的合约风险。

1. 合同价格

如果合同价格为固定总价，无论工程所在国法律变化或主要材料价格波动，合同价格在整个合同期不可调整；或者合同计价货币存在严重的汇率风险；或合同货币是当地币，且工程所在国有严格的外汇管制，这些合同条款都需要格外警惕。

如果合同货币不是自由流通货币，则必须平衡好当地币和外汇的使用。当地币可用于支付当地的一切花销，而外汇是用于项目所在国之外的材料设备采购以及中国劳动力工资的支付等。

2. 履约担保

如果合同规定提供现金担保或银行履约保函超过 10％；或履约保函没有明确的失效日期；或保函中有可转让条款，风险都比较大。

在国际工程承包中，绝大多数业主都会要求承包商提供一份无条件"见索即付"的履约保函，亦即无论是否有承包商违约的证据，业主都可以一纸通知银行没收承包商的保函。

除非承包商可以在有限的时间内及时证明业主的行为不合理，通过保函管辖地的法院发出"止付令"，作为一种临时的保护措施，将保函先行冻结，然后在承包商和业主的纠纷解决后再处理。

由于业主从发出没收保函的通知到银行付款时间都非常短，而且拿到法院的止付令又是非常困难的事情，加之保函是一个独立的合约文件，因此对于保函的保护上，只要保函开出，就很难止付。

如果遇到极端的被恶意没收保函的情况，只有随后通过争端解决办法来处理，而这些争端解决办法往往耗时耗力，后果往往也不得而知。所以对于保函条款一定要慎之又慎。

3. 付款条件

有的项目业主付款条件较差，承包商需要直接或间接融资，或垫付流动资金。遇到这种情况必须慎重对待，除了考虑自身企业的资金实力外，还要认真评估业主资信，业主是否提供付款担保，承包商是否能按时收回工程款。

4. 合同工期

工期是合同中关键性的条款，在工期承诺前也必须认真评估。

如果合同中规定了项目的关门日期，承包商没有任何理由申请延期的；或合同对承包商的误期罚款没有上限的；或如果由于工期拖延承包商需赔偿业主间接损失的；或业主有权利无限期延长缺陷责任期的等。这些关于工期的条款都必须提请注意。

5. 业主权益

业主的权益一般也会构成承包商的责任，因此也必须重点关注。

如果合同中有：业主可以单方面终止合同且不对承包商赔偿的；或者业主可不经承包商同意而转让合同的；或业主不对提供给承包商的各项数据、资料负责，而由承包商负责的；或要求承包商对现场不可预见的物质条件承担全部责任的等。这些条款也都属于风险比较大的条款。

6. 不可抗力

中国法律明确规定了不可抗力的定义。《中华人民共和国民法典》（后简称《民法典》）第一百八十条规定："不可抗力是指不能预见、不能避免并不能克服的客观情况"。包括自然灾害，如台风、地震、洪水、冰雹等；也包括政府行为，如征收、征用等；以及社会异常事件，如罢工、骚乱等。《建设工程施工合同（示范文本）》（GF—2017—0201）中规定了因不可抗力不能履行合同的，根据不可抗力的影响，部分或全部免除责任，但法律另有规定的除外。在国内，人们往往不太关注合同中不可抗力的条款。

英国法律对不可抗力没有明确的定义。因此，就需要认真阅读合同文件中不可抗力的条款，详细列举可能发生的不可抗力的事件，以免发生后产生争议。

以上只列举了一些需要重点关注的合同风险，但事实上合同文件的每一条都可能蕴含着或大或小的风险，因此合同文件必须字斟句酌，反复阅读，认真分析。

8.2.6　文化风险

由于文化风险而导致项目失败的案例开始逐渐增多，因此，文化风险现在日益得到管理层的重视。

文化风险主要是指不同文化背景和文化环境下的人群，存在不同的思维方式和行为方式，这样两种不同观念和思维方式的差异，会产生企业间或项目经理部工作人员之间的文化冲突，从而引发矛盾和双方的不信任，最终导致项目的失败。

中国人、美国人、英国人等对项目管理的理解和要求都是不一样的，甚至对工作程序、组织架构、以及文件报批等问题的要求也是不一样的。

因此，各方在共同工作的时候必须实现互相适应，如果大家都觉得自己做的是对的，对方的是错的，或者是无理苛刻的要求，会逐渐产生抵触情绪，而不是一种互相理解互相配合的工作，最终只能导致项目的失败。

作为承包商，在工作习惯上应努力去适应业主方或咨询公司。

8.2.7　其他风险

除了上述客观存在的风险之外，人为带来的风险也必须有应对措施。

业主的诚信度，这是实现成功合作的前提。业主以往的工程情况以及和承包商的合作历史等都可以参考。

咨询公司也是关键的一方，他们是否公正，是否容易合作以及能否听取合理化建议，能否随机应变，还是古板刻薄，毫不变通，他们是否只关心工作程序和报批文件，而从不考虑是否会延误项目工期和进度。

承包商与项目参与方之间建立良好的合作关系，协调好各方的利益，权衡好得失利弊，是避免这些人为风险的有效手段。

8.3　国际工程承包风险的应对措施

8.3.1　加强调查研究

对于拟承包建设的国际工程，无论是处于决策阶段还是在实施过程中，都必须进行各方面的调查研究。只有在对各方面的情况都进行深入彻底的了解后，才能对风险的发生进行预测，才能制定相应的措施进行风险防范。

调查研究的内容包括工程项目所在地的政治稳定性，经济发展形势，项目资金来源的可靠性，业主方的资信状况，材料设备的供应情况，交通运输情况，物价的稳定性，地质条件等自然环境；关税、金融、保险、贸易等情况；当地的风土人情及宗教信仰，人力资源状况，相关的法律、法规。要对工程项目所使用的技术规范、习惯施工做法进行深入了解和分析，要掌握工程所在地的地质、气候等自然条件，掌握自然灾害发生的历史记录等。

调查研究可以到现场进行实地考察，对项目资信可以通过银行等中介机构或以往的合作方进行。

8.3.2　充分利用合同条款

要认真分析合同条款对双方责、权、利的界定，对合同条款有逐字分析。对可能导致风险发生的环节，在合同谈判时，应以明确确认。对不清楚或概念模糊的条款必须澄清，要澄清工作范围、工作责任、技术条款、质量要求、工期要求、增量计算方式、计价方式、付款方式、调价方式、结算币种及方式等的约定。如果还有后续问题，可通过修改、补充合同中的有关规定或条款解决。要力争增设保值条款、风险合同条款，增加限制业主的条款，尽量采用国际通用的 FIDIC 合同条款形式。要特别注意结算方式和结算币种，力争选择硬通货币，即汇率稳定或趋于上浮的币种，必要时参加汇率保险，以避免因汇率下跌而受到损失。

合同是保护自身利益的重要工具，在国际工程承包活动中，由于存在许多不利因素，必须学会利用合同保护自己，减少风险发生量可能对自己造成的损失，这也是一个有经验的承包商必须具备的基本能力。

复 习 思 考 题

1. 国际工程承包市场的基本特征有哪些内容？
2. 国际工程承包风险的类型有哪些内容？
3. 国际工程承包风险的应对措施有哪些内容？

9 现代工程总承包项目风险管理

9.1 工程总承包项目概述

9.1.1 工程总承包的概念

工程总承包是一种先进的工程组织实施方式。国内外众多的专家学者对此进行了较多的研究和探讨。胡德银（2003）将工程总承包定义为：业主把工程项目的设计、采购、施工、试运行任务，采用固定总价或开口价的方式，全部承包给一家有工程总承包能力的总承包商，由总承包商负责对工程项目进行进度、费用、质量、安全管理和控制，并按合同约定完成工程。陈新华，陈瑾颖（2003）等进一步指出，工程总承包是指从事工程总承包的企业受业主委托，按照合同约定对工程项目的勘察、设计、采购、施工、试运行、竣工验收等实行全过程和若干阶段的承包。从事工程总承包的企业按照合同约定对工程项目的质量、工期、造价等向业主负责，可依法将所承包工程中的部分工程发包给具有相应资质的分包企业，分包企业按照分包合同的约定对总承包企业负责。工程总承包的具体方式、工作内容和责任等，由业主与从事工程总承包的企业在合同中约定。

2017 年，国家出台《建设项目工程总承包管理规范》GB/T 50358—2017 给工程总承包的定义是：工程总承包企业受业主委托，按照合同约定对工程建设项目的设计、采购、施工、试运行（竣工验收）等实行全过程或若干阶段的承包。在其他相关的研究文献中，对工程总承包的概念定义没有太大的分歧。熊华平（2015）认为我国工程总承包不应仅仅局限在设计和施工阶段，可以拓展到建设项目的建设全过程，甚至可以拓展到建筑产品的全生命周期。

近年来，以范成伟，明杏芬（2017）等为代表的学者提出，工程总承包是指项目业主为实现项目目标而采取的一种承发包方式。即从事工程项目建设的单位受业主委托，按照合同约定对从决策、设计到试运行的建设项目发展周期实行全过程或若干阶段的承包。并且强调，只有所承包的任务中同时包含发展周期中的两项或两项以上，才能被称之为工程总承包。

2019 年 12 月 23 日，由住房和城乡建设部、国家发展改革委联合印发的《房屋建筑和市政基础设施项目工程总承包管理办法》（自 2020 年 3 月 1 日起施行），指出工程总承包是指承包单位按照与建设单位签订的合同，对工程设计、采购、施工或者设计、施工等阶段实行总承包，并对工程的质量、安全、工期和造价等全面负责的工程建设组织实施方式。

从上述专家们的观点可以看出，对工程总承包概念的定义大体上是相近似的，没有原则性的分歧。

9.1.2　工程总承包的发展历程

工程总承包最早可以追溯到 19 世纪，在 19 世纪第一次工业革命发生以前，当时建筑特点是：建造形式单一、施工技术简单，因此，项目的承包方式基本都是由工匠承担所有的设计和施工，属于简单意义上的工程总承包。

第一次工业革命后，随着技术的不断发展，业主对建筑的功能和结构的要求越来越多样化和复杂化，使得施工也越来越复杂，加上受泰勒的专业化分工的影响，整个社会分工向专业化发展，项目承包也不例外。1870 年在伦敦出现第一个"设计－招标－施工"的分阶段平行承包模式（DBB）项目，这种模式的优点是符合当时的社会生产力发展水平和专业化分工的要求，业主招标和选择承包商的标准更加容易确定，使得这种模式在世界范围内非常受欢迎，直到现在，我国和世界上很多国家还以这种承包模式为主导。

在 20 世纪 60～70 年代，随着科学技术的加速进步和经济的快速发展，项目的复杂性进一步增强，特别是在较为复杂的大型工业和民用项目设计中，设计与施工相分离的模式暴露出许多难以解决的缺点。因此，这段时间出现了施工管理模式（CM 模式），这种模式在一定程度上解决了设计和施工衔接和协调问题，但这种方式并没有从本质上改变设计与施工相分离的状态，设计单位和各分包单位承包合同仍然与业主签订，设备、材料等的招标中业主仍然要比较深程度地介入，只不过把沟通与协调的矛盾和责任由业主转向管理经验丰富的 CM。

20 世纪 70～80 年代，管理界，特别是制造业领域提出了很多新的管理思想和观念，如供应链理论、价值工程、并行工程、精益生产、敏捷制造（AM）、柔性生产（FM）、虚拟制造（VM）、计算机集成制造（CIMS）等，在一定程度上为工程总承包的发展提供了可以借鉴的丰富经验和理论工具。

20 世纪 80 年代以后，由于计算机的普遍应用带来的信息技术高速发展，软件工程理论的发展和在项目管理领域的应用，使项目信息管理体系建设逐步成熟和完善，使设计与施工一体化之间高速的信息交流和共享成为现实，工程总承包模式得到进一步的巩固和发展，DB、EPC 等总承包模式逐渐发展成熟，得到国际市场的广泛青睐。

在 20 世纪 80 年代初，我国开始探讨工程总承包问题。1987 年在"学习鲁布革经验、推广项目法施工"的管理体制改革浪潮冲击下，我国首次提出：逐步建立以智力密集型工程总承包公司为龙头，以专业施工队伍为依托，全民与集体、总包与分包、前方与后方分工协作，互为补充的建筑企业组织结构。

20 世纪 90 年代初，建设行政主管部门又进一步提出：建立规范、合理的综合总包，专业承包，劳务分包的工程建设总分包管理体系，推动一批大型骨干企业的改革与发展，使其成为资金密集、管理密集、技术密集，具备设计、施工一体化；投资、建设一体化；国内、国际一体化的龙头企业，成为带动建筑业生产水平迅速提高和开拓国际承包市场的主导力量。

进入到 21 世纪以后，国家和地方相继推出推动工程总承包发展的政策文件，积极鼓励各地工程总承包试点工程，有针对性地推动工程总承包全国范围内的全面发展，国内的工程总承包市场日趋完善，大、中型企业积极进行总承包模式的探索，国内的工程总承包已经进入了高速发展阶段。

9.2 工程总承包模式与传统模式比较

9.2.1 传统的工程承包方式

传统的工程承包方式，又称为 DBB 模式（Design Bid Build），即业主在完成项目立项、资金落实以后，组织专家评审招标投标；自身成立项目管理指挥部，分别与设计单位签订设计合同，与监理公司签订工程监理合同，与工程承包商签订施工承包合同，承包商在工程监理的组织和管理下按设计图纸的要求进行施工，项目指挥部直接参与项目的实施管理，协调设计、施工、监理关系（图 9-1）。

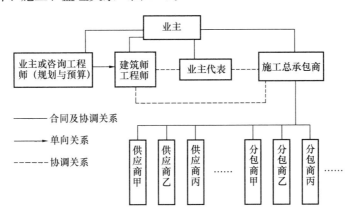

图 9-1　DBB 模式示意图

DBB 模式的优点在于参与项目的三方即业主、设计机构（建筑师/工程师）、承包商在各自合同的约定下，各自行使自己的权利和履行着义务，三方的权、责、利分配明确。由于受利益驱动，业主更愿意寻找信得过、技术过硬的咨询设计机构；可自由选择咨询设计人员，对设计要求可进行控制；可自由选择监理人员监理工程。

DBB 模式的缺点在于这种模式按照线性顺序进行设计、招标、施工的管理，建设周期长，投资成本容易失控，业主单位管理的成本相对较高，建筑师/工程师与承包商之间协调比较困难。由于建造商无法参与设计工作，设计的"可施工性"差，设计变更频繁，导致设计与施工的协调困难，可能发生争端，使业主利益受损。另外，项目周期长，业主管理费较高，前期投入较高；变更时容易引起较多的索赔。

9.2.2 工程总承包管理模式的主要类型

1. EPC 模式（Engineering-Procurement-Construction）

即设计—采购—建造模式，又被业内称为设计、采购施工总承包，组织形式如图 9-2 所示；项目投资人与 EPC 承包商签订 EPC 合同，EPC 承包商负责从项目的设计、采购到施工进行全面的严格管理，在总价固定（Lump-Sum Price）的前提下，投资人基本不参与项目的管理过程，业主重点只在竣工验收、成品交付使用，EPC 承包商承担项目建设的大部分风险。

在 FIDIC 合同中，有一个 EPC 的升级版本，即交钥匙工程（Turnkey），也被业内称为 EPC-Turnkey 或 TKM 模式。该模式对比一般 EPC 模式，要求承包商承担的责任范围

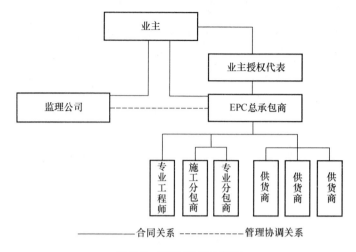

图 9-2 EPC 模式示意图

更大，工期要求更严格，合同总价更固定，承包商承担的风险也会更多，合同价格也会相对较高。

EPC 模式的主要特点：

（1）业主整体控制：业主可以自行组建管理机构，也可以委托专业的项目管理公司代表业主对工程进行整体的、原则的目标管理和控制；

（2）总承包商统一实施：业主把工程的设计、采购、施工和开车服务工作全部委托给工程总承包商负责组织实施；

（3）风险责任突出：业主把管理风险转移给总承包商，工程总承包商在经济和工期方面要承担更多的责任和风险，同时承包商也拥有更多获利的机会；

（4）高效率：业主只与工程总承包商签订工程总承包合同。设计、采购、施工的组织实施由承包商统一策划、统一组织、统一指挥、统一协调和全过程控制。

2. DB 模式（Design-Build）

即设计—建造模式，该模式是近年来在国际工程中常用的工程总承包模式，如图 9-3 所示。其做法是在项目的初始阶段，业主邀请一位或者几位有资格的承包商（或管理咨询公司），根据业主的要求或者是设计大纲，由承包商或会同自己委托的设计咨询公司提出

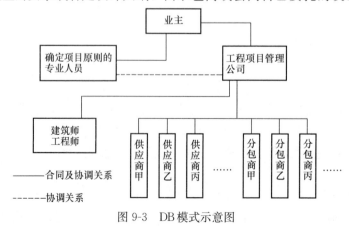

图 9-3 DB 模式示意图

初步设计和成本概算。业主和 DB 承包商密切合作，完成项目的规划、设计、成本控制、进度安排等工作，甚至负责土地购买、项目融资和设备采购安装。这种方式的基本特点是在项目实施过程中保持单一的合同责任，不涉及监理，大部分实际施工工作要以竞争性招标方式分包出去。

DB 模式的主要特点：

（1）具有高效率性：承包商进行设计管理和协调，使得设计既符合业主的意图，又有利于施工和节约成本，使得设计更加合理和实用，避免了两者之间的矛盾；

（2）责任的单一性：从总体来说，建设项目的合同关系是业主和承包商之间的关系，业主的责任是按合约规定的方式付款，总承包商的责任是按时提供业主所要的产品。承包商对于项目建设的全过程负有全部的责任，这种责任的单一性避免了工程建设中各方相互矛盾和扯皮，也促使承包商不断提高自己的管理水平，通过科学管理创造效益；

（3）对业主的管理能力要求较高。

9.3　工程总承包项目风险的类型

9.3.1　工程总承包项目风险管理的特点

（1）风险因素多。工程总承包项目从确定发包模式到验收时间长，短则数月长则数年；参与角色多，一个项目在全面实施过程中，去除设计和采购，还包含几十个专业和劳务分包；且项目规模比较大、管理难度大；因此，工程总承包项目中存在着大量的风险。

（2）风险类型多样性。工程总承包项目风险管理的客体随工程总承包方式的不同而不同。如交钥匙总承包必须面对设计、采购、施工安装和试运行服务全过程的风险，而设计—施工总承包面对的只是设计和施工阶段的风险。

（3）风险复杂性。工程总承包项目风险管理所要处理的风险问题比设计或施工等单项承包复杂得多，风险量大得多。因此，工程总承包项目风险管理的难度必然更大。相应的，其所取得的效益也更显著。

（4）风险管理社会性。总承包项目风险管理所涉及的社会成员（利益相关者）多，相关关系十分复杂。国际工程项目风险管理的社会性特征更加明显。

（5）风险管理全局性。从事工程总承包项目风险管理是承包商从全过程（全局）的观点出发进行全局性的综合管理，而不是把各阶段或各个过程分割开来进行的项目风险管理。

（6）责任单一性。责任单一性表现为工程总承包企业负总责。与传统建造模式不同，工程总承包单位需要全面掌握项目勘察、设计、采购、施工等各个环节的风险。在最新版的《房屋建筑和市政基础设施项目工程总承包管理办法》第二十三条、第二十七条中，分别对工程总承包单位安全风险、分包风险的责任分担做出了明确规定，分包不免除工程总承包单位的安全责任及违法责任。

（7）风险分配的法定性。在以往工程总承包的投标报价和合同签订中，建设单位通常凭借发包优势地位进行风险转移，承包商承担了更大的风险，容易造成责权利不对待。因此，建设单位和工程总承包单位的风险分配对 EPC 合同履约至关重要。最新版的《房屋建筑和市政基础设施项目工程总承包管理办法》中，对建设单位和工程总承包风险分担做出如下规定：

第十五条 建设单位和工程总承包单位应当加强风险管理，合理分担风险。建设单位承担的风险主要包括：

1）主要工程材料、设备、人工价格与招标时基期价相比，波动幅度超过合同约定幅度的部分；

2）因国家法律法规政策变化引起的合同价格的变化；

3）不可预见的地质条件造成的工程费用和工期的变化；

4）因建设单位原因产生的工程费用和工期的变化；

5）不可抗力造成的工程费用和工期的变化。具体风险分担内容由双方在合同中约定。鼓励建设单位和工程总承包单位运用保险手段增强防范风险能力。

在第五款明确了具体的风险分担内容由建设单位与工程总承包单位在合同中进行约定，也即双方可以对风险承担问题进行自主约定，并以约定为准。合同签订前，要明确关于风险的责任划分及承担问题，尽量不承担额外风险。

我国目前进行工程总承包项目风险管理的条件和环境尚不理想，经验相当贫乏，与国际承包商差距很大，容易因此而引发大的风险。根据我国的国情和工程项目的实际情况须进行扎扎实实的研究和创新。

9.3.2 工程总承包项目风险的类型

工程总承包项目覆盖了工程项目实施的全过程，即设计、采购、施工，直至安装调试到竣工移交。项目的工作内容多，范围广，周期长，涉及的风险因素多，而风险在不同的阶段发生对项目的影响也不同，小的风险对项目不会有什么影响，但大的风险可能影响项目的成败。

在项目的整个过程中，只要掌握风险发生的因果关系，完全可以去管理风险。项目的风险管理就是对风险识别后将风险量化，研究风险对策，最后实施对策对风险进行控制的过程，风险管理的目的是将风险中的积极因素所产生的影响最大化和使消极因素产生的影响最小化。

根据工程总承包项目的各阶段特性，可以识别出项目在设计阶段、采购阶段和施工阶段以及整个项目管理过程中所存在的风险。

1. 设计过程中的风险

设计是项目管理全过程中的重要环节，工程总承包项目中设计是龙头，设计对采购和施工有着直接且重要的影响，设计风险直接影响工程总承包项目的成败。所以在设计过程中不仅仅只考虑满足质量以及性能要求，还要使设计能与采购、施工之间有合理的衔接。

工程总承包项目中设计阶段的风险有：

（1）设计质量不满足要求；

（2）业主变更的风险；

（3）设计延迟；

（4）设计与其他相关业务的接口衔接不好；

（5）设计团队内部问题（配合不好、管理混乱等）等风险。

2. 采购过程中的风险

采购的质量和进度对项目的质量和工期有直接的影响，同时采购的费用占整个项目投资的比例很大，所以采购工作如何顺利进行对整个项目的工期、质量以及投资起到非常重要的作用。

采购过程中存在的风险主要有：

（1）采购的材料质量不达标；

（2）采购过程中的运输风险；

（3）业主的变更风险；

（4）与规范和标准有差异；

（5）采购过程中的经济风险（税率变化、利率变化、通货膨胀等）；

（6）管理不到位等风险。

3. 施工过程中的风险

工程总承包项目的施工过程是非常重要的阶段，施工过程中的进度、质量、安全等方面的风险需要严格把控，以便能保证项目顺利准时地完成目标任务。

施工过程的相关风险主要有：

（1）施工技术难度；

（2）系统调试难度；

（3）施工阶段的管理水平；

（4）项目团队的协作能力；

（5）外在因素（政治因素、自然环境因素等）；

（6）技术水平缺陷；

（7）材料问题（质量缺陷、材料不匹配、材料到货延迟等）等风险。

4. 项目管理能力的风险

工程总承包项目对管理的要求很高，目前对于一些设计单位转型的总承包而言，在施工和采购方面的能力相对比较弱；对于施工单位转型的总承包而言，在设计和采购方面的能力就比较欠缺。

要顺利成功地完成工程总承包项目，必须要对设计、采购、施工的各个环节都有相当的了解和经验，所以对项目成员的要求比较高。相关的风险有：

（1）个人能力；

（2）适应性和稳定性；

（3）团队意识；

（4）沟通能力；

（5）职业经验等风险。

项目管理能力风险存在于项目的整个过程，也是整个项目能否顺利进行的关键。工程总承包企业在此方面一定要倍加重视。

9.3.3 EPC 模式工程承包商的特有风险因素

在工程项目实施过程中，采用 EPC 总承包模式的主要风险因素有：

（1）进入新市场决定风险。不同国家和地区的政治、经济、自然环境、市场行情、外汇和税收政策及法律规定以及招标的业主、资金来源在很大程度上直接影响到总承包项目的实施，而且对标价的高低有相当大的影响。

（2）投标报价失误的风险。由于总承包商在投标前对工程所在地的市场行情以及工程现场条件的了解有限，业主所提供的资料粗略，设计与施工方案不确定，实际工程量可能与预估有较大差异，设备、材料、劳动力费用上涨超出估计，施工中发生工程变更或出现不可预见的情况等不确定因素的存在，总包报价容易出现失误。

（3）项目早期管理风险。对总承包而言，项目早期管理指工程规划、初步设计阶段的管理。在这一阶段，总承包商要根据业主所提供的设计要求进行规划、初步设计。这一阶段所花费的资金只占总承包项目合同价的一小部分，但决定了项目合同价绝大部分的花费。规划、初步设计阶段的管理工作至关重要，但常常容易被忽视。

（4）选择分包商的风险。由于 EPC 项目规模大，涉及的技术专业多，一般由一家公司总承包或采取联合体方式总承包后，再进行分包。因此，各分包商的履约情况对于项目目标的实现具有非常重要的影响。

（5）在实施过程中的项目管理风险。在实施过程中，经常由于各分包商只考虑自身利益，而造成工作分散、全过程费用大，对于项目管理要求能力更高。EPC 总承包模式流程复杂，事件之间交错影响。很多事件（谈判、政府批准手续、国际采购等）所需要时间不能确定，特别在采购过程中设备图纸、重要设备的技术规范可能影响到其他的设备供应，供应商之间需要进行沟通交流信息，加大了采购时间的不确定性，更加容易造成费用增加和工期拖延。在时间方面，为压缩工期各实施阶段经常相互交叠，加大了沟通和信息传递的难度。

（6）合同责任不清的风险。EPC 总承包商要对整个工程的完整性、稳定性、安全性、可靠性及有效性承担全部责任。在工程设计、施工、设备采购等业务中，完成前期项目开发、融资、征地、支付总承包商的工程款均是业主的责任。项目前期研究的深度、征地情况、融资的可靠性及工程款的支付均影响总承包项目的设计、施工、设备采购以及总承包商的结算收入。在总承包合同中如果此类属于业主的责任义务不清，将给总承包商带来工程实施、验收及结算收入等风险。

9.4　工程总承包项目风险的应对措施

9.4.1　工程总承包项目风险管理的应对策略

近年来，全球工程总承包业务市场规模巨大且发展势头稳健，以工程设计、采购和施工核心的总体服务方案需求不断涌现。中国是这一市场体量最大、增速最快的区域。受"一带一路"倡议、城镇化进程和中西部基建生产制造产业持续发展的驱动，EPC 工程市场逐步出现了竞争主体日趋多元化、承包商业务及价值链延伸、国际工程市场格局重塑及兼并收购蓬勃发展的趋势，未来 EPC 工程市场机遇与危险将并存。因此，对于初步实践工程总承包的企业来说，如何管控工程总承包风险、规避重大经济损失已成为建筑企业变革转型与创新发展的必经之路。

（1）在设计阶段，认真、细致地设计。在设计过程中，严防设计错误和缺陷的发生。同时做好设计计划，分解设计过程中需满足的外在条件，提前做好设计前的准备工作。

对业主要求不明确或可能引起争执的地方，应进行书面澄清；同时理解业主意图，避免发生不满足合同要求而反复修改的情况。

（2）在采购阶段，在设备采购招标评审过程中，先评技术标，对技术标合格的制造商评选商务标；在技术合格、商务条件满足要求的情况下，根据最终评议确定中标厂家，同时对采购的周期进行严格监控管理。在厂家制造过程中，定期让厂家提供相关质量报检证明。

（3）在施工阶段，做好开工准备，提前派人确定好物资的供应来源；确定进场路线及进场路线的维护方案；建立良好的通信系统以及各种物资设备的进出手续等，确保工程按时开工。同时加强施工成本、质量、进度的控制。

（4）加强对分包商的管理，贯彻综合、系统、全方位原则和经济、合理、先进性原则，包括管理流程设计、确定组织结构、管理制度和标准制定、人员选配、岗位职责分工，落实风险管理的责任等。还应提倡推广使用风险管理信息系统等现代管理手段和方法。

9.4.2 EPC 模式工程承包商风险的应对措施

（1）注重市场调查和现场考察。市场调查除了要了解工程所在地的政治、经济、社会风俗、自然环境，以及出入境、进出口、外汇、税收等政策和法律规定外，还应充分了解劳动力、材料、设备的市场价格及其变化规律，分析市场的潜力和前景。现场考察应与业主所提供的有关工程资料及设计要求结合起来分析，以便预先发现设计施工中可能出现的不利情况，采取相应的措施并反映在报价中。

（2）重视投标决策与编制报价。加强对招标文件分析、投标文件编制等风险管理。充分考虑项目前期资料不确切、不可预见情况、工程变更、物价上涨、新技术新设备的采用、工期过短等风险因素，分析合同条件中的责权利条款及风险分担条款，充分理解总承包的工作范围，审核业主对承包商的设计要求、施工要求，以及任务量与工期的吻合性，提出合理报价。

（3）选择联合体合作伙伴和分包商时规避风险。联合体合作伙伴应能共担风险。在调查联合体合作伙伴信誉、经验、优势、资金与实力时要分析其不足之处，合作伙伴与自己应有良好的互补性。总承包商应严格分析计划，对关键性的工作应自己施工，不宜分包。为防止拖延工期，影响质量，还应注意分包比例不可过大。

（4）综合考虑措施努力降低成本。在投标阶段总承包编制技术标，一定要为实施阶段的设计、施工和设备采购留有余地。设计阶段应该用价值工程优化设计，在满足业主要求工程功能的前提下，革新挖掘，合理降低成本，使功能和成本达到科学配置。选择可靠、信誉好的供应商，简化、缩短采购过程，有利于控制工期。同时，做好供应商之间的协调工作，设备最好直接从供应商处运到施工现场。在施工中应尽可能减少设计变更，减少工程变更费用。合理组织施工，加强成本、质量、进度控制。将项目的设计、采购、安装有机地结合在一起，以确保总承包商的实施效益。

（5）建立和完善工程总承包的组织机构、人员结构、管理体系，加强对设计、采购、施工的总集成、总协调、总管控。尽快实现"按图施工"向"按约施工"风险管理的转变。不断总结工程总承包项目实施经验，形成工程总承包项目的风险识别和防范指引，提升工程总承包的风险防范能力。

（6）防范 EPC 合同的风险。熟悉工程总承包合同示范文本，并完善工程总承包合同、设计分包、施工分包、材料采购、试运行的相应企业合同标准文件。规范工程总承包合同的索赔风险管理。加强对工程总承包商的独立保函担保风险的识别及防范。严格控制指定分包的风险。应对合同结算、税收、政府审计的风险。禁止工程总承包项目的转包、违法分包，保证经营行为合法和促进工程总承包模式的健康持续发展。

9.4.3 EPC工程总承包风险分级管理模式创新

EPC工程总承包受时间跨度大、参与角色多、涉及范围广、管理难度大等因素的影响，工程总承包风险因素多且发生的概率大。因此，建筑企业应构建高效的工程总承包项目风险管理体系，从风险管理组织、风险分级及管理机制方面创新风险管理模式。

1. 建立EPC工程总承包风险分级管理组织

EPC工程总承包风险种类繁多、大小不一、影响程度不同，因此需要不同的管理组织去管理EPC风险。EPC工程总承包风险管理组织可以分为公司层和项目层。公司层主要应对多项目风险管理，对重点风险进行监控和审核。项目层主要应对单个项目的风险管理，是单项目风险管理的实施主体（表9-1）。

EPC工程总承包分级管理及责任主体　　　　　　　　　　表9-1

层级	责任主体
公司层多项目风险管理	公司级领导/风险管理委员会
	项目管理办公室（PMO）
	相关职能管理部门
项目层单项目风险管理	项目经理
	相关岗位（市场、技术、采购、设计、施工、试运行）负责人

各类建筑业企业对EPC工程项目的管控模式不同，因此对EPC工程项目风险管理职责划分有所差异，主要差异点为：风险管理计划的编制主体、相关业务部门的参与程度等。各相关业务部门因其专业性，能对EPC项目进行深入的风险分析，各相关业务部门应深度参与风险识别、评估及监控过程。

2. 合理划分EPC风险等级

（1）风险等级划分的依据

为了对项目风险进行有效地评估，通常需要对其进行风险等级划分，不同的评估方法，相应的风险等级划分方法也不相同。

目前，大部分建筑企业将风险等级划分为5级，其依据为风险矩阵。风险矩阵法（Risk Matrix）是一种能够把危险发生的可能性和伤害的严重程度综合评估风险大小的定性的风险评估分析方法。它是一种风险可视化的工具，主要用于风险评估领域。风险矩阵法常用一个二维的表格对风险进行半定性的分析，其优点是操作简便快捷，因此得到较为广泛地应用。

（2）风险级别判断的维度和标准

风险矩阵中，风险＝可能性×严重性。在可能性与严重性的定论过程中存在很强的经验主义和主观性，因此风险矩阵算是一个伪定量分析的过程。各企业根据企业业务风险特点、企业对风险的接受能力不同，通过风险矩阵划分的风险等级级别中的判断维度和标准不尽相同。

对于EPC项目，一般以进度、成本、质量、技术、安全、环境等为判断维度（表9-2～表9-5）。

风险发生概率的取值表　　　　　　　　　　　　　表 9-2

发生的可能性	可能发生的概率	取值和排序
极高	极可能发生，一个项目可能发生 1 次以上	5
高	经常发生，10 个项目发生 1 次	4
中等	有时发生，100 个项目发生 1 次	3
低	很少发生，1000 个项目发生 1 次	2
极低	几乎不可能发生，10000 个项目发生 1 次	1

风险影响严重程度分值表　　　　　　　　　　　　　表 9-3

影响	技术指标	进度	成本	质量	安全	环境	取值
危害的（极高）	超标不能设计施工	进度拖延大于 20%	成本增加大于 20%	质量降低造成全面影响	死亡事故	可能被查处并停产整顿	5
危险的（高）	超标不被工程接收	进度拖延 10%～20%	成本增加 10%～20%	质量降低造成多数影响	致严重伤残	可能被查处并整改罚款	4
重大的（中）	主要部分受到影响	进度拖延 5%～10%	成本增加 5%～10%	质量降低造成部分影响	致轻微伤残	可能被查处并警告	3
较大的（低）	次要部分受到影响	进度拖延小于 5%	成本增加小于 5%	质量降低对关键工作影响	受伤	可能被关注	2
可忽略的（极低）	减少几乎觉察不到	进度拖延不明显	成本增加不明显	质量降低几乎觉察不到	影响很小	影响很小	1

风险值表（PI 矩阵）　　　　　　　　　　　　　表 9-4

概率	风险值＝概率（P）× 影响（I）				
5	5	10	15	20	25
4	4	8	12	16	20
3	3	6	9	12	15
2	2	4	6	8	10
1	1	2	3	4	5
影响	1	2	3	4	5
	对项目目标的影响				

注：每一风险值是根据其发生的概率和将会产生的影响计算的。

风险等级 R 判定准则及应对措施　　　　　　　　　　　　　表 9-5

风险等级	风险值	应对措施
特大风险	20～25	在采取措施前，暂停作业，对措施进行评估
重大风险	12～16	采取措施降低风险，建立控制秩序，定期检查
中等风险	8～10	确定目标，建立作业规程，加强培训及作业交底
一般风险	4～6	建立作业规程和作业指导书，定期检查
可接受风险	<4	暂不采取措施

注：风险值来源于表 9-4。

3. 建立 EPC 项目风险分级管理机制

EPC 项目执行过程中，风险发生的概率较大。如果风险主管部门对于风险等级无法作出判断或对风险无法处理，则可以直接上升到上级项目风险管理组织进行风险等级判断和风险管控。以 5 级风险管控为例表示不同等级风险发生后的分级管控措施（表 9-6）。

（1）可接受风险事件发生后，项目风险管理责任部门可直接处理并汇报给风险管理小组备案。

（2）一般风险事件发生后，风险管理责任部门应立即向风险管理小组报告，并组织采取相应的应对措施对风险事件进行防控。风险管理小组通过专题会的形式对潜在风险项目进行识别与评估，并按照风险管理清单制定的流程对风险管理清单进行更新。

（3）中等风险事件发生后，风险管理责任部门应立即组织采取相应的应对措施对风险事件进行防控，并向风险管理小组报告，经风险管理小组审核后报风险领导小组审批，然后采取应对措施。

（4）发生重大及以上风险事件时，项目风险事件发生单位应当立即将风险上报给项目风险管理小组讨论风险应对措施。项目风险管理小组在规定时间内向公司风险领导小组和集团 EPC 事业部报告，并拟订专项调查报告及风险解决方案。方案经集团 EPC 事业部批准后，由相关风险管理责任部门立即组织实施风险应对措施。情况紧急的，经公司风险领导小组组长批准后立即组织采取相应的应对措施。

不同级别项目风险处理流程　　　　　　　　　　　表 9-6

风险等级	项目部各责任部门	项目部风险管理小组	公司风险管理领导小组	集团公司EPC 事业部
特大风险	上报	确定应对措施并上报	审核并上报	审批并安排处理
重大风险	上报	确定应对措施并上报	审核并上报	审批
中等风险	确定应对措施并上报	审核	审批	
一般风险	直接处理并汇报	审批		
可接受风险	直接处理并汇报	备案		

随着工程项目不断向着大型化和复杂化发展，EPC 项目还会出现新的问题与风险，需要工程承包企业充分认知风险管理的重要性，掌握风险管理的方法和技巧，以推动工程承包向着高效率、高效益发展。

复习思考题

1. 工程总承包管理模式的主要类型有哪些？
2. 工程总承包项目风险的类型有哪些？
3. EPC 模式工程承包商风险的应对措施有哪些？
4. 简述 EPC 工程总承包风险分级管理原理。

10 现代工程项目新型建造方式风险管理

10.1 工程项目新型建造方式概述

在全球科技革命的推动下，一系列重大科技成果以前所未有的速度转化为现实生产力。以信息技术、能源资源技术、生物技术、现代制造技术、人工智能技术等为代表的战略性新兴产业迅速兴起，现代科技与新兴产业的深度融合，对未来经济社会发展具有重大引领带动作用。新型建造方式是随着当代信息技术、先进制造技术、先进材料技术和全球供应链系统与传统建筑业相融合而产生的，新型建造方式是现代建筑业演变规律的体现。

10.1.1 新型建造方式的概念

最初提出新型建造方式是针对装配式建筑而言的。例如，2016年2月印发的《中共中央 国务院关于进一步加强城市规划建设管理工作的若干意见》明确提出：发展新型建造方式，大力推广装配式建筑，减少建筑垃圾和扬尘污染，缩短建造工期，提升工程质量。力争用10年左右时间，使装配式建筑占新建建筑的比例达到30%。2016年9月，《国务院办公厅关于大力发展装配式建筑的指导意见》明确了"健全标准规范体系、创新装配式建筑、优化部品部件生产、提升装配施工水平、推进建筑全装修、推广绿色建材、推行工程总承包、确保工程质量安全"8项重点任务，并将京津冀、长三角、珠三角城市群列为重点推进地区。2017年3月，住房和城乡建设部连发《"十三五"装配式建筑行动方案》《装配式建筑示范城市管理办法》《装配式建筑产业基地管理办法》，全面推进装配式建筑发展。由于各级政府的行政推动力度大，并且鼓励在财政、金融、税收、规划、土地等方面出台支持政策和措施，引导和支持社会资本投入装配式建筑，因而全国装配式建筑发展势头迅猛。

后来，人们在实践中扩展了新型建造方式的范畴。例如，江苏省于2017年11月3日发布的《江苏建造2025行动纲要》提出，以精细化、信息化、绿色化、工业化"四化"融合为核心，以精益建造、数字建造、绿色建造、装配式建造四种新建造方式为驱动，逐步在房屋建筑和市政基础设施工程等重点领域推广应用新建造技术，更灵活、多样、高效地满足人民群众对建筑日益增长的需求。

因此，本教材给出的新型建造方式的定义是宽泛的，即新型建造方式是指在工程建造过程中能够提高工程质量、保证安全生产、节约资源、保护环境、提高效率和效益的技术与管理要素的集成融合及其运行方式。新型建造方式是指在工程建造过程中，以"绿色化"为目标，以"智慧化"为技术支撑，以"工业化"为生产手段，以工程总承包为组织实施形式，实现建造过程"节能环保、提高效率、提升品质、保障安全"的新型工程建设方式。在广义上讲，在工程建设中贯彻运用新思想、新理念、新方法、新技术、新材料、新设备、新资源，都有可能衍生新型建造方式。

10.1.2 新型建造方式的基本特征

新型建造方式在技术路径上，通过建筑、结构、机电、装修的一体化，从建筑设计、构件工厂生产、绿色施工技术的协同来实现绿色建筑产品；在管理层面上，通过信息化手段实现设计、生产、施工的集成化，以工程建设高度组织化实现项目效益。新型建造方式的特征体现在以下几方面：

（1）强调现代科学技术的支撑力量。现代科学技术对建筑业的巨大影响在于推动了建筑结构技术、建筑材料技术、建筑施工技术、建筑管理技术的创新。

（2）强调建筑产品生产工艺和方式的变革。改变传统的现场湿作业的施工方法，提倡用现代工业化的生产方式建造建筑产品。

（3）强调中间产品的工业化生产。无论是建筑材料、设备还是施工技术，都应当具有节约能源、资源、保护环境的功能。

（4）强调现代信息技术和管理手段的应用。现代信息技术和管理手段是推动新型建造方式的不可或缺的重要力量，特别是建筑信息化将成为建筑产品生产的重要途径。建筑业信息化包括建筑企业信息化和工程项目管理信息化。

（5）强调建筑产品生产的全寿命周期集成化。建筑产品的生成涉及多个阶段、多个过程和众多的利益相关方。建筑产业链的集成，在建筑产品生产的组织形式上，需要依托工程总承包管理体制的有效运行。

（6）强调项目经理人才队伍的作用。项目经理是工程建设领域特殊的经营管理人才。在建筑产品生产过程中，项目经理是工程项目的组织者、实施者和责任者，是工程项目管理的核心和灵魂。项目经理对于工程项目的成败、对于促进新型建造方式的应用效果具有举足轻重的作用。

（7）强调新型建筑产业工人对于推进新型建造方式的重要性。在工程项目管理上实行"两层分开"之后，长期以来操作工人队伍建设没有得到应有的重视，工程管理目标的实现依赖于操作工人队伍素质的水平，乃至于出现"成也劳务、败也劳务"的现象。为此，要通过重新打造新型产业队伍扭转这种局面。

（8）强调建筑业所提供的产品应当是满足人们需要的绿色建筑。作为最终产品，绿色建筑是通过绿色建造过程来实现的。绿色建造包括绿色设计、绿色施工、绿色材料、绿色技术和绿色运维。

新型建造方式与传统建造方式相比有很大的不同，主要表现为发展理念不同、目标要求不同、科技含量不同、理论模式不同、管理方法不同、实施路径不同、综合效益不同。

10.1.3 新型建造方式的数字化变革

研究表明，随着新技术革命的兴起，技术因素在对组织影响的最关键因素当中的排序迅速上升。以信息和通信技术为代表推动了各个行业的技术变革和创新，技术因素对所有的行业都产生着天翻地覆的改变，这样的因素超越了客户、市场对组织的影响，成为决定企业是否发展、是否能够保持现状的第一因素。新型建造方式之所以能够成为推动建筑产业现代化的先进生产方式，是因为装配建造方式、智能建造方式、绿色建造方式、增材建造方式等新型建造方式所带来的数字化变革。未来的发展趋势日益显现出这样的轨迹，在《中国制造 2025》《中国建造 2025》的推动下，从 BIM、互联网、物联网到人工智能，数字化变革与建筑业实体的紧密融合创新，将引发整个管理范式的变革、生产范式的变革、商业模式的变革，将衍生更多形态的新型建造方式。

10.2 绿色建造方式的风险与应对措施

10.2.1 绿色化建造方式的基本原理

绿色建造是在我国倡导"可持续发展"和"循环经济"等大背景下提出的，是一种国际通行的建造模式。面对我国提出的"建立资源节约型、环境友好型社会"的新要求及"绿色建筑和建筑节能"的优先发展主题，建筑业推进绿色建造已是大势所趋。研究和推进绿色建造，对于提升我国建筑业总体水平，实现建筑业可持续发展并与国际市场接轨具有重要意义。

1. 绿色建造方式的概念

目前，国内对于绿色建造的理解分为广义和狭义两个方面。

（1）广义概念

从广义上讲，绿色建造是在工程建造过程中体现可持续发展的理念，通过科学管理和技术进步，最大限度地节约资源和保护环境，实现绿色施工要求，生产绿色建筑产品的工程活动。其内涵主要包括以下几个方面：

1）绿色建造的指导思想是可持续发展战略思想。绿色建造正是在人类日益重视可持续发展的基础上提出的，绿色建造的根本目的是实现建筑业的可持续发展。

2）绿色建造的本质是工程建设生产活动，但这种活动是以保护环境和节约资源为前提的。绿色建造中的资源节约是强调在环境保护前提下的节约，与传统施工中的节约成本、单纯追求施工企业的经济效益最大化有本质区别。

3）绿色建造的基本理念是"环境友好、资源节约、过程安全、品质保证"。绿色建造在关注工程建设过程安全和质量保证的同时，更注重环境保护和资源节约，实现工程建设过程的"四节一环保"。

4）绿色建造的实现途径是施工图的绿色设计、绿色建造技术进步和系统化的科学管理。绿色建造包括施工图绿色设计和绿色施工2个环节，施工图绿色设计是实现绿色建造的关键，科学管理和技术进步是实现绿色建造的重要保障。

5）绿色建造的实施主体是工程承包商，并需由相关方（政府、业主、总承包、设计和监理等）共同推进。政府是绿色建造的主要引导力量，业主是绿色建造的重要推进力量，承包商是绿色建造的实施责任主体。

广义的绿色建造是指建筑生成的全过程，包含工程立项绿色策划、绿色设计和绿色施工三个阶段；但绿色建造不是这三个阶段的简单叠加，而是其有机整合。绿色建造能促使参与各方立足于工程总体角度，从工程立项策划、设计、材料选择、楼宇设备选型和施工过程等方面进行全面统筹，有利于工程项目绿色目标的实现和综合效益的提高(图 10-1)。本书所述的绿色建造是广义上的绿色建造。

（2）狭义概念

从狭义上讲，绿色建造是指在施工图设计和施工全过程中，立足于工程建设总体，在保证安全和质量的同时，通过科学管理和技术进步，提高资源利用效率，节约资源和能源，减少污染，保护环境，实现可持续发展的工程建设生产活动。也就是说，狭义的绿色

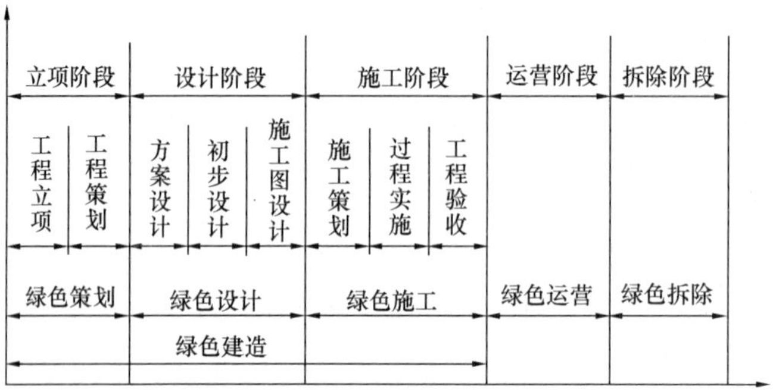

図 10-1　广义绿色建造示意图

建造仅包含了施工图绿色设计和绿色施工两个环节。

（3）全寿命期绿色建造

近年来，国内有学者尤完、郭中华等人结合工程项目寿命期、建筑产品寿命期的特征及其相关关系，提出了全寿命期绿色建造的概念。全寿命期绿色建造涵盖建筑产品生成和运营的全过程，包含工程立项与绿色策划、绿色设计、绿色施工、绿色运维、绿色拆除五个阶段。在业务内容上，可以把绿色运维、绿色拆除理解为绿色施工的延伸。绿色建造不是这五个阶段的简单叠加，而是其有机整合。绿色建造能促使参与各方立足于工程总体角度，从工程立项策划、设计、材料选择、楼宇设备选型、施工过程以及运营过程的维护、建筑产品寿命期终结的拆除等方面进行全面统筹，有利于工程项目绿色目标的实现、综合效益的提高和资源的循环利用，如图 10-2 所示。

図 10-2　全寿命期绿色建造示意图

2. 绿色建造与绿色施工的关系

在住房和城乡建设部颁布的《绿色施工导则》中，对绿色施工进行了明确定义。绿色建造是在绿色施工的基础上，向前延伸至施工图设计的一种施工组织模式（图 10-3），绿色建造包括施工图的绿色设计和工程项目的绿色施工 2 个阶段。因此，绿色建造使施工图设计与施工过程实现良好衔接，可使承包商基于工程项目的角度进行系统策划，实现真正意义上的工程总承包，提升工程项目的绿色实施水平。

3. 绿色建造与绿色建筑的关系

建设部发布的《绿色建筑评价标准》GB/T 50378—2006 中定义，绿色建筑是指在建

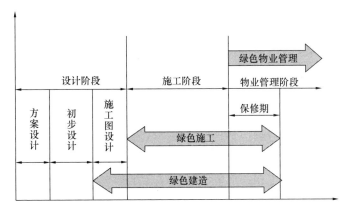

图 10-3 绿色建造与绿色施工的关系示意

筑的全寿命周期内，最大限度地节约资源、保护环境和减少污染，为人们提供健康、适用和高效的使用空间，与自然和谐共生的建筑。绿色建造与绿色建筑互有关联又各自独立，包括：①绿色建造主要为一种过程，是建筑的生成阶段；而绿色建筑则表现为一种状态，提供人们生产和生活的既定空间。②绿色建造可促使甚至决定绿色建筑的生成；但基于项目前期策划、规划、方案设计及扩初设计绿色化状态的不确定性，故仅绿色建造不一定能形成绿色建筑。③绿色建筑的形成，需要从前期策划、规划、方案设计及扩初设计等阶段着手，确保各阶段成果均实现绿色；绿色建造应在项目实施前期各阶段成果实现绿色的基础上，沿袭既定的绿色设计思想和技术路线，实现施工图设计和施工过程的双重绿色。④绿色建造主要涉及工程项目的生成阶段，特别是施工过程对环境影响相当集中；绿色建筑事关居住者健康、运行成本和使用功能，对整个使用周期均有重大影响。

4. 绿色化建造与建筑业高质量发展

绿色发展已成为国家发展理念，并列入新时期建筑方针（适用、经济、绿色、美观）。绿色发展的核心在于低碳。碳达峰、碳中和的双重压力是实现建筑业高质量发展必须要解决的重大问题。当前全球低碳经济运动无疑是第四次工业革命。低碳经济不仅成为当今世界潮流，还已然成为世界各国政治家的道德制高点，而且也揭示了城市规划建设的实质。我国的经济总量主要聚集在城市，抓低碳经济就要抓低碳城市，而"建筑运行＋建造能耗"又占全社会总能耗的近一半，因此抓低碳城市必须抓好低碳建筑。低碳建筑会带来三个趋势：一是尽可能减少钢材、水泥、玻璃用量；二是尽可能实现工厂化装配式，减少工地消耗和污染；三是尽可能从方案论证开始排除碳排放高的建筑方案。

据经济学家预测，中国的经济总量将在 2050 年前后约占世界经济总量的 1/3。无论历史地看还是现实地看，中国都将引领建筑业发展方向，这是中华民族伟大复兴的中国梦不可或缺的部分。中国共产党作为执政党具有艰苦奋斗的优良作风，中华民族具有勤俭节约的传统美德，用低碳、简约、实用原则抓好城市规划建设。我们要结合国情，增强道路、理论、制度和文化自信，为实现中华民族伟大复兴的中国梦担当好建筑产业的责任。

10.2.2 绿色建造方式存在的风险

1. 绿色建造方式风险的特征

绿色建造方式风险是指在工程建造过程中对影响项目目标实现的各种因素发生的可能

性。绿色建造方式风险具有三方面的基本特征。

（1）客观性。绿色建造过程中风险的存在是客观的，不以人的意志为转移，不管人们是否认知风险的存在和形式。例如，扬尘污染，建筑垃圾排放等。

（2）危害性。绿色建造过程中，一旦风险事件发生，必定会对项目目标的实现产生危害。例如，资源的超标准消耗，导致项目成本超出预算，污染物排放破坏环境，导致环保部门罚款等。

（3）可能性。绿色建造过程中各种风险事件的发生可以预测其概率。

2. 绿色建造方式风险的类型

根据绿色建造和绿色施工相关规范，绿色建造方式风险主要分为以下几种类型：

（1）施工管理风险，包括组织管理、规划管理、实施管理、评价管理、人员安全与健康管理。

（2）环境保护风险，包括扬尘控制、噪声控制、光污染控制、垃圾排放控制、地下设施与文物保护等。

（3）材料资源节约与利用风险，节材措施、结构材料利用、维护材料利用、装饰材料利用、周围材料利用等，

（4）水资源保护与利用风险，包括地下水保护、用水效率、用水安全，非传统水资源利用。

（5）能源利用风险，包括节能措施、机械利用效率、施工用电、生产及办公设施维护。

（6）施工用地保护风险，包括临时用地保护、施工总平面布置等。

10.2.3　绿色建造方式的风险应对措施

1. 绿色建造管理措施

绿色建造管理措施主要包括组织管理、规划管理、实施管理、评价管理和人员安全与健康管理五个方面。

（1）组织管理

1）建立绿色施工管理体系，并制定相应的管理制度与目标。

2）项目经理为绿色施工第一责任人，负责绿色施工的组织实施及目标实现，并指定绿色施工管理人员和监督人员。

（2）规划管理

1）编制绿色施工方案，并按有关规定进行审批。

2）绿色施工方案应包括以下内容：

① 环境保护措施，制定环境管理计划及应急救援预案，采取有效措施，降低环境负荷，保护地下设施和文物等资源。

② 节材措施，在保证工程安全与质量的前提下，制定节材措施。如进行施工方案的节材优化，建筑垃圾减量化，尽量利用可循环材料等。

③ 节水措施，根据工程所在地的水资源状况，制定节水措施。

④ 节能措施，进行施工节能策划，确定目标，制定节能措施。

⑤ 节地与施工用地保护措施，制定临时用地指标、施工总平面布置规划及临时用地节地措施等。

（3）实施管理

1）绿色施工应对整个施工过程实施动态管理，加强对施工策划、施工准备、材料采购、现场施工、工程验收等各阶段的管理和监督。

2）应结合工程项目的特点，有针对性地对绿色施工作相应的宣传，通过宣传营造绿色施工的氛围。

3）定期对职工进行绿色施工知识培训，增强职工绿色施工意识。

（4）评价管理

1）结合工程特点，对绿色施工的效果及采用的新技术、新设备、新材料与新工艺，进行自评估。

2）成立专家评估小组，对绿色施工方案、实施过程至项目竣工，进行综合评估。

（5）人员安全与健康管理

1）制订施工防尘、防毒、防辐射等职业危害的措施，保障施工人员的长期职业健康。

2）合理布置施工场地，保护生活及办公区不受施工活动的有害影响。施工现场建立卫生急救、保健防疫制度，在安全事故和疾病疫情出现时提供及时救助。

3）提供卫生、健康的工作与生活环境，加强对施工人员的住宿、膳食、饮用水等生活与环境卫生等管理，明显改善施工人员的生活条件。

2. 环境保护措施

（1）扬尘控制

1）运送土方、垃圾、设备及建筑材料等，不得污损场外道路。运输容易散落、飞扬、流漏的物料的车辆，必须采取措施封闭严密，保证车辆清洁。施工现场出口应设置洗车槽。

2）土方作业阶段，采取洒水、覆盖等措施，达到作业区目测扬尘高度小于1.5m，不扩散到场区外。

3）结构施工、安装装饰装修阶段，作业区目测扬尘高度小于0.5m。对易产生扬尘的堆放材料应采取覆盖措施；对粉末状材料应封闭存放；场区内可能引起扬尘的材料及建筑垃圾搬运应有降尘措施，如覆盖、洒水等；浇筑混凝土前清理灰尘和垃圾时尽量使用吸尘器，避免使用吹风器等易产生扬尘的设备；机械剔凿作业时可用局部遮挡、掩盖、水淋等防护措施；高层或多层建筑清理垃圾应搭设封闭性临时专用道或采用容器吊运。

4）施工现场非作业区达到目测无扬尘的要求。对现场易飞扬物质采取有效措施，如洒水、地面硬化、围挡、密网覆盖、封闭等，防止扬尘产生。

5）构筑物机械拆除前，做好扬尘控制计划。可采取清理积尘、拆除体洒水、设置隔挡等措施。

6）构筑物爆破拆除前，做好扬尘控制计划。可采用清理积尘、淋湿地面、预湿墙体、屋面敷水袋、楼面蓄水、建筑外设高压喷雾状水系统、搭设防尘排栅和直升机投水弹等综合降尘。选择风力小的天气进行爆破作业。

7）在场界四周隔挡高度位置测得的大气总悬浮颗粒物（TSP）月平均浓度与城市背景值的差值不大于 $0.08mg/m^3$。

（2）噪声控制措施

1）现场噪声排放不得超过国家标准《建筑施工场界环境噪声排放标准》GB 12523—

2011 的规定。

2）在施工场界对噪声进行实时监测与控制。监测方法执行国家标准《建筑施工场界环境噪声排放标准》GB 12523—2011。

3）使用低噪声、低振动的机具，采取隔声与隔振措施，避免或减少施工噪声和振动。

（3）光污染控制措施

1）尽量避免或减少施工过程中的光污染。夜间室外照明灯加设灯罩，透光方向集中在施工范围。

2）电焊作业采取遮挡措施，避免电焊弧光外泄。

（4）水污染控制措施

1）施工现场污水排放应达到国家标准《污水综合排放标准》GB 8978—1996 的要求。

2）在施工现场应针对不同的污水，设置相应的处理设施，如沉淀池、隔油池、化粪池等。

3）污水排放应委托有资质的单位进行废水水质检测，提供相应的污水检测报告。

4）保护地下水环境。采用隔水性能好的边坡支护技术。在缺水地区或地下水位持续下降的地区，基坑降水尽可能少地抽取地下水；当基坑开挖抽水量大于 50 万 m^3 时，应进行地下水回灌，并避免地下水被污染。

5）对于化学品等有毒材料、油料的储存地，应有严格的隔水层设计，做好渗漏液收集和处理。

（5）土壤保护措施

1）保护地表环境，防止土壤侵蚀、流失。因施工造成的裸土，及时覆盖砂石或种植速生草种，以减少土壤侵蚀；因施工造成容易发生地表径流土壤流失的情况，应采取设置地表排水系统、稳定斜坡、植被覆盖等措施，减少土壤流失。

2）沉淀池、隔油池、化粪池等不发生堵塞、渗漏、溢出等现象。及时清掏各类池内沉淀物，并委托有资质的单位清运。

3）对于有毒有害废弃物如电池、墨盒、油漆、涂料等应回收后交有资质的单位处理，不能作为建筑垃圾外运，避免污染土壤和地下水。

4）施工后应恢复施工活动破坏的植被（一般指临时占地内）。与当地园林、环保部门或当地植物研究机构进行合作，在先前开发地区种植当地或其他合适的植物，以恢复剩余空地地貌或科学绿化，补救施工活动中人为破坏植被和地貌造成的土壤侵蚀。

（6）建筑垃圾控制措施

1）制定建筑垃圾减量化计划，如住宅建筑，每万平方米的建筑垃圾不宜超过 400t。

2）加强建筑垃圾的回收再利用，力争建筑垃圾的再利用和回收率达到 30%，建筑物拆除产生的废弃物的再利用和回收率大于 40%。对于碎石类、土石方类建筑垃圾，可采用地基填埋、铺路等方式提高再利用率，力争再利用率大于 50%。

3）施工现场生活区设置封闭式垃圾容器，施工场地生活垃圾实行袋装化，及时清运。对建筑垃圾进行分类，并收集到现场封闭式垃圾站，集中运出。

（7）地下设施、文物和资源保护措施

1）施工前应调查清楚地下各种设施，做好保护计划，保证施工场地周边的各类管道、管线、建筑物、构筑物的安全运行。

2）施工过程中一旦发现文物，立即停止施工，保护现场并通报文物部门并协助做好工作。

3）避让、保护施工场区及周边的古树名木。

4）逐步开展统计分析施工项目的CO_2排放量，以及各种不同植被和树种的CO_2固定量的工作。

3. 材料资源利用措施

（1）节材措施

1）图纸会审时，应审核节材与材料资源利用的相关内容，达到材料损耗率比定额损耗率降低30％。

2）根据施工进度、库存情况等合理安排材料的采购、进场时间和批次，减少库存。

3）现场材料堆放有序。储存环境适宜，措施得当。保管制度健全，责任落实。

4）材料运输工具适宜，装卸方法得当，防止损坏和遗洒。根据现场平面布置情况就近卸载，避免和减少二次搬运。

5）采取技术和管理措施提高模板、脚手架等的周转次数。

6）优化安装工程的预留、预埋、管线路径等方案。

7）应就地取材，施工现场500km以内生产的建筑材料用量占建筑材料总重量的70％以上。

（2）结构材料

1）推广使用预拌混凝土和商品砂浆。准确计算采购数量、供应频率、施工速度等，在施工过程中动态控制。结构工程使用散装水泥。

2）推广使用高强钢筋和高性能混凝土，减少资源消耗。

3）推广钢筋专业化加工和配送。

4）优化钢筋配料和钢构件下料方案。钢筋及钢结构制作前应对下料单及样品进行复核，无误后方可批量下料。

5）优化钢结构制作和安装方法。大型钢结构宜采用工厂制作，现场拼装；宜采用分段吊装、整体提升、滑移、顶升等安装方法，减少方案的措施用材量。

6）采取数字化技术，对大体积混凝土、大跨度结构等专项施工方案进行优化。

（3）围护材料

1）门窗、屋面、外墙等围护结构选用耐候性及耐久性良好的材料，施工确保密封性、防水性和保温隔热性。

2）门窗采用密封性、保温隔热性能、隔声性能良好的型材和玻璃等材料。

3）屋面材料、外墙材料具有良好的防水性能和保温隔热性能。

4）当屋面或墙体等部位采用基层加设保温隔热系统的方式施工时，应选择高效节能、耐久性好的保温隔热材料，以减小保温隔热层的厚度及材料用量。

5）屋面或墙体等部位的保温隔热系统采用专用的配套材料，以加强各层次之间的粘结或连接强度，确保系统的安全性和耐久性。

6）根据建筑物的实际特点，优选屋面或外墙的保温隔热材料系统和施工方式，例如保温板粘贴、保温板干挂、聚氨酯硬泡喷涂、保温浆料涂抹等，以保证保温隔热效果，并减少材料浪费。

7）加强保温隔热系统与围护结构的节点处理，尽量降低热桥效应。针对建筑物的不同部位保温隔热特点，选用不同的保温隔热材料及系统，以做到经济适用。

（4）装饰装修材料

1）贴面类材料在施工前，应进行总体排版策划，减少非整块材的数量。

2）采用非木质的新材料或人造板材代替木质板材。

3）防水卷材、壁纸、油漆及各类涂料基层必须符合要求，避免起皮、脱落。各类油漆及粘结剂应随用随开启，不用时及时封闭。

4）幕墙及各类预留预埋应与结构施工同步。

5）木制品及木装饰用料、玻璃等各类板材等宜在工厂采购或定制。

6）采用自粘类片材，减少现场液态胶粘剂的使用量。

（5）周转材料

1）应选用耐用、维护与拆卸方便的周转材料和机具。

2）优先选用制作、安装、拆除一体化的专业队伍进行模板工程施工。

3）模板应以节约自然资源为原则，推广使用定型钢模、钢框竹模、竹胶板。

4）施工前应对模板工程的方案进行优化。多层、高层建筑使用可重复利用的模板体系，模板支撑宜采用工具式支撑。

5）优化高层建筑的外脚手架方案，采用整体提升、分段悬挑等方案。

6）推广采用外墙保温板替代混凝土施工模板的技术。

7）现场办公和生活用房采用周转式活动房。现场围挡应最大限度地利用已有围墙，或采用装配式可重复使用围挡封闭。力争工地临房、临时围挡材料的可重复使用率达到70%。

4. 节水与水资源利用措施

（1）提高用水效率

1）施工中采用先进的节水施工工艺。

2）施工现场喷洒路面、绿化浇灌不宜使用市政自来水。现场搅拌用水、养护用水应采取有效的节水措施，严禁无措施浇水养护混凝土。

3）施工现场供水管网应根据用水量设计布置，管径合理、管路简捷，采取有效措施减少管网和用水器具的漏损。

4）现场机具、设备、车辆冲洗用水必须设立循环用水装置。施工现场办公区、生活区的生活用水采用节水系统和节水器具，提高节水器具配置比率。项目临时用水应使用节水型产品，安装计量装置，采取针对性的节水措施。

5）施工现场建立可再利用水的收集处理系统，使水资源得到梯级循环利用。

6）施工现场分别对生活用水与工程用水确定用水定额指标，并分别计量管理。

7）大型工程的不同单项工程、不同标段、不同分包生活区，凡具备条件的应分别计量用水量。在签订不同标段分包或劳务合同时，将节水定额指标纳入合同条款，进行计量考核。

8）对混凝土搅拌站点等用水集中的区域和工艺点进行专项计量考核。施工现场建立雨水、中水或可再利用水的搜集利用系统。

（2）非传统水源利用

1）优先采用中水搅拌、中水养护，有条件的地区和工程应收集雨水养护。

2）处于基坑降水阶段的工地，宜优先采用地下水作为混凝土搅拌用水、养护用水、冲洗用水和部分生活用水。

3）现场机具、设备、车辆冲洗、喷洒路面、绿化浇灌等用水，优先采用非传统水源，尽量不使用市政自来水。

4）大型施工现场，尤其是雨量充沛地区的大型施工现场建立雨水收集利用系统，充分收集自然降水用于施工和生活中适宜的部位。

5）力争施工中非传统水源和循环水的再利用量大于30％。

（3）用水安全

在非传统水源和现场循环再利用水的使用过程中，应制定有效的水质检测与卫生保障措施，确保避免对人体健康、工程质量以及周围环境产生不良影响。

5. 节能与能源利用措施

（1）节能措施

1）制订合理施工能耗指标，提高施工能源利用率。

2）优先使用国家、行业推荐的节能、高效、环保的施工设备和机具，如选用变频技术的节能施工设备等。

3）施工现场分别设定生产、生活、办公和施工设备的用电控制指标，定期进行计量、核算、对比分析，并有预防与纠正措施。

4）在施工组织设计中，合理安排施工顺序、工作面，以减少作业区域的机具数量，相邻作业区充分利用共有的机具资源。安排施工工艺时，应优先考虑耗用电能的或其他能耗较少的施工工艺。避免设备额定功率远大于使用功率或超负荷使用设备的现象。

5）根据当地气候和自然资源条件，充分利用太阳能、地热等可再生能源。

（2）机械设备与机具

1）建立施工机械设备管理制度，开展用电、用油计量，完善设备档案，及时做好维修保养工作，使机械设备保持低耗、高效的状态。

2）选择功率与负载相匹配的施工机械设备，避免大功率施工机械设备低负载长时间运行。机电安装可采用节电型机械设备，如逆变式电焊机和能耗低、效率高的手持电动工具等，以利节电。机械设备宜使用节能型油料添加剂，在可能的情况下，考虑回收利用，节约油量。

3）合理安排工序，提高各种机械的使用率和满载率，降低各种设备的单位耗能。

（3）生产、生活及办公临时设施

1）利用场地自然条件，合理设计生产、生活及办公临时设施的体形、朝向、间距和窗墙面积比，使其获得良好的日照、通风和采光。南方地区可根据需要在其外墙窗设遮阳设施。

2）临时设施宜采用节能材料，墙体、屋面使用隔热性能好的材料，减少夏天空调、冬天取暖设备的使用时间及耗能量。

3）合理配置采暖、空调、风扇数量，规定使用时间，实行分段分时使用，节约用电。

（4）施工用电及照明

1）临时用电优先选用节能电线和节能灯具，临电线路合理设计、布置，临电设备宜采用自动控制装置。采用声控、光控等节能照明灯具。

2）照明设计以满足最低照度为原则，照度不应超过最低照度的 20%。

6. 节地与施工用地保护措施

（1）临时用地指标

1）根据施工规模及现场条件等因素合理确定临时设施，如临时加工厂、现场作业棚及材料堆场、办公生活设施等的占地指标。临时设施的占地面积应按用地指标所需的最低面积设计。

2）要求平面布置合理、紧凑，在满足环境、职业健康与安全及文明施工要求的前提下尽可能减少废弃地和死角，临时设施占地面积有效利用率大于 90%。

（2）临时用地保护

1）应对深基坑施工方案进行优化，减少土方开挖和回填量，最大限度地减少对土地的扰动，保护周边自然生态环境。

2）红线外临时占地应尽量使用荒地、废地，少占用农田和耕地。工程完工后，及时对红线外占地恢复原地形、地貌，使施工活动对周边环境的影响降至最低。

3）利用和保护施工用地范围内原有绿色植被。对于施工周期较长的现场，可按建筑永久绿化的要求，安排场地新建绿化。

（3）施工总平面布置

1）施工总平面布置应做到科学、合理，充分利用原有建筑物、构筑物、道路、管线为施工服务。

2）施工现场搅拌站、仓库、加工厂、作业棚、材料堆场等布置应尽量靠近已有交通线路或即将修建的正式或临时交通线路，缩短运输距离。

3）临时办公和生活用房应采用经济、美观、占地面积小、对周边地貌环境影响较小，且适合于施工平面布置动态调整的多层轻钢活动板房、钢骨架水泥活动板房等标准化装配式结构。生活区与生产区应分开布置，并设置标准的分隔设施。

4）施工现场围墙可采用连续封闭的轻钢结构预制装配式活动围挡，减少建筑垃圾，保护土地。

5）施工现场道路按照永久道路和临时道路相结合的原则布置。施工现场内形成环形通路，减少道路占用土地。

6）临时设施布置应注意远近结合（本期工程与下期工程），努力减少和避免大量临时建筑拆迁和场地搬迁。

7. 研发新技术、新设备、新材料、新工艺

（1）施工方案应建立推广、限制、淘汰公布制度和管理办法。发展适合绿色施工的资源利用与环境保护技术，对落后的施工方案进行限制或淘汰，鼓励绿色施工技术的发展，推动绿色施工技术的创新。

（2）大力发展现场监测技术、低噪声的施工技术、现场环境参数检测技术、自密实混凝土施工技术、清水混凝土施工技术、建筑固体废弃物再生产品在墙体材料中的应用技术、新型模板及脚手架技术的研究与应用。

（3）加强信息技术应用，如绿色施工的虚拟现实技术、三维建筑模型的工程量自动统计、绿色施工组织设计数据库建立与应用系统、数字化工地、基于电子商务的建筑工程材

料、设备与物流管理系统等。通过应用信息技术，进行精密规划、设计、精心建造和优化集成，实现与提高绿色施工的各项指标。

10.3 装配式建造方式的风险与应对措施

10.3.1 装配式建造方式基本原理

建筑就是由预制部品部件在工地装配而成的建筑，是一种典型的工业化建筑，采用装配式建造方式是实现建筑工业化乃至产业化的主要途径。建筑工业化是随西方工业革命出现的概念，工业革命让造船、汽车生产效率大幅提升，随着欧洲兴起的新建筑运动，实行工厂预制、现场机械装配，逐步形成了建筑工业化最初的理论雏形。第二次世界大战后，法国、英国、德国等国家亟需解决大量的住房而劳动力严重缺乏的情况下，为推行建筑工业化提供了实践的基础，因其工作效率高而在欧美风靡一时，其后迅速传播到东欧、苏联、美国和日本。

装配式建造方式的基本原理可以简单归纳为是一种典型的模块化类比思维方式，它是通过为构建筑物提供各种功能构件，并使之按照不同的结构形式和连接方式，实现功能构件综合组编和应用。

在建设工程的设计、施工、装饰等阶段，传统建筑方式与装配式建造方式的比较见表10-1。

传统建筑方式与装配式建造方式的比较 表 10-1

内容	传统建造方式	装配式建造方式
设计阶段	不注重一体化设计 设计与施工相脱节	标准化、一体化设计 信息化技术协同设计 设计与施工紧密结合
施工阶段	以现场湿作业、手工操作为主 工人综合素质低、专业化程度低	设计施工一体化 构件生产工厂化 现场施工装配化 施工队伍专业化
装修阶段	以毛坯房为主 采用二次装修	装修与建筑设计同步 装修与主体结构一体化
验收阶段	竣工分部、分项抽检	全过程质量检验、验收
管理阶段	以包代管、专业化协同弱 依赖农民工劳务市场分包 追求设计与施工各自效益	工程总承包管理模式 全过程的信息化管理 项目整体效益最大化

10.3.2 装配式建造方式的分类及应用

1. 装配式建造方式分类

根据建造构件的集成化、预制化程度，装配式建造方式可以分为4类，即平面构件化、结构单元化、功能模块化和整体模块化。各类典型应用见表10-2。

装配式建造方式分类应用 表 10-2

类别	装配式建筑预制化程度			
	1. 平面构件化	2. 结构单元化	3. 功能模块化	4. 整体模块化
典型结构	如木结构建筑中的桁架；预制混凝土构件中的水平构件、竖向构件等	如钢结构框架、木结构框架、轻钢结构框架、结构性隔声板件等	如预制房间模块、预制楼梯和阳台、整体浴室等	全模块化建筑
预制构件在整个建筑的占比情况	10%～15%	15%～25%	30%～50%	60%～70%
与现浇结构相比，节省的安装时间	10%～15%	20%～30%	30%～40%	50%～60%

2. 装配式建筑结构体系

（1）混凝土结构体系

混凝土结构作为目前建筑中使用最为广泛的结构，装配式建筑同样可以使用混凝土结构体系，通过工厂进行预制化生产，可以满足现场的机械化拼装需要。特别是建筑在向高层发展的前提下，装配式建筑拥有的优势将更加明显。采用混凝土结构的装配式建筑有如下两大类：通用结构体系和专用结构体系。通用结构体系和现浇结构相同，大致可分为框架结构、剪力墙结构和框架-剪力墙结构等。而专用结构体系是随着建筑的性能要求、功能要求逐渐增多的情况下所发展起来的定制结构形式。混凝土结构体系也经历了多个阶段，比如最早的大板结构体系，20世纪70年代，该结构体系多用于低层、多层建筑，但该体系存在着很多不足，所以后来逐渐被淘汰了。随后发展出预制装配式框架结构体系、预制装配式剪力墙体系等形式，装配式混凝土框架结构由多个预制部分组成：预制梁、预制柱、预制楼梯、预制楼板、外挂墙板等。具有清晰的结构传力路径，高效的装配效率，而且现场浇湿作业比较少，完全符合预制装配化的结构的要求，也是最合适的结构形式。这种结构形式有一些适用范围，在需要开敞大空间的建筑中比较常见，比如仓库、厂房、停车场、商场、教学楼、办公楼、商务楼、医务楼等，最近几年也开始在民用建筑中使用，比如居民住宅等。现阶段，在国内装配式框架—现浇剪力墙结构已经使用很广泛了，但是相比之下，装配式框架—装配剪力墙结构依然处在研究阶段，并没有投入实践。

（2）钢结构体系

20世纪初，发达国家的钢铁工业规模扩大，钢结构建筑得到迅速发展。在欧美和日本等地，建筑用钢量已达钢产量的三分之一以上，钢结构建筑面积占总建筑面积约40%，并且形成了各自的钢结构建筑体系。

法国是最早推广建筑工业化的国家之一。经历了30年发展，装配式钢结构建筑体系已相当成熟，主要应用于多层集合住宅。

英国的装配式钢结构建筑，根据预制单元的工厂化程度不同分为三个等级：①"Stick"结构。构件在工厂加工制作、运输至现场后，用螺栓或自攻螺栓连接；②"Panel"结构。钢构件及墙板和屋面板等围护结构用专用模具进行工厂化预制，现场拼接；③"Modular"结构。将整个房间作为一个单元全部在工厂预制，此种结构体系发展很快。

日本是率先兴起建筑产业化的国家。日本每年新建 20 万栋左右的低层住宅中，装配式钢结构住宅占 70％以上份额。目前日本推广的装配式钢结构体系有以下特点：可实现 $200m^2$ 的无柱大空间，可自由分割内部空间；框架采用钢管混凝土柱和耐火钢梁；地面为 PC 板＋现绕钢筋混凝土结构，管道置于地板下部的中空空间；外墙采用 ALC 板、PC 板，内墙采用强化石膏板；干式施工速度快；设备与结构独立，便于运行维护。

总体说来，国外的装配式钢结构建筑在模数化设计、标准化生产、装配化施工，节能、防火和抗震等方面已非常成熟，尤其是相配套的墙体、楼板等围护部件应用也非常完善，施工周期特别短。

20 世纪 80 年代开始，国内的装配式钢结构建筑开始发展。住建部积极倡导装配式钢结构住宅的开发和应用，目前有国家标准《钢结构住宅建筑产业化技术导则》。国内的轻钢龙骨体系在低多层建筑中应用发展很快。装配式钢结构建筑的发展势头良好，虽然装配式钢结构建筑综合造价比混凝土结构稍高，但发展前景广阔。

（3）轻钢龙骨结构体系

装配式轻钢龙骨结构多直接采用北美地区的成套技术，在国外中低层住宅和别墅中应用较多。该结构由北美传统木结构房屋衍变而来，一般应用于 2～3 层的低层钢结构住宅和别墅。轻钢龙骨材料一般分为两类：一类是冷弯薄壁型钢，一般由双 C 或四 C 槽钢构成梁柱，自重只有普通钢结构的 33％～50％。另一类是热轧型钢，一般是间距在 1.2～2.0m 的轧制矩形钢或 H 型钢制成钢柱、钢梁。轻钢龙骨的截面形状主要分为 C 形槽钢和 C 形立龙骨两类，宽度根据结构部位不同、荷载不同或者构件需要不同而变，一般为 60～360mm 不等。轻钢龙骨结构体系的外墙和楼板，均采用经过防腐处理的高强冷弯或冷轧镀锌钢板制作而成。

（4）钢模块结构体系

钢模块结构，是指在工厂内加工完成钢模块，并将装修、设备等均在模块内一体完成，现场仅需要简单拼接即可完成整个建筑，可用于办公、住宅、公寓、酒店等类型的建筑中。此种技术体系在欧洲、北美等均有较多应用，国内目前应用尚较少。

钢模块建筑具有现场施工速度快、一体化程度高、施工对环境基本没有影响诸多优点。当采用集装箱模块时，可以很方便地采用现有的集装箱海运方式，运输成本低，可以采用异地生产的方式。我国目前就有较多的模块房屋出口到英国等地。

（5）木结构体系

在我国过去占据统治地位的建筑材料一直是木材，许多经典的古建筑都是木结构的。随着科学技术的进步，木材这种传统的材料经过现代技术处理，越来越多地出现在日常生活中，得到了越来越多人的关注。木材本身具有很多优点，比如抗震、保温、隔湿等，而且在某些地区拥有较好的经济性和便捷的获取途径，使得木材在现代建筑材料中也占据了重要的位置。在美国等西方国家，木材是一种使用很普遍的建筑材料。但对于我国，虽然在少部分地区出现了迎合少数消费者需求的低密度木结构别墅，但我国人口基数多，房地产市场需求大，难以提供足够的木材来建造房屋，所以木结构并不适应当前我国的建筑发展需要。和美国相比，我国的木结构住宅只是高端建筑产品，所用的木材大多也依赖国外进口，无法作为普通低层住宅建筑形式。

各类结构体系的应用情况及优劣势见表10-3。

各类结构体系应用及优劣分析表 表10-3

结构体系	应用情况	优点	缺点
装配式钢结构	宾馆、写字楼、公寓住宅	适用于高层建筑、强度大	腐蚀、防火
轻钢龙骨结构	最高可建10层	重量轻	只适用于低层建筑
钢模块结构	灾后临时安置房、军事设施、建筑工地	运输方便、可循环使用	外墙结构开门窗时，需增加加强结构
预制混凝土结构	宾馆、监狱、仓库、厂房、停车场、商场、教学楼、办公楼、商务楼、医务楼等	防火、隔声、隔热、空间大	重量大、边角裂纹
木结构	1~2层住宅、别墅	容易搭建、材料可循环利用	防火、耐久性差

10.3.3　装配建造方式的风险类型

装配式建造方式的风险源有多个方面，以下从建筑产品形成过程分析其风险类型。

1. 预制构件生产风险

预制构件从构配件厂生产、运输至施工现场是否及时，影响着后续工序能否按施工计划正常展开。

构配件厂所生产的预制构件的质量，尤其是吊点、设备附墙、拉结点（为了保障构件吊装的精准性、附墙拉结设置的精准性，应将预制构件的相应位置明确标注在构件上）等隐蔽工程，对后续安全生产的运输、装卸、吊装等施工有着极大的影响。但目前的结构设计、监理驻场验收、构件进场验收，关注点还在成品质量上，注重成品保护、标识标记、验收内容等，但较少考虑施工安全。

2. 预制构件运输风险

由于构件体型大，标准化运输方式对运输车辆及减振措施作出要求，将影响运输效率，给交通带来巨大的压力；另一方面还会出现运输超宽、超高现象，所以也涉及了运输过程中安全问题；到达施工现场时，堆场承载力要求、构件堆放要求和短途驳运路线平面布置也与常规施工不同，其涉及的安全生产文明施工措施费用也有所增加。

3. 施工方案风险

总平面布置要考虑行车、驳运线路，施工组织需合理安排构件吊装顺序，吊装与现浇施工的流程配合；吊装需要的防护时间较短，传统的操作架体成本高，且与吊装之间相互还有影响，故脚手架、临时支撑等均需要制订较多特定的技术方案。

但目前专项方案依据也不足，如脚手架主要以传统现浇混凝土结构外防护设施优化改良，缺少结合装配整体式混凝土结构的防护措施及相应标准，尤其是如爬升附墙连接、固定架等机构与预制构件连接稳定性方面缺少依据及设计标准。目前专项方案大多通过专家论证把关。

4. 现场施工作业风险

与传统现浇混凝土结构作业相比较，装配式建筑存在构件进场堆放、高空吊装作业、临时支撑固定、套筒灌浆施工等作业环节，安全把控关键点明显增加。

5. 人员管理风险

目前从事装配式建筑施工的各方管理人员、作业人员、指挥人员等均按普通工程配备，企业大多采用内部培训、观摩的形式，边施工，边摸索装配式建筑的施工、管理方法和要点，存在经验缺乏、标准掌握不清等情况，行业协会等在装配式建筑方面的培训、观摩相对较少；吊装作业人员缺少高处作业技能培训。

10.3.4 装配建造方式的风险应对措施

1. 做好装配式构件的保管和运输管理工作

在装配式建造过程中，有很大一部分质量问题都是由于建筑构件在生产厂区的存放和运输中受到损坏造成的。因此，建筑施工企业必须要加强建筑构件的存放和运输管理，避免在这两道工序中造成建筑构件的损坏。把不同的构件分区进行存放，对于梁、板、柱等易于破损的构件，由于其质地较脆，容易出现断裂，要采取相应的防护措施。构件在运输过程中，构件之间要用软质材料进行隔离。在构件进入施工现场后，施工管理人员要检查现场存放构件的架子是否牢固稳定，必要时，构件排放采取阻隔措施。监理人员要对构件状态进行严格的巡查，防止破损构件被用于建筑物实体。

2. 做好施工前的准备工作

在装配式建造方式施工之前，建筑企业施工项目部要根据现场实际情况，编制科学合理的施工方案，配备合适的施工操作人员、施工机械和工具。在正式施工作业之前，要对各节点进行清理，对钢筋进行除锈处理。

3. 做好施工现场管理工作

在施工过程中，管理人员要对施工现场进行综合协调，避免出现窝工现象。要严格进行工序质量控制和质量检验。按照安全技术措施和方案，做好安全防护管理，杜绝安全生产事故。

10.4 智能建造方式的风险与应对措施

10.4.1 智能建造方式的基本原理

智能建造作为一种新兴的工程建造模式，是建立在高度的信息化、工业化和社会化的基础上的一种信息融合、全面物联、协同运作、激励创新的工程建造模式。智能建造是建立在 BIM（+GIS）、物联网、云计算、移动互联网、大数据等信息技术之上的工程信息化建造平台，它是信息技术与先进工程建造技术的融合，可以支撑工程设计与仿真、工厂化加工、精密测控、自动化安装、动态监测、信息化管理等典型应用。图 10-4 为智能建造的模型框架。

在智能建造的模型框架中，BIM、云计算、大数据、物联网、移动互联构成智慧智能建造的 5 大核心支撑技术。其中，BIM 是工程建造全过程信息的最佳传递载体，实现智能建造的数据支撑，核心任务是解决信息共享问题；物联网以感知为目的，实现人与人、人与物、物与物全面互联的网络，物联网可以解决人、机、料等工程信息自动数据化的问题；云计算是一种利用互联网实现随时、随地、按需、便捷访问共享资源池的计算模式，

图 10-4 智能建造模型框架

突破了计算机性能和地域的限制，推动工程建造的社会化，实现工程参建各方的协同和工程项目按需弹性布置计算资源；移动互联网通过移动通信与互联网、物联网等结合，提供了实施交换信息的途径，摆脱了空间和时间的束缚；大数据分析给工程建造过程提供智能化决策支持。

在智能建造平台的外部接口，通过 BIM、物联网等新兴信息技术的支撑，可以实现深化设计及优化、工厂化加工、精密测控、自动化安装、动态监测、信息化管理等典型数字化建造应用，如图 10-5 所示。其中，深化设计及优化可以实现 BIM 信息建模、碰撞检查、施工方案模拟、性能分析等；工厂化加工可以实现混凝土预制构件、钢结构、幕墙龙

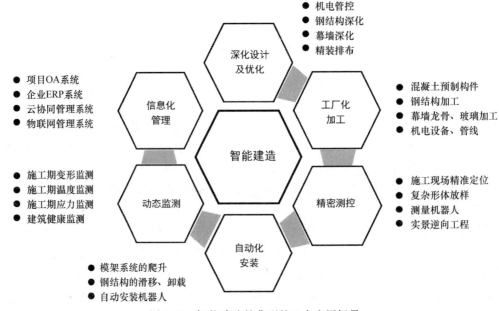

图 10-5 智能建造的典型的 6 个应用场景

骨及玻璃、机电管线等工厂化；精密测控可以实现施工现场精准定位、复杂形体放样、实景逆向工程等；自动化安装可以实现模架系统的爬升、钢结构的滑移及卸载等；动态监测可以实现施工工期的变形监测、温度监测、应力监测、运维期监控监测等；信息化管理包括企业 ERP 系统、协同设计系统、施工项目管理系统、运维管理系统等。

作为一种新兴的建造方式，智能建造具有以下几个特征：

（1）智能建造是建筑业现代化的重要组成部分，从智慧化的角度诠释建筑产业现代化。

（2）智能建造是创新的建造形式，不仅创新建筑技术本身，而且创新建造组织形式，甚至整个建筑产业价值链。

（3）智能建造是一个开放、不断学习的系统，它从实践过程中不断汲取信息、自主学习，形成新的知识。

（4）智能建造是以人为本的，它不仅把人从繁重的体力劳动中解放出来，而且更多地汲取人类智慧，把人从繁重的脑力劳动中解放出来。

（5）智能建造是社会化的，它克服传统建筑业无法发挥工业化大生产的规模效益的缺点，实现小批量、单件高精度建造，实现精益建造，而且能够实现"互联网＋"在建筑业的叠加效应和网络效应。

（6）智能建造有助于创造一个和谐共生的产业生态环境。智能建造使复杂的建造过程透明化，有助于创造全生命期、多参与方的协同和共享，形成合作共赢的关系。

从智慧城市来看，智能建造从根本上解决了建筑和城市基础设施的数字化问题，是智慧城市建设的基础和建设路径。智能建造的出现不仅弥补了智慧城市建设过程中缺少项目级解决方案的问题，还为智慧城市建设提供实现方法。

在建筑施工现场，"智慧工地"是智能建造的实现形式。

10.4.2 智慧工地及其应用

1. 智慧工地的概念

智慧工地是指运用信息化手段，通过三维设计平台对工程项目进行精确设计和施工模拟，围绕施工过程管理，建立互联协同、智能生产、科学管理的施工项目信息化生态圈，并将此数据在虚拟现实环境下与物联网采集到的工程信息进行数据挖掘分析，提供过程趋势预测及专家预案，实现工程施工可视化智能管理，以提高工程管理信息化水平，从而逐步实现绿色建造和生态建造。

智慧工地将更多人工智能、传感技术、虚拟现实等高科技技术植入建筑、机械、人员穿戴设施、场地进出关口等各类物体中，并且被普遍互联，形成"物联网"，再与"互联网"整合在一起，实现工程管理干系人与工程施工现场的整合。智慧工地的核心是以一种"更智慧"的方法来改进工程各干系组织和岗位人员相互交互的方式，以便提高交互的明确性、效率、灵活性和响应速度。

2. 智慧工地建设的关键要素

（1）"互联网＋"下的劳务的管理。因为基于大背景来说人口红利在下降。考勤是人力管理最基本的条件，如果不知道施工现场有多少人，考勤结果根本就出不来。现在移动应用完全可以解决每一个工作面有多少个工人的问题。还有一个是现场视频拍照应用，工人在施工现场做的什么工作，不是一个工作日志可以解决的，是可以通过图像、影像去实况记录的。

（2）机械管理，施工作业人员有了机械管理保障，机械利用率提高 70% 以上，智能加工机械代替人工，提升 20 倍效率。

（3）材料管理。材料管理核心是关于材料状态的几种信息。第一是询价，指导价的基础只能是大数据产生平均价格，这是互联网能对材料采购价格最大的帮助。第二是进出数量控制，就是数量如何控制。真正的材料管理首先是控制消耗量，其次必须控制入场量。材料管理更前沿环节的就是与 BIM 技术的结合。

（4）方案与工法管理。由于项目越来越复杂，要求各个方案更可视、更及时，不管是吊装的方案，还是机械安装的方案，皆是如此。

（5）生产与环境管理。项目管理以进度为主线，计划是关键，核心工作是做好生产和组织的协调。

3. 智慧工地架构设计

智慧工地整体架构可以分为三个层面：

第一个层面是终端层。充分利用物联网技术和移动应用提高现场管控能力。通过 RFID、传感器、摄像头、手机等终端设备，实现对项目建设过程的实时监控、智能感知、数据采集和高效协同，提高作业现场的管理能力。

第二层是平台层。各系统中处理的复杂业务，产生的大模型和大数据如何提高处理效率？这对服务器提供高性能的计算能力和低成本的海量数据存储能力产生了巨大需求。通过云平台进行高效计算、存储及提供服务。让项目参建各方更便捷地访问数据，协同工作，使得建造过程更加集约、灵活和高效。

第三层是应用层。应用层核心内容始终围绕以提升工程项目管理这一关键业务为核心，因此工程项目管理系统是工地现场管理的关键系统之一。BIM 的可视化、参数化、数据化的特性让工程项目的管理和交付更加高效和精益，是实现项目现场精益管理的有效手段。

BIM 和 PM 系统为项目的生产与管理提供了大量的可供深加工和再利用的数据信息，是信息产生者，这些海量信息和大数据如何有效管理与利用，需要 DM 数据管理系统的支撑，以充分发挥数据的价值。因此应用层是以 PM、BIM 和 DM 的紧密结合，相互支撑实现工地现场的智慧化管理。

10.4.3 智能建造方式的风险类型

一个新技术的产生，通常也会带来巨大的风险。建筑产业于 20 世纪 70 年代经过一次变革，当时 Autodesk 公司的 AutoCAD 计算机辅助绘图发行，帮助建筑产业从传统手绘进步到以计算机软件进行绘图，在当时对于建筑产业是一个重大推动，但其仅可以辅助设计图的绘制。BIM 技术的推行，不只单纯改变设计绘图模式，BIM 技术更大的精神则是对于建筑产业整体流程的改变，以解决传统流程的缺失。因为 BIM 技术不只是设计流程的改变，而是整个项目全生命周期的转变。在智能建造方式中，BIM 技术处于核心地位，下面以 BIM 为代表分析其风险类型。

1. 技术类风险

由于建筑产业在推动 BIM 技术初期，多数人对于 BIM 技术不熟悉，缺乏执行 BIM 项目的经验，对于 BIM 技术掌握度不足。并且 BIM 技术还有许多不成熟的地方，整理分为下列几点：

（1）项目执行经验不足；

（2）软件兼容性不足；

（3）模型管理困难；

（4）数据互操作性效率低。

2. 管理类风险

如果要全面成功以 BIM 模式执行项目，公司内部势必要对内部管理模式做更改，不论是内部流程的改变、主管支持度等，都必须面临 BIM 导入的阵痛期，分为下列几点：

（1）管理程序更改困难；

（2）最高管理层的承诺不足；

（3）工作流程转变的困难。

3. 市场环境类风险

目前 BIM 技术已逐渐推广于建筑产业，对于市场环境的接受度、人才数量、经验等还存在未知数，分为下列几点：

（1）缺乏可用技术人员；

（2）增加短期工作负担。

4. 财务类风险

BIM 技术主要是以计算机进行具有属性参数的三维设计，并且应用于全生命周期。依照文字中所叙述，其购置 BIM 软硬件是必需的，在早期会对于成本造成更多的负担，分为下列几点：

（1）增加短期成本；

（2）额外的支出。

5. 法律类风险

BIM 在国内目前属于推动前期，多数国外国家已编制属于 BIM 技术的相关法律及规范。国内相关文献较少，并且没有经由时间的累积修正，存在风险，分为下列几点：

（1）缺乏 BIM 标准；

（2）法律责任不明确。

10.4.4 智能建造方式的风险应对措施

1. 明确 BIM 实施目标

在项目开始之初，团队成员对项目的实施方案、深度以及价值进行分析，明确最终 BIM 应用点，并反推建模阶段工作内容，达到有的放矢的目的。虽然，前期的规划工作会花费一定的时间，但对后期项目中 BIM 的成功应用起到决定性作用。

2. 确立规范有据可依

企业或项目中建立内部 BIM 规范，为企业 BIM 实施制定标准。除了建模的规范之外，更重要的是 BIM 的相关管理规范，包含文件交付标准、工作流程以及协作管理制度。这些规范的制定不仅要落实到文件层面，更重要的是软件平台的固化，规范和管理制度如果没有信息系统的固化很难得到贯彻。

3. 统一数据搭建平台

在公司或项目部搭建中心服务器，所有的 BIM 模型和施工数据都存储在服务器上。

系统管理员负责服务器维护和基础权限划分；BIM 工程师负责 BIM 模型和施工数据的关联；项目执行人员一方面访问服务器数据指导施工（例如利用 4D 数据指导施工现场进度管理），另一方面将施工现场数据录入中心服务器（例如将实际进度信息录入服务器）；公司领导层和项目管理人员可登录平台，实时查询基于 BIM 的施工管理数据，传统的平台只能看到二维数据，而 BIM 平台可展示模型与数据的结合，更为直观和生动。

BIM 中心服务器分三层架构：底端是存储层，模型和施工数据都在此层存储；中间层是数据层，记录模型和 BIM 数据的关联关系；最上层是施工应用层，可实现基于 BIM 的包含进度管理、成本管理、安全管理、质量管理在内的施工综合管理。

4. 配置权限实现协同

为实现 BIM 数据在项目管理中的应用，要将 BIM 模型按照项目管理的需求进行纵横两个维度的划分。①纵向维度的划分，又称模型划分。在施工现场，单个技术人员通常负责某一区域的施工任务。因此，需要将模型按照施工管理的细度进行划分，又称为基于 BIM 的 WBS 分解。②横向维度划分。在施工现场，不同专业的人员使用 BIM 从事不同的管理工作，例如：安全员借助 BIM 进行更有效的安全管理，预算员借助 BIM 进行更准确的算量和计价。因此，在平台上要预先确立好各参与人员相应的岗位职责，并用 BIM 管理平台加以固化。这种以管理的维度划分权限的方式被称作横向维度的划分，横向维度划分了不同岗位的人员利用 BIM 从事不同专业的工作。

纵横两个维度的划分将 BIM 按照管理要求进行分解，将施工数据按照工作职责加以划分，并通过系统后台配置，初步实现基于 BIM 的数据集成。

5. 完善模型

针对设计阶段模型不完整的问题，需建模补充施工所需的临时设施及机械设备的问题，目前最佳的解决方案是建立 BIM 施工资源库，通过调用库资源快速实现施工阶段 BIM 建模。完善后的模型导入平台，实现 BIM 施工阶段信息的整合。

6. 信息跟踪全面整合

在建筑全生命期整合各阶段信息，并实时将这些信息写入模型，实现基于 BIM 的信息整合。例如：继承设计阶段所有信息，并在施工过程中将实际的进度计划、工程量、质量和安全数据写入模型，且为运维阶段 BIM 应用留下数据接口。

7. 数据安全措施

通过技术手段，确保工程建造过程的数据安全。

10.5 增材建造方式的风险与应对措施

3D 打印技术是一种快速成型（Rapid Prototyping，简称 RP）技术，是基于 CAD/CAM 技术、激光技术、数控技术、信息技术、新材料技术等的综合集成发展起来的现代制造技术，其正规名称为"增材制造技术"。3D 打印技术应用于工程建设领域，就形成 3D 打印建造技术，3D 打印建造技术对传统建造工艺和施工方式的颠覆性变革，对于推动建筑产业现代化具有特别重要的意义。

10.5.1　3D 打印技术

1. 3D 打印技术的原理

3D 打印技术出现于 20 世纪 80 年代中后期，它与普通打印机的工作原理基本相同。对于传统打印方式，文件传送到喷墨打印机后，就会在纸的表面喷墨粉形成二维图像。3D 打印机内装有液体或粉末等"打印材料"，3D 打印机首先将需要生产的物品转化为一组三维模型数据，通过电脑控制把三维 CAD 模型切成一系列二维的薄片状平面层，与此同时将"打印材料"按薄片层逐层堆积，一层层叠加起来，制造出所需要的三维零件或产品，最终把 3D 蓝图变成实物。由于成型原理的不同、系统特点的不同、所用成型材料不同，立体打印的快速成型装置也有不同的种类。

在制造业，3D 打印技术的正规名称为"增材制造技术"（Additive Manufacturing，简称 AM），只要有一台特殊的立体"打印机"，从设计到制造就可以一步完成产品的生产。只要把产品的三维模型数据文件存储到 3D 打印机中，然后操作 3D 打印机执行打印命令，通过成型设备驱动材料逐层累加的方式，耗材会一层一层地"打印"（堆砌）出来，利用特殊的粘结材料对层与层之间进行粘合，并按照横截面将图案固定住，"打印机"就直接打印出想要的产品。在这一过程中，实现了设计、模具及材料制备到最终产品的一体化。"增材制造"方法与传统的对原材料进行切削加工的"减材制造"方法相反，不再需要使用模具、刀具、夹具、机床就可以生产出任意形状的产品。

2. 3D 打印技术的发展简史

"3D 打印"的最初概念来源于美国，早在 1983 年，Charles Hull 发明了液态树脂固化或光固化（SLA）3D 打印技术，随后于 1986 年获得技术发明史上结合电脑绘图、固态激光与树脂固化技术的第一张 3D 打印技术专利证书，同一年，他在美国加州组建世界知名的 3D Systems 公司，从 1986 年开始研制、生产快速成型机器，大力推动 3D 打印业务。目前，美国 3D Systems 公司是快速成型行业的领跑者。以下是 3D 打印技术发展过程中的一些重要的里程碑：1993 年，美国麻省理工学院获 3D 印刷技术专利，1995 年，从麻省理工学院获得唯一授权的美国 ZCorp 公司开始开发 3D 打印机，2005 年，该公司研制出全球首个高清晰彩色 3D 打印机。2010 年 11 月，由 3D 打印技术"打印"而成的世界上第一辆汽车 Urbee 在加拿大面世。2011 年 8 月，英国南安普敦大学的工程师们研制出人类第一架 3D 打印的飞机。2012 年 11 月，苏格兰科学家首次用 3D 打印机打印出基于人体细胞的人造肝脏组织。2013 年 11 月，3D Systems 公司用 3D 打印方法设计制造出布朗宁 1911 式金属手枪。从 20 世纪 80 年代中期到目前的 40 余年间，由于计算机、互联网、数字模型技术的迅猛推进，再加上管理变革和劳动生产率提高，3D 打印机的成本不断下降，3D 打印的黄金时代正在走来。

3. 3D 打印技术的成型方法

目前，3D 打印技术的堆叠薄层成型方式有以下六种。

（1）喷射成型

喷射成型方法类似于喷墨打印机，通过喷嘴将液态光敏聚合物或蜡状成型材料选择性地喷出，快速固化，逐层堆积形成三维结构。

（2）粘结剂喷射成型

粘结剂喷射成型方法的基本流程是先铺一层薄粉末材料，然后利用喷嘴选择性地在粉层表面喷射胶状粘结剂。

（3）光敏聚合物固化成型

光敏聚合物固化成型原理的基本做法是利用某种类型的光源选择性地扫描预置的液态光敏聚合物，并使之快速固化。最典型的工艺是美国 3D Systems 公司推出的 AM 技术，即利用紫外激光快速扫描、固化液态光敏树脂。另一种工艺是光投影固化成型，将每一层的图像直接投影在液态光敏聚合物表面，使每一层瞬间固化。

（4）材料挤出成型

材料挤出成型方法的基本原理是在一定压力作用下，丝状聚合物材料通过加热喷嘴软化后，逐点、逐线、逐面、逐层熔化，堆积形成三维结构，在这一过程中，材料喷嘴上移或成型工作平台下移。

（5）激光粉末烧结成型

激光粉末烧结成型方法的基本原理与上述粘结剂喷射成型类似。将聚合物或金属粉末等材料粘结或熔合在一起并形成所需形状，两者的不同之处在于，前者使用胶状粘结剂，后者利用激光或电子束热能。

（6）定向能量沉积成型

定向能量沉积成型的做法是当材料从喷嘴输出时，利用激光或其他形态的能量，同步熔化材料，凝结成固体形态，然后逐层叠加，最终形成三维实体产品。

4. 3D 打印技术的特点

3D 打印技术作为现代制造技术有着许多不同于传统制造方法的特点和优势，这些特点和优势建立在科学技术和管理水平提高的基础上。3D 打印技术的主要特点体现在以下六个方面。

（1）技术集成化：通过计算机辅助制造技术、现代信息技术、新材料技术、机械技术的综合集成而构成为完整的生产制造体系。

（2）设计、制造高度一体化：3D 打印技术不受产品结构复杂程度的限制，可以制造出任意形状的三维实体产品，是一种自动化的成型过程。

（3）生产过程高度柔性化：当根据客户需求调整产品品种和规格时，仅需要改变CAD 模型，重新设置相关参数，整个生产线适应市场变化的可调节性好。

（4）产品生产速度快：产品成型过程速度快，加工周期短，设计师快速地将设计思想物化成三维实体，进行外观形状、装配、功能的测试。

（5）质量稳定：生产过程受到操作工人的人为因素影响较小，产品质量稳定、易于控制。

（6）材料广泛性：3D 打印所使用的材料具有广泛性。在理论上，金属材料、陶瓷材料、树脂材料、复合材料、石蜡等均可以适用于打印生产。

10.5.2　3D 打印建造方式

1. 3D 打印建造方式的应用

3D 打印技术应用得十分广泛，在建筑领域新型的建筑设计要求越发复杂化，3D 打印技术成为促进建筑领域发展必不可少的新工具。

3D 打印技术在建筑领域的应用主要分为两个方面：建筑设计阶段和工程施工阶段。建筑设计阶段主要是制作建筑模型，在这个阶段设计师可以将虚拟模型直接打印为建筑模型；工程施工阶段主要是利用 3D 打印技术建造建筑，通过"油墨"即可快速完成建筑物"打印"工作。

（1）设计阶段的应用

对建筑工程而言，设计工作会对后续的建造、验收、使用等，产生持续的影响。建筑工程的设计工作，既要符合人民大众的需求，又不能对建筑本身的价值造成任何的不利影响。3D 打印技术在建筑领域的设计阶段应用后，整体上取得了非常好的成绩。首先，设计工作结合 ED 打印技术后，能够对很多的创意想法进行分析，提高了多种不同建筑类型的可行性，对现实的施工产生了较强的指导作用。其次，在运用该项技术后，能够对部分特殊设计，提前做出有效的预估，获得最直观的感受，设定好相应的辅助措施，弥补不足与缺失，确保建筑工程在最终可以得到较高的成绩。

（2）施工阶段的应用

在工程建设领域，施工阶段是具体的执行阶段，不仅在要求上非常高，同时在工期方面比较紧张，施工单位承担的工作压力是比较大的。有效应用 3D 打印技术以后，建筑工程的施工阶段产生了很大的变革。例如轮廓工艺的材料都是从喷嘴中挤出的，喷嘴会根据设计图的指示，在指定地点喷出混凝土材料，就像在桌子上挤出一圈牙膏一样。然后，喷嘴两侧附带的刮铲会自动伸出，规整混凝土的形状。这样一层层的建筑材料砌上去就形成了外墙，再扣上屋顶，一座房子就建好了。轮廓工艺的特点在于它不需要使用模具，打印机打印出来的建筑物轮廓将成为建筑物的一部分，这样将会大大提升建筑物的生成效率。

2. 3D 打印建造方式的优势

3D 打印建筑的优势可以归结为以下三点：

（1）实物化，缩短工期

在建筑设计阶段，通过 BIM 软件建立的模型即使已经足够具体化但在实际操作中还需要人们想象。由 3D 打印技术制作出的实物模型可以完美解决该问题，彻底实现将想象化为具体，为施工带来极大的便利。此外，3D 打印建筑将复杂变具体，解决了传统建设施工中的一系列烦琐程序，实现了一体化操作，节省了工期。

（2）消化建筑垃圾

传统的建设施工中需要用到很多材料，如水泥、沙子、钢筋、混凝土等，在建筑完成后会产生很多的建筑垃圾，建筑垃圾的增多却无法解决，带给人们很大的环保压力。3D 打印材料，即"油墨"，是对建筑垃圾的回收再利用，实现了循环利用的原则，更具有就地取材的优势。

（3）成本低廉，保护环境

3D 打印建筑的"油墨"价格低，在生产"油墨"过程中它省去了建造传统建筑材料生产的中间过程，促使在建设过程中总成本可降低 $50\%\sim60\%$。并且在建造过程中 3D 打印技术数字化操作过程无噪声，不产生扬尘，有助于保护环境。

3. 3D 打印建造方式的不足

（1）打印材料

目前采用的 3D 打印材料都是以抗压性能为主，抗拉性能较差，一旦拉应力超过材料的抗拉强度，极易出现裂缝。正是因为存在这个问题，所以目前 3D 打印房屋的楼板只能采用钢筋混凝土现浇或预制楼板。

寻找具有良好抗压、抗拉性能，较强的抗裂性能和韧性以及较快的初凝时间和较高的初凝强度的复合打印材料是当前 3D 打印技术在建筑工程施工中应用的关键。

（2）设计方法

目前 3D 打印建造技术在工程中的应用还属于探索阶段，没有成熟的设计理论和方法可以借鉴。由于 3D 打印建筑与传统的钢筋混凝土结构和砌体结构在材料性能和建造工艺上有较大区别，因此需要在借鉴现有规范的基础上研究适合于 3D 打印建筑的设计理论和设计方法。

（3）结构强度问题

如果在一个复杂部件内部没有设计合理的结构，打印结果很可能是会变形的。对于 3D 打印建筑来说，结构材料自重大，打印材料达到设计强度之前时间较长，如目前的混凝土的养护龄期为 28 天，对于梁板构件，达到 75％强度需要 2 周左右。在这段时间内，结构强度是必不可少的。

10.5.3　增材建造方式的风险类型

尽管 3D 打印建造技术拥有传统建造方式所不具备的许多优点，然而在实体建筑打印方面还需要突破材料、设备等诸多方面的风险约束。

1. 建筑设计风险

在建筑设计方面需要进行系统性的变革，创造新型的结构体系。传统的建筑设计更多是面向建筑产品功能、结构及施工工艺的要求，而 3D 打印建筑的设计需要兼顾 3D 技术的打印工艺、材料特性和现有的工业化水平。

2. 建筑机械设备风险

在建筑机械设备方面，3D 打印建筑需要高精度和自动化，相当于是把现在的数控自动机床与建筑机械结合起来，用"机器手"的操作实现建筑物的打印。国内外目前也没有成熟的成套建筑机械产品可以使用，这对我国建筑机械制造工业是一个很大的挑战。

3. 建筑材料风险

在建筑材料方面，3D 打印过程的速度较快，对材料性能及凝固时间有非常严格的要求，传统的建筑材料的性能难以满足 3D 打印建造的需求，需要研究开发新材料。值得提倡的是，盈创公司在 3D 打印建筑产品中使用的"打印喷墨"，主要取材于城市建筑垃圾和矿产废弃物。

4. 建筑标准风险

在建筑标准方面，需要研究制定适用于 3D 建筑，并且确保舒适性、安全性的建筑标准。目前现有的建筑设计、施工的标准、规范体系几乎都不能直接搬来运用，必须要重新建立符合 3D 打印建筑要求的建筑设计、施工、检验等的标准体系。

10.5.4　增材建造方式的风险应对措施

虽然 3D 打印技术显示出巨大的潜在优势，但距离大规模的工业实际应用还有较长的一段距离。当前，国内的 3D 打印企业还很难完全依靠市场生存，需要政府对该产业在资金扶持、税收、市场引导等方面实施一系列长期稳定的扶持政策。为加快推动中国 3D 打印技术研发和产业化，现提出如下风险应对措施。

（1）加强顶层设计和统筹规划。应该高度重视 3D 打印技术可能带来的建筑业变革，制定符合中国国情的 3D 打印建造技术及产业化中长期发展战略和行动计划。建立多部委协同推进机制，由工业和信息化部、发展改革委、科技部、财政部、住房城乡建设部等国家部委组织相关科研机构专家研究制定 3D 打印建造技术发展路线图和中长期发展战略，做好顶层设计和统筹规划。

（2）加大对 3D 打印建造技术的研发和产业化投入。充分利用现有政策渠道，推动设立 3D 打印建造产业发展资金，探索相关税收优惠政策。重点支持 3D 打印建造领域的关键共性技术研发、第三方检测试验平台建设、加强应用示范和产业化。

（3）加快 3D 打印建造技术的试点示范与推广。在全国范围内筛选技术条件好、应用需求大的代表性省市建立 3D 打印建造技术应用示范基地，分步骤、分层次开展应用示范，形成通用性、标准化、自主知识产权的应用平台，加快推进产业、技术与应用协同发展，积极探索和积累 3D 打印建造智能机械装置的运营和管理经验。

（4）尽快建立共性技术研发体系。具体做法可以借鉴美国的"先进技术计划"（ATP）。由政府提供引导资金，但承担项目的公司要配套一半以上的研发投入。政府的资助经费直接拨付到企业，大学和研究院所通过与企业联合，参加项目的实施。最终的知识产权为以营利为目的的公司所拥有，参与项目研究的大学、研究院所和政府机构等不享有知识产权，但可以分享专利使用费。

（5）建立税收激励和政府采购政策。建立支持 3D 打印建造技术发展的多渠道、多元化投融资机制，引导创业投资和股权投资向 3D 打印建造领域倾斜，鼓励民营资本进入 3D 打印建造领域。鼓励对研发企业和个人打印服务企业提供更多的关注和支持，特别是人才、资金支持和税收减免等扶持。

3D 打印技术有可能变革几乎所有产品的制造方式，因而 3D 打印技术成为全球高度重视的新兴高科技领域。美国总统奥巴马在 2014 年发表国情咨文时就提出要以 3D 技术重振国家制造业。因此，我们要积极跟踪发达国家 3D 打印技术的发展趋势，在国家产业政策上给予更多的扶持措施，争取在 3D 打印建造技术的局部领域有所突破，从而加快我国建筑产业现代化的和高质量的发展步伐。

复 习 思 考 题

1. 绿色建造方式的风险应对措施有哪些内容？
2. 装配建造方式的风险应对措施有哪些内容？
3. 智能建造方式的风险应对措施有哪些内容？
4. 增材建造方式的风险应对措施有哪些内容？

11 现代工程保险与工程担保制度

11.1 工程保险制度概述

11.1.1 工程保险及其特征

现代的建筑安装工程规模巨大，技术复杂，专业性强，造价昂贵，工程期间可能遭到各种风险损失，而传统的财产保险已不能适应现代社会生产发展的需要，因此，工程保险作为财产保险的一个独立部分逐步发展起来。从工程保险发展的进程来看，它是适应现代工程技术和建筑业的发展，由火灾保险、意外伤害保险及责任保险等演变而成的一类综合性财产保险。一般而言，传统的工程保险仅指建筑、安装及船舶建造工程项目的保险。进入20世纪以来，尤其是第二次世界大战后，人们对各种能源、交通、电信等有了更为广泛的需求，使得高、精、尖科技工程项目得到了迅速发展，从而出现了科技工程项目保险。我国的工程保险始于20世纪80年代初，但总体上尚处于起步阶段。

工程保险是指以各种工程项目为主要保险标的的保险，保险人对一切工程项目在工程期间及工程结束以后一定时期，因自然灾害和意外事故造成物质财产损失和第三者责任承担赔偿责任。同其他财产保险业务相比，工程保险有自身比较显著的特征：

(1) 工程保险风险广泛且集中，承保范围宽。传统的财产保险只承保保险财产的意外损失赔偿责任，且一般只承保保险单上列明的危险责任，而工程保险不仅承保工程项目本身的风险责任，而且承保与此有关的工程机械设备、原材料及责任损失和人身伤亡等，保险人大多承保被保险人的一切意外损失，许多险种被冠以"一切险"。

(2) 利害关系人较多。在普通财产保险中，投保人和被保险人是单个的法人或自然人。而在工程保险中，由于同一个工程项目涉及多个具有经济利害关系的人，如工程的所有人、承包人、各种技术顾问及贷款银行等有关利益方，均对工程项目承担不同程度的风险，所以，凡对工程保险标的具有可保利益者，均具备该工程项目的投保人资格，并成为其被保险人，均受保险合同及交叉责任条款的规范和制约。在实践中，建筑工程根据其承包方式的不同，一般以主要风险责任的主要承担者为投保人。

(3) 不同工程保险的内容具有交叉性。建筑工程保险中通常包含着安装项目，安装工程保险中通常包含着建筑工程项目，科技工程保险中往往有建筑、安装工程包含在内。

(4) 工程保险采用工期保险单或分阶段承保。其他财产保险业务一般采用一年期定期保险单或航程保险单，建筑安装工程保险采用工期保险单，均以工期为保险责任期限。

11.1.2 我国现行工程保险体系

1. 建筑工程一切险

建筑工程一切险简称建工险，是以各类以土木建筑为主体的民用、工业用和公用事业用的工程为保险标的的工程保险，保险人对其在整个建筑期间因自然灾害和意外事故造成的一切物质损失，以及被保险人依法应承担的第三者人身伤亡或财产损失的民事赔偿责任承担理赔责任。我国建筑工程一切险的主要内容包括物质损失和第三者责任险两部分。

建工险适用于住宅、学校、商店、工厂、旅馆、仓库、娱乐场所、道路、桥梁、水库、码头、管道等工程建筑。由于工程保险内容的交叉性，建筑工程保险不仅适用于工程所有人，还适用于其他有关各方，如施工单位（包括总承包人、分承包人）、工程技术监督单位（包括工程设计人、建筑师等）以及工程贷款银行，他们均可成为建筑工程保险的被保险人，保险单对所有与保险项目有关的各方均给予所需的危险保障。为了避免有关方由于交叉责任相互追偿，大部分建筑工程保险单都加贴共保交叉责任条款，各个被保险人间的交叉责任事故造成的损失均由保险人负责。

（1）保险标的

建工险的承保范围包括建筑项目本身及有关的财产物资和利益。主要有：

1）建筑施工合同中规定的建筑工程，包括永久性工程、临时工程以及工地上的物料。

2）建筑用的机器设备，包括施工用的起重机、推土机、铲车、汽车等各种机器和水泥搅拌、临时供水供电等设备。

3）工地上原有的财产物资，包括工程所有人或承包人在工地上的房屋及其他财产物资。

4）有关安装工程项目，如电梯、空调、暖气等。

5）损害赔偿责任，即建筑施工过程中因意外事故导致他人损害并依法应承担的赔偿责任。

（2）保险责任范围及除外责任

1）责任范围

建工险承保的责任范围相当广泛，保险人对保险期限内，保险单明细表中分项列明的保险财产在列明的工地范围内，因保险单除外责任以外的任何自然灾害或意外事故造成的物质损失及第三者伤害法律责任，承担赔偿责任。主要包括：

① 列明的自然灾害：地震、海啸、雷电、飓风、台风、龙卷风、风暴、暴雨、洪水、水灾、冻灾、冰雹、地崩、山崩、雪崩、火山爆发、地面下陷下沉及其他人力不可抗拒的破坏力强大的自然现象。

② 列明的意外事故：包括火灾、爆炸、空中运行物体坠落等不可预料的以及被保险人无法控制并造成物质损失或人身伤亡的突发性事件。

③ 因发生上述损失所产生的有关费用。

④ 第三者责任：因发生与承保工程直接相关的意外事故引起工地内及邻近区域的第三者人身伤亡、疾病或财产损失，依法应由被保险人承担的经济赔偿责任，以及有关诉讼费用等。

⑤ 未列入保险单除外责任的其他危险责任。

保险人对每一保险项目的赔偿责任均不得超过保险单明细表中对应列明的分项保险金额以及保险单特别条款或批单中规定的其他适用的赔偿限额。但在任何情况下，保险人在保险单项下承担的对物质损失的最高赔偿责任不得超过保险单明细表中列明的总保险金额。

2）除外责任

建筑工程保险的除外责任，除财产保险的例行除外责任外，一般还有下列除外责任：

① 设计错误引起的损失、费用或责任（该责任由直接责任者负责）。

② 自然磨损、内在或潜在缺陷、物质本身变化、自燃、自热、氧化、锈蚀、渗漏、鼠咬、虫蛀、大气（气候或气温）变化、正常水位变化或其他渐变原因造成的保险财产自身的损失和费用。

③ 因原材料缺陷或工艺不善引起的保险财产本身的损失以及为置换、修理或矫正这些缺点错误所支付的费用。

④ 各种违约后果，如罚金、延误、丧失合同及其他后果损失等。

⑤ 其他除外责任，如档案、文件、账簿、票据、现金、各种有价证券、图表资料等的损失等。

2. 安装工程一切险

安装工程一切险简称安工险，是以各种大型机器设备的安装工程项目为保险标的一种的工程保险，保险人对其在安装及试车期间因自然灾害和意外事故造成的一切物质损失，以及被保险人依法应承担的第三者人身伤亡或财产损失的民事赔偿责任承担理赔责任。它适用于各种工厂的机器设备、钢结构工程、起重机、吊车、储油罐等的安装。

安工险是同建工险一起发展起来的，与建工险同属综合性的工程保险业务。与建工险相比，安工险有其明显的特点：一是它以安装工程为主要承保对象，各种大型机器设备是其基本的保险标的；二是风险的阶段性强，危险主要集中在最后阶段，在试车、考核和保证阶段风险最大；三是安装过程专业技术性强，承保风险主要是人为风险。

安工险的承保实务与建工险有很多相通之处，我国安装工程一切险包括以下有关内容：

（1）保险标的

安工险的承保项目主要是安装的机器设备及其安装费，凡属安装工程合同内要安装的机器、设备、装置、物料、基础工程（如地基、座基等）以及安装工程所需的各种临时设施（如临时供水、供电、通信设备等）均包括在内。此外，为完成安装工程而使用的机器、设备等，为工程服务和土木建筑工程及工地上的其他财产物，保险事故后的场地清理费等均可作为附加项目予以承保。

安工险的第三者责任险与建工险第三者责任险相似，既可作为基本保险责任，又可作为附加或扩展保险责任。

同建工险一样，安工险的被保险人可以是所有对安装工程保险标的具有保险利益的人，主要有工程所有人、工程承包人、安装机器设备的制造商或供应商、技术顾问及信贷银行等。

（2）保险责任范围及除外责任

1）责任范围

安工险的保险责任范围与建工险略有区别，两者的责任范围都分为物质财产损失和第三者责任两类，在第三者责任方面两者相同。在物质部分的保险责任方面，安工险除与建工险部分相同外，一般还有如下内容：

① 安装工程由于超负荷、超电压、碰线、电弧、漏电、短路、大气放电及其他电气原因引起的事故。

② 安装技术不善引起的事故。"技术不善"是指按照要求安装但没有达到规定的技术

标准，在试车时往往出现损失。这是安工险的主要责任之一。在承保这一责任时，应要求被保险人对安装技术人员进行技术评价，以保证其技术水平能适应被安装机器设备的要求。

安工险除有关物质部分的基本保险责任外，有时根据投保人的某种特别需要增加额外的风险保障，在基本险责任项下可附加保险责任条款，一般有罢工、暴乱、民众骚乱条款，工地外储存物质条款，有限责任保证期条款，扩展责任保证期条款，使用移交财产条款等。

2）除外责任

安工险物质损失部分的除外责任与建工险多数相同，两者在第三者责任方面相同。在物质部分不同之处为，安工险对设计错误本身的损失除外，而对由此引起的其他保险财产的损失予以负责，建工险则对设计错误造成的损失一概除外。

3. 建筑意外伤害险

《建筑法》第四十八条规定："建筑施工企业应当依法为职工参加工伤保险缴纳工伤保险费。鼓励企业为从事危险作业的职工办理意外伤害保险，支付保险费。"为从事危险作业的职工投保意外伤害险并非强制性规定，是否投保意外伤害险由建筑施工企业自主决定。

建筑意外伤害险保险期限应涵盖工程项目开工之日到工程竣工验收合格日。提前竣工的，保险责任自行终止。因延长工期的，应当办理保险顺延手续。

投保的最低保险金额要能够保障施工伤亡人员得到有效的经济补偿。

根据国家建设部建质〔2003〕107号文件第六条规定："施工企业应在工程项目开工前，办理完投保手续。鉴于工程建设项目施工工艺流程中各工种调动频繁、用工流动性大，投保应实行不记名和不计人数的方式。工程项目中有分包单位的由总承包施工企业统一办理，分包单位合理承担投保费用。业主直接发包的工程项目由承包企业直接办理。"

4. 工程设计责任险

工程设计责任险是针对被保险人因在设计上的疏忽或过失，而引起的工程事故并因此造成的损失和费用。工程设计责任险是设计质量控制的重要手段。

我国工程设计责任险的投保对象规定为：经过国家建设行政主管部门批准，取得相应资质证书并经过工商行政管理部门注册登记，依法成立的建设工程设计单位。可见，我国设计责任保险的对象是设计单位。

工程设计责任险的保险责任包括：建设工程本身的物质损失、事故直接原因导致的第三者人身伤亡或财产损失、与保险人达成一致的诉讼费用、为减少经济赔偿而造成的必要且合理的费用。

5. 十年责任险和两年责任险

工程完工后，依然存在着潜在的风险，工程质量责任保险正是基于建筑物使用周期长、承包商流动性大的特点而专门设立的。该保险的标的是合理使用年限内建筑物本身及其他有关的人身财产。

十年责任险和两年责任险属于特殊产品的责任保险，强制实行这两种保险的国家，如法国，要求承包商必须对于工程本身和建筑设备，分别在十年和两年之内承担相应的质量缺陷责任。基于这种情况，承包商必须向受理十年责任险和两年责任险的保险公司进行投保。在这两种保险业务中，承包商是投保人，业主是被保险人。

6. 职业责任险

职业责任保险是承保各种专业技术人员因工作疏忽或过失造成第三者损害的赔偿责任保险。根据责任范围不同，职业责任保险通常分为两大类：一类适用于被保险人的工作直接涉及人体，保险对象是因被保险人的"工作失职"所造成的损害，投保这类保险的专业人员包括医生、护士以及美容师等；另一类适用于被保险人的工作与人体没有直接关系，保险对象是因被保险人的"错误和疏忽"所造成的损害，投保这类保险的专业人员包括律师、会计师以及建筑师等。

在国际上，建筑师、各种专业工程师、咨询工程师等专业人士均要购买职业责任险，由于设计错误、工作疏忽、监督失误等原因给业主或承包商造成的损失，保险公司将负责进行赔偿。责任保险只承担相应的经济赔偿责任，至于由此产生的其他法律责任，责任保险则不予承保。

根据投保人不同，职业责任险可分为法人职业责任保险和自然人职业责任保险两大类。前者的投保人是具有法人资格的单位组织，以在投保单位工作的个人作为保险对象；后者的投保人是作为个体的自然人，其保险对象是个人的职业责任风险。关于职业责任保险费率的厘定，应着重考虑的因素包括：职业种类、工作场所、单位性质、业务数量、技术水平、职业素质、历史记录、赔偿限额以及免赔额等。

7. 机动车辆险

机动车辆险也属于融财产损失险与责任险为一体的综合性的财产保险，其保险责任包括自然灾害或意外事故而造成的投保车辆的损害。除此之外，机动车辆险的标的还包括第三者责任。机动车分为私用汽车和商用汽车。对承包商而言，必须对意外事故高发生率的运输车辆进行保险。

8. 信用保险与保证保险

信用保险是权利人投保义务人信用的保险。权利人既是投保人，也是被保险人。保险标的是权利人对方的信用风险。信用保险只涉及投保人和保险人两方当事人。例如，由于担心业主不能如期支付工程款，承包商可向保险公司投保，保障业主的支付信用。一旦业主逾期不支付工程款，承包商可从保险公司那里获得相应的经济赔偿。

保证保险是义务人应权利人的要求，通过保险人担保自身信用的保险。义务人是投保人，权利人是被保险人。保险标的是义务人自身的信用风险。保证保险涉及作为当事人的投保人和保险人，以及作为关系人的被保险人。例如，承包商应业主的要求，通过向保险公司投保，保证自己将正常履行合同义务。若承包商中途毁约，保险公司将向业主赔偿相应的损失。

11.1.3　国外工程保险制度

工程保险的真正发展是在第二次世界大战之后。由于战争的破坏，许多工厂和各种机器设备受到严重破坏，无数的建筑物损毁严重。为了恢复生产，重建家园，各种公路、港口、发电厂、学校住宅等设施建设得很快，在重建过程中，工程业主、承包商需要转嫁工程期间的各种风险，需要建筑工程保险和安装工程保险为其保驾护航，这为工程保险的发展提供了必不可少的外部环境。此外，这个时期以承包合同条款的完善为契机，在承包合同中引入了投保工程保险的义务，也对工程保险的迅速发展起到了巨大的推动作用。

1. 主要发达国家的工程保险制度

随着现代工业和现代技术的迅速发展，世界各国都在集中人力、物力和财力，大兴土木工程，兴建新工厂、改造旧工厂，使许许多多的具有现代水平的体育、娱乐、场所和桥梁、隧道高速公路以及写字楼、宾馆、住宅、摩天大厦相继出现。为转嫁这些工程在建造安装期间的各种危险，工程业主和与承包商均需要保险人提供风险保障。在这种情况下，建筑工程保险和安装工程保险也就成为工程建设领域不可或缺的险种。目前，在国际上，一些国家将工程保险确定为强制性险种，例如，美、日、德等国法律规定：凡公共工程必须投保工程险，金融机构融资的项目也必须投保工程险。承包商投保工程险已成为一种国际惯例，业主不会把一个项目交给没有投保有关工程险种的承包商来负责建造。

在国外工程项目管理中，一般强制要求投保工程保险。政府投资的公共工程、金融机构融资项目都必须投保工程保险。若未投保，则银行对该工程不予贷款，竞标时未投保的承包商没有投标资格。投保工程保险已经成为工程承包领域的一种习惯做法。因此，工程保险在德国、美国、英国、法国等发达国家得到了稳步发展。

（1）德国。德国是世界上工程保险保费收入最高的国家之一，也是开展工程保险最早的国家之一，至今已有百余年的历史。在德国的工程保险中，最有特色的是工伤保险制度。根据德国民法，所有雇主都必须承担保护本企业所有雇员的安全、健康责任。凡雇佣员工21人以上的建筑企业，必须设有专职安全管理员，员工人数少于21人的建筑企业必须设有兼职安全管理员，安全管理员应该定期培训，持证上岗。

在监督管理上，德国政府授权建筑业事故保险联合会负责施工安全生产的行业管理，该联合会属于半官半民性质的组织。联合会以工伤事故保险为核心，具体开展制定安全生产技术法规、组织培训教育、事故调查统计、工伤疾病保险等工作。每个企业都必须加入所在地区的联合会，成为联合会的成员。凡承揽工程建设项目的承包商雇主，必须按照雇员人数以及工种的危险程度向联合会交纳工伤保险费，由联合会负责承担保险，保险费率平均为雇员工薪总额的1.36%。联合会承保范围主要包括三种情况：工地上发生的工伤、上班途中发生的伤亡事故以及职业病。但对在工地上干私活、故意违章等行为不予负责。一旦发生工伤事故，由联合会负责康复和补偿事宜，与承包商雇主不再发生任何关系。

施工中的安全预防对于减少事故发生至关重要。在德国，由安全监督工程师代表政府对施工安全生产进行监督检查。其具体职责包括：起草安全生产技术法规，监督安全法规的实施情况，检查所辖施工现场的安全生产，对于违规者采取惩罚措施，如提出警告、罚款以及责令停工等。要成为一名安全监督工程师，必须具备一定的资格，包括受过专业教育、具有现场管理经验、经过建筑业联合会培训认可等。这些措施对于加强建筑施工安全生产管理，保障人身、财产安全发挥了极其重要的作用。

（2）英国。在英国，工程保险业务开展得非常普遍，这是因为工程项目大都是私人出资或商业银行担保融资的，如果工程项目没有全面的保险方案加以保障，一旦发生事故，造成的损失是相当严重的。因此，贷款人通常都要求业主提供关于项目保险投保的细则来确保他们的利益得到保障，未提供这些保险的将不予融资支持。所以，在英国，无论项目大小，工程的各参与方均通过投保工程保险来降低工程建设中的各种风险。

英国的工程项目投保工程险，一般有两种方式：一种由业主投保，另一种由承包商投保。由哪一方投保，直接关系到工程项目的风险保障。若由承包商安排承包合同中要求其投保的项目，不会考虑业主的风险和利益，每个承包商只会投保自己参与工程的那部分的保险，因各个承包商完工的时间可能不一样，整个工程项目的风险就难以得到保障。相反，由业主投保工程险，则可保障工程全过程，投保终止期可至全部工程竣工时，不用考虑到每一个承包商完成时的截止时间，并有能力安排交工延期和利润损失保障。由于上述区别，在英国，工程项目大多由工程业主投保，以控制整个工程项目的风险。

在英国的工程保险中，中介组织发挥着重要作用。英国的保险经纪人制度十分完善。经纪人介入工程保险使投保人可以得到更专业、更全面的服务。经纪人会收集所有技术信息，并整理成文提供给保险公司，以使保险公司了解工程的有关情况，并决定是否承保该工程或者以何种费率和条件承保，同时通过经纪人，保险人还可以掌握所承保工程每一阶段的成本、进度、费用，以便对每一项风险进行评估。同样，保险公估人以其丰富的保险知识、法律知识及建筑、机械、发电等方面的专业经验在工程风险评估、公平理算方面也起到了重要作用。英国的特许公估师协会，负责对整个行业进行协调、规范，实际充当了工程险公估人监管者的角色。

（3）法国。法国是典型的实行强制工程保险制度的国家。早在1804年拿破仑法典就规定，建筑师和设计师必须在建筑完工10年以内对房屋结构缺陷负维修责任，在10年保证期后，除非证明建筑师或设计师有欺诈行为，否则建筑工程所有者将对建筑工程负完全责任。后来，法国对该法典进行了多次修订。在20世纪70年代，建筑工程质量仍存在较多的问题，房屋建筑工程的裂缝、渗漏等缺陷出现次数较多，而且存在工程完工后就找不到建设单位和施工单位的现象，其责任也就无法有效地落实。针对这种情况，法国在1978年制定了《斯比那塔法》，强制建筑工程的参建各方投保质量责任险。当建筑物在交付使用后的一定期限内出现质量事故，且这种事故的发生是由于参建单位的原因所引起的，即参建方应对此承担法律责任，此时，保险人应当根据保险合同的规定给予赔偿，然后再由保险公司向责任方代位追偿。之后的法国《建筑职责与保险》成为强制保险的依据。《建筑职责与保险》分为建筑责任、技术监督、强制保险与建筑保险四个部分。其中强制保险与建筑保险部分规定：保险的责任涉及工程建设活动的所有单位，包括业主、设计上、承包商、分包商、建筑产品制造商、质量检查公司等，均须向保险公司进行投保，保险内容包括新建、改建或维修工程的结构失效以及建筑所在场地的破坏等。《建筑职责与保险》还规定，工程竣工后，承包商应该对该工程的主体部分在10年内承担缺陷保证责任，对建筑设备在2年内承包工程保证责任。

对工程保险监督管理方面，《建筑职责与保险》规定：学校、医院、剧场等公共建筑，以及超高、深基、大跨度和技术复杂的重要建筑，均须实行技术质量监督，否则将被视为违法；其他工程可以实行非强制性技术监督。关于建筑工程质量方面的法规主要是法国标准（NF）和法国规范（DTU）两个技术法规，规定对政府投资建设的公共工程是强制性的，对私人投资的民间工程（涉及公众安全的除外）则是非强制性的。但向保险公司进行投保时，保险公司要求参与建设活动的所有单位对其投保工程必须遵守NF和DTU的规定。在实际业务中，保险公司通常会要求业主雇用某一监督局检查施工图纸并视察工程现场，充分行使事前监督权而非只靠危机管理，否则将拒绝承保或大幅提高保险费。

通过实行强制工程保险制度，使保险公司全面介入工程项目，在施工阶段可以积极协助、监督承包商进行全面质量控制，以保证工程质量符合预期要求，这一方面可以使保险公司避免承担或少承担维修费用；另一方面，也使承包商努力提高自身的质量意识，加强质量管理，提高工程建设质量水平，以取得保险费率的优惠。法国的强制工程保险制度的推行，促使各方为了维护自身的利益积极参与工程质量的监督控制，在客观上最大限度地保护了国家、业主和使用者的合法权益，有力地促进了工程建设质量管理的良性循环。

（4）美国。美国的工程保险市场高度发达，无论承包商、分包商，还是咨询设计单位，如果没有购买相应的工程保险，就无法取得工程合同。投保工程保险是建设主体各方普遍遵循的惯例准则。在美国，已经形成了包括业主、承包商、保险公司、中介咨询服务机构、行业协会和政府管理部门在内的完善的工程保险制度和风险管理体系。

在美国，每个保险公司所提供的险种不尽相同，与工程建设有关的险种主要包括：承包商险、安装工程险、承包商设备险、劳工赔偿险、一般责任险、产品责任险、职业责任险、机动车辆险、环境污染责任险。还有由业主将工程项目各方风险综合起来，统一向保险公司投保的险种，即综合险。这些险种基本上可以满足项目各方的转嫁风险需求。

在美国的工程保险发展中，健全的法律体系起到了重要的推动作用。美国联邦和各州对工程风险都有规定，联邦法律规定了所有的标准，如美国职业安全及卫生管理局规定建筑安全及工伤伤残的标准。而其中50个州的法律则提出了更为具体详细的要求，包括工程所使用的材料、工程设计；设备的规格、制造厂家的保证；工地上的安全和预防、控制损失的程序，对第三方提供保护的责任等。在这些法律框架下，工程业主、承包商等各方为控制工程风险做出了许多努力。保险公司则凭借自己的专业技能，帮助业主和承包商指出潜在的风险及改进措施，并监督保险合同的实施。

2. 国外工程保险的主要险种

（1）工程物质损失保险。这是工程保险中最主要的险种。此类险种涵盖的范围比较广泛，如建筑工程、安装工程、施工机具和设备、工地上已存的建筑物和财产等，当这些财产遭受除外责任以外的原因损失时，由保险人负责赔偿。由于不同工程，其风险大小有显著差异，因此在承保时，保险公司会根据工程所处的地理位置及工程的种类等情况，通过附加条款、备忘录或其他类似条款对标准条款进行修改或补充。

（2）延期利润损失险。这是国际工程保险市场上相当普及的险种，尤其是对于那些准备通过预期收益偿还建设贷款的项目，是必然要投保的险种。如果工程因发生物质损失保险单项下的保险事故导致工程延期，将会使业主遭受毛利润损失，通过投保延期利润损失险，工程业主可以获得财务上的保障。

（3）责任保险。与工程有关的责任保险主要是第三者责任保险和工程质量责任保险、设计或监理责任保险、雇主责任保险。其中第三者责任保险承保在保险期限内，因发生意外事故造成工地及邻近地区第三者的人身伤亡或财产损失，依法应由被保险人承担的赔偿责任。工程质量责任保险，也称内存缺陷保险，承保由于被保险工程的内存缺陷引起的未来突然坍塌的物质损坏或威胁风险，而应由承包商或其他有关方面承担的赔偿责任。近几年来国际上发展起来的新险种CIP（Controlled Insurance Programs），又称受控保险，就是专门为大型基础设施工程而设立的一个险种，其中一项重要的内容正是工程质量责任保险。

（4）人身意外伤害保险。它是以被保险人因遭受意外伤害而造成残疾、死亡等作为赔付条件的人身保险业务。与雇主责任险有所不同，雇主责任险主要承保的雇主应承担的赔偿责任。保障的是雇主的利益，而人身意外伤害保险保障的则是雇员的利益。

11.1.4　国内工程保险制度的发展历程与趋势

我国的工程保险起步较晚。由于政策原因，国家拨款投资的基建项目是不投保工程保险的，工程预算中没有保险费一项，因此我国的工程保险始于涉外领域的建筑安装工程项目。中国人民保险公司于 1979 年起开始办理工程保险，并分别拟定了中国人民保险公司建筑工程一切险和安装工程一切险的条款及保单。1979 年 8 月，国务院和中国人民银行、财政部、国家计委等六部委颁发了《关于办理引进成套设备、补偿贸易等财产保险的联合通知》，规定国内基建单位应将引进的建设项目的保险费列入投资概算内，向中国人民保险公司投保建筑工程险或安装工程险。施工期间在建工程发生保险责任范围内的损失，由保险公司赔偿，国家不再拨款或核销。引进的国外成套设备或国外厂商在我国承建的工程，也应在我国投保。引进的建设项目的保险费列入投资预算。随着利用外资和中外合资兴建的工矿企业和商业服务设施以及公路、桥梁、环保等工程的不断涌现，涉外领域的工程保险得到快速发展，投保率大大提高。与此同时，国内项目的工程保险则几乎处于停滞不前的状态。

进入 20 世纪 90 年代以后，国内的工程保险得到了较大发展，其主要原因是 1994 年国家建设部、中国建设银行印发了《关于调整建筑安装工程费用项目组成的若干规定》，把保险费增加到工程预算中。具体而言，增加的保险费主要在直接工程费和间接费中计取。在直接工程费中，现场管理费所包含的保险费是指施工管理用财产、车辆保险，高空、井下、海上作业等特殊工种安全保险等保险费用；在间接费中，企业管理费所包含的保险费是指企业财产保险、管理用车辆等保险费费用，由此开启了国内工程保险发展的大门。1995 年，中国人民银行颁布了由中国人民保险公司拟定的新的《建筑工程一切险条款》和《安装工程一切险条款》。1998 年 3 月 1 日，《中华人民共和国建筑法》开始实施，其中第四十八条规定："建筑施工企业必须为从事危险作业的职工办理意外伤害保险，支付保险费。"第八十条规定："在建筑物的合理使用寿命内，因建筑工程质量不合格受到损害的，有权向责任者要求赔偿。"这为我国工程保险的发展提供了契机与法律依据。同时我国庞大的建筑市场也是发展工程保险的有力推动因素。因此，自 2001 年以来，我国工程保险的保险费逐年上升，其增长率远远高于全国 GDP 的增长速度，但是工程保险在整个财产保险中所占的比例一直很小。

11.2　工程担保制度概述

11.2.1　工程担保

工程担保制度是工程建设领域的一项国际惯例，是国外工程风险管理的主要方法。工程担保是指担保人（银行、担保公司、保险公司、其他金融机构、商业团体、同业）应工程合同一方（即被担保人）的要求向另一方（即权利人）做出书面承诺，保证如果被担保人无法完成其与权利人签订的合同中规定应由被担保人履行的义务，则由担保人代为履约或做出其他形式的补偿。工程担保实际上是通过担保人转移了权利人对被担保人的信誉风险。

目前工程担保的品种有很多，工程保证担保包括：投标保证、履约保证、业主支付保证、付款保证、预付款保证、维修保证、差额保证、完工保证、分包保证。还有：免税进口材料设备保证、机具使用保证及税务保证等。

除工程保证担保之外，国际上还有一些其他形式的工程担保。例如，保证金、保留金、工程抵押、工程留置、信托基金、反担保等。严格地讲，信托基金应属于信托制度，并非属于担保制度。国际上的工程担保可以分为两种类型，即：有条件保函和无条件保函。

（1）有条件保函。有条件保函又分为传统有条件保函和美式有条件保函两种。

1）传统有条件保函。传统有条件保函是由国际商会（ICC）在《合同担保统一规则》中提出来的一种担保模式。采用这种模式时，业主的索赔要求必须经承包商书面同意，或按照合同约定经过仲裁或法院判决后执行。赔付要求须基于违约责任，但保证人无需介入违约责任的认定。由于业主在遭受损失后很难立即得到赔付，而且诉讼程序烦琐，时间漫长，费用也较高，目前在国际上已很少采用。

2）美式有条件保函。美式有条件保函是由国际商会（ICC）基于美国的高保额有条件保函在《契约保证单统一规则》中提出来的一种担保模式。所谓高保额，是指履约保函和付款保函的担保额度均为主合同金额的100%；有条件主要是指债权人就保证担保保函要求索赔时，必须出具相关资料证明被保证人违约，如果是债权人恶意索赔，则可免除保证人的担保责任。这也是高保额有条件保函模式公平性的重要体现。美国和受美国担保模式影响较大的美洲其他国家，都主要采用这种模式。

与传统有条件担保模式相比，美式有条件担保模式强调担保人介入违约责任的认定，并且采用100%履约担保和100%付款担保。此时的担保人为专业保证担保机构，并接受严格监管。

（2）无条件保函。无条件保函是国际商会在《见索即付保函统一规则》中提出的一种模式。

这种担保模式起源于中东地区，目前已成为这一地区唯一被接受的担保模式，欧洲的大部分国家现在也都采用低保额无条件保函模式。这是一种见索即付模式，业主无需证明承包商违约，而只需按照保函中所规定的索赔程序出示相应文件，担保人就需付款。

11.2.2 我国工程担保体系

我国的工程保证担保制度起步较晚。目前，我国工程项目建设领域已经实施的建设工程合同担保包括：投标担保、履约担保（含保修责任期担保）、预付款担保等，国内工程担保可以引用的主要担保法律是《中华人民共和国担保法》❶ 和《中华人民共和国招标投标法》。20 世纪 80 年代初在利用世界银行贷款进行经济建设的过程中，工程保证担保作为工程建设项目管理的国际惯例之一被引入我国。近年来，随着我国工程建设规模扩大，市场竞争日益增强，如何用市场手段规范我国日益发展的建筑市场一直是各级政府主管部门关注的问题。

我国的《民法典》中共规定五种担保方式：保证、抵押、质押、留置、定金。我国在工程担保中主要采用保证、抵押、质押和定金（保证金）这四种。除了保证外，其他三种

---

❶ 在 2020 年颁布《民法典》后，《担保法》自 2021 年 1 月 1 日起废止。担保制度体现于《民法典》的物权编、合同编。

担保形式都可由业主与承包商自行约定，不涉及第三方。

国家建设部建市〔2004〕137号文件《关于在房地产开发项目中推行工程建设合同担保的若干规定（试行）》规定工程保证担保类型共有投标担保、承包商履约担保、业主工程款支付担保和承包商付款担保4种：

1. 投标担保

投标担保是指由担保人为投标人向招标人提供的，保证投标人按照招标文件的规定参加招标活动的担保。投标人在投标有效期内撤回投标文件，或中标后不签署工程建设合同的，由担保人按照约定履行担保责任。

投标担保可采用银行保函、专业担保公司的保证，或定金（保证金）担保方式，具体方式由招标人在招标文件中规定。

投标担保的担保金额一般不超过投标总价的2%，最高不得超过80万元人民币。

投标人采用保证金担保方式的，招标人与中标人签订合同后5个工作日内，应当向中标人和未中标的投标人退还投标保证金。

投标担保的有效期应当在合同中约定。合同约定的有效期截止时间为投标有效期后的30～180天。

除不可抗力外，中标人在截标后的投标有效期内撤回投标文件，或者中标后在规定的时间内不与招标人签订承包合同的，招标人有权对该投标人所交付的保证金不予返还；或由保证人按照下列方式之一，履行保证责任：

（1）代承包商向招标人支付投标保证金，支付金额不超过双方约定的最高保证金额；

（2）招标人依法选择次低标价中标，保证人向招标人支付中标价与次低标价之间的差额，支付金额不超过双方约定的最高保证金额；

（3）招标人依法重新招标，保证人向招标人支付重新招标的费用，支付金额不超过双方约定的最高保证金额。

2. 承包商履约担保

承包商履约担保，是指由保证人为承包商向业主提供的，保证承包商履行工程建设合同约定义务的担保。

承包商履约担保的担保金额不得低于工程建设合同价格（中标价格）的10%。采用经评审的最低投标价法中标的招标工程，担保金额不得低于工程合同价格的15%。

承包商履约担保的方式可采用银行保函、专业担保公司的保证。具体方式由招标人在招标文件中作出规定或者在工程建设合同中约定。

承包商履约担保的有效期应当在合同中约定。合同约定的有效期截止时间为工程建设合同约定的工程竣工验收合格之日后30～180天。

承包商由于非业主的原因而不履行工程建设合同约定的义务时，由保证人按照下列方式之一，履行保证责任：

（1）向承包商提供资金、设备或者技术援助，使其能继续履行合同义务。

（2）直接接管该项工程或者另觅经业主同意的有资质的其他承包商，继续履行合同义务，业主仍按原合同约定支付工程款，超出原合同部分的，由保证人在保证额度内代为支付。

（3）按照合同约定，在担保额度范围内，向业主支付赔偿金。

（4）业主向保证人提出索赔之前，应当书面通知承包商，说明其违约情况并提供项目总监理工程师及其监理单位对承包商违约的书面确认书。如果业主索赔的理由是因建筑工程质量问题，业主还需同时提供建筑工程质量检测机构出具的检测报告。

（5）同一银行分支行或专业担保公司不得为同一工程建设合同提供业主工程款支付担保和承包商履约担保。

3. 业主工程款支付担保

业主工程款支付担保，是指为保证业主履行工程合同约定的工程款支付义务，由担保人为业主向承包商提供的，保证业主支付工程款的担保。

业主在签订工程建设合同的同时，应当向承包商提交业主工程款支付担保。未提交业主工程款支付担保的建设工程，视作建设资金未落实。

业主工程款支付担保可以采用银行保函、专业担保公司的保证。

业主支付担保的担保金额应当与承包商履约担保的担保金额相等。

业主工程款支付担保的有效期应当在合同中约定。合同约定的有效期截止时间为业主根据合同的约定完成了除工程质量保修金以外的全部工程结算款项支付之日起 30～180 天。

对于工程建设合同额超过 1 亿元人民币以上的工程，业主工程款支付担保可以按工程合同确定的付款周期实行分段滚动担保，但每段的担保金额为该段工程合同额的 10%～15%。

业主工程款支付担保采用分段滚动担保的，在业主、项目监理工程师或造价工程师对分段工程进度签字确认或结算，业主支付相应的工程款后，当期业主工程款支付担保解除，并自动进入下一阶段工程的担保。

业主工程款支付担保与工程建设合同应当由业主一并送建设行政主管部门备案。

4. 承包商付款担保

承包商付款担保，是指担保人为承包商向分包商、材料设备供应商、建设工人提供的，保证承包商履行工程建设合同的约定向分包商、材料设备供应商、建设工人支付各项费用和价款，以及工资等款项的担保。

承包商付款担保可以采用银行保函、专业担保公司的保证。

承包商付款担保的有效期应当在合同中约定。合同约定的有效期截止时间为自各项相关工程建设分包合同（主合同）约定的付款截止日之后的 30～180 天。

承包商不能按照合同约定及时支付分包商、材料设备供应商、工人工资等各项费用和价款的，由担保人按照担保函或保证合同的约定承担担保责任。

11.2.3　工程保证担保的责任

保证的方式包括一般保证和连带责任保证。

我国《民法典》第六百八十七条规定："当事人在保证合同中约定，债务人不能履行债务时，由保证人承担保证责任的，为一般保证。一般保证的保证人在主合同纠纷未经审判或者仲裁，并就债务人财产依法强制执行仍不能履行债务前，对债权人可以拒绝承担保证责任。但是有下列情形之一的除外：

（1）债务人下落不明，且无财产可供执行；

（2）人民法院受理债务人破产案件；

（3）债权人有证据证明债务人的财产不是以履行全部债务或者丧失履行债务的能力；

（4）保证人以书面形式放弃本款规定的权利的。"

《民法典》第六百八十八条规定："当事人在保证合同中约定保证人和债务人对债务承担连带责任的，为连带责任保证。连带责任保证的债务人不履行到期债务或者发生当事人约定的情形时，债权人可以请求债务人履行债务，也可以请求保证人在其保证范围内承担保证责任。"

《民法典》第六百八十六条规定："当事人在保证合同中对保证方式没有约定或者约定不明确的，按照一般保证承担保证责任。"

在建筑工程中如果担保采用一般保证，一方面担保人不会主动参与到工程实施过程中发挥工程担保应有的风险防范作用，不利于调动担保人的积极性，另一方面如果工程出现纠纷只有等到法院判决才执行担保合同，那么担保的履行效率会大大降低。为保证工程顺利实施，必须将担保人对其出具的保函或担保书的担保保证责任规定为承担连带责任，这样规定就可以使得一旦出现承包人违约，担保人能够主动积极参与其中进行协调，把矛盾和问题解决在萌芽阶段，减少因为承发包双方的消极作为或不作为而导致的损失。

11.2.4　保证人

保证合同是为保障债权的实现，保证人和债权人约定，当债务人不履行到期债务或者发生当事人约定的情形时，保证人履行债务或者承担责任的合同。

我国《民法典》第六百八十三条对保证人资格的规定：

（1）机关法人不得为保证人，但经国务院批准为使用外国政府或者国际经济组织贷款进行转贷的除外。

（2）以公益为目的的非营利法人、非法人组织不得为保证人。

目前我国现行规定中，工程担保人共有四种：

（1）建设部（建市［2004］137号）文件第六条规定"工程建设合同担保的保证人应是中华人民共和国境内注册的有资格的银行业金融机构、专业担保公司。"

（2）北京、深圳、温州等地规定：在中华人民共和国境内注册的保险公司也可作为工程担保的保证人。

（3）杭州、沈阳、天津等地规定：提倡采用同业担保的方式进行承包商履约担保。

（4）建设部（建市［2004］137号）文件规定："……不符合该条件的，可以与其他担保公司共同提供担保。"

11.2.5　国外工程担保制度

1. 工程担保制度产生的背景

工程担保最早起源于美国，主要经历了施工留置权、赫德法案、米勒法案等阶段。

（1）美国1791年施工留置权

1776年，美国独立后，急需建设一座气势宏伟的新首都，但当时的美国国力并不能承受这样巨大的建设计划。为了鼓励人们参与建设以及免除财政和人们反抗的后顾之忧，提出了施工留置权，该施工留置权与动产留置不同。不动产施工留置权采用登记制，除了承包商，与业主有间接合同关系的工人、供应商、分包商也有留置权。不管是业主还是承包商的原因，债权到期后，债权人可在不动产登记机构登记留置权，直至付款及赔偿解决为止。如果业主拒绝付款或已无偿付能力，留置权人可依法拍卖不动产以清偿欠款。这样在建设首都的过程中，假如联邦政府拖欠工程款，被欠款的人可依法留置和拍卖政府工程，社会上拖欠工程款的情况也很快就归于消失。

施工留置权法律规定，发生留置权登记后，业主可向不动产登记机构提交一份保额为留置索赔金额 100％以上的第三方保证，同时解除留置权登记。承包商付款担保提交给业主，事先在不动产登记机构登记备案，工人、供应商、分包商的留置索赔也就变成了对承包商付款担保的索赔，从而保护政府工程免受留置。

（2）赫德法案

到了 19 世纪下半叶，电力的应用引发了第二次工业革命，到 19 世纪末，美国建筑业进入了迅猛发展时期。当时，成为承包商无需任何特殊的教育和经验背景，组建公司的成本也很低，大量劣质承包商使公共工程失败的比率急剧上升。为规范建筑市场和促进建筑业的健康发展，解决个人担保存在的局限性，1884 年 8 月 13 日，美国国会颁布了"赫德法案"，规定承接联邦政府工程的承包商必须提交一份履约保证担保，并以法人保证担保取代了个人保证担保，公共工程担保制度首先得到美国联邦政府的正式确认。

（3）米勒法案

第一次世界大战后，美国经济高速发展，出现了许多大型基建项目，例如 1931 年建造的 103 层的纽约帝国大厦。由于工程承包层次越来越复杂，工程款沿合同链流动时经常遇到各种障碍，工资、材料款、分包款经常不能得到按时支付从而导致大量留置索赔，以至业主可能要付两次工程款。承包商和分包商亏损或破产甚至卷款而逃时，往往留下一堆烂账让业主去赔付。

为最大限度免除政府责任和保护公共利益，美国国会又于 1935 年通过了"米勒法案"，该法案规定：当签订新建、改建、修复 10 万美元以上的联邦政府工程合同时，承包商必须提供全额的履约保证及付款保证，并按照下列标准确定付款保证金额：

1）对于 100 万美元以下的工程，付款保证金额取合同价格的 50％。

2）对于 100 万～500 万美元的工程，付款保证金额取合同价格的 40％。

3）对于超过 500 万美元的工程，付款保证金额取 250 万美元。

"米勒法案"还规定：担保公司的营业资格审查由美国财政部负责，财政部每年公布资质合格的担保公司名单。到了 1942 年，美国许多州的州议会通过了"小米勒法案"。该法案规定：凡州政府投资兴建的公共工程项目均须事先取得工程担保。从此，公共工程担保制度在美国得以推广实行。

2. 发达国家和国际组织的工程担保制度

（1）美国的"美式担保"

尽管在国际上占据市场份额绝对优势的是银行保函模式，但是在美国，90％以上采用担保公司保证书的模式，"美式担保"成为区别于银行保函模式的一个重要流派。在国际工程担保市场上，"美式担保"占到 20％～25％的份额，而其中近 2/3 又是来自美国的工程担保业务。

美国的担保公司具有较大的金融机构的身份，具有充足的资金实力来提供担保服务，担保公司全部由担保、法律、管理方面的专家组成。这些担保公司进入工程担保行业从事经营活动必须符合州政府的有关规定。

根据统计，1988 年，美国约有 7000 起承包商违约事件发生，留下一批未完成的私人工程和公共工程，损失总额达 20 亿美元。损失并不需要政府来弥补，纳税人的权益得到了完全的保护，其原因在于担保公司提供了必要的补偿措施。同年，美国有近 800 亿美元的公共工程由保证人提供了必要的信用保障。

保证人判断承包商的工作经验、管理特点及财务状况的方法，主要通过收集分析从承包商及其他渠道获得的必要信息，包括：主要雇员履历，企业经营计划，完工工程清单，财务系列报表，业主、建筑师和工程师的推荐信，与分包商和供应商的合同，银行承诺信用额度证明。只有评估得出了肯定结论，保证人才会分别考虑承包商提出的每个保证担保要求。保证费率也要衡量承包商的信用程度及工程合同的规模大小，然后才能加以确定。

（2）英国的"信托基金"担保

英国是现代工业文明的发源地，是传统工程管理模式的代表。除了在欧洲乃至世界范围内普遍流行的银行担保制度之外，英国的"信托基金"模式也非常独特。

信用基金模式是指，业主在合同生效后 1 周内，向受托人（Trustee）支付一笔相当于原值的款项，或者提供由银行及其他金融机构出具的相当于原值的即付保证书，以此建立信托基金。信托基金的原值是合同生效日合同价款总额的 1.5 倍，然后除以合同生效日至合同完成日之间的月份数。业主具有使其在信托基金中的资金维持于原值的义务。

信托基金的受益人为承包商及其下属的分包商和供应商。如果业主破产或公司解散，因而无力偿债，则受益人可以向受托人提出赔偿要求，受托人可自行向受益人支付一笔不超过应得款项总值的信托付款。

信用基金模式，在 ICE 制定的《新工程合同文件》（NEC 合同条件）选项 V 中得到了确认。除此之外，NEC 合同条件还允许采用母公司担保形式。NEC 合同条件选项 H "母公司担保"规定，若承包商有其母公司，承包商应按招标文件中规定的格式，由母公司向业主出具履约保证书。若履约保证书不能在合同生效日提交，则应在合同生效后 4 周内提交给业主。

（3）日本的"同业担保"

担保在建设管理方面，日本表现出一种融汇东西的混合模式。这种特色得益于学习西方先进管理经验的同时，保持了本民族的东方文化传统。日本建筑业的成功依靠"长期信赖关系"来维系，这种关系建立在相互信任、长期稳定的基础之上，业主、总承包商、专业分包商以及材料设备供应商几十年如一日地合作发展，逐渐形成一个层次合理、共同繁荣的产业结构。

在这样的社会背景下，除了采用符合国际惯例的工程保证担保形式之外，对于国内工程合同，日本往往是由另一家具有同等资信或更高资信水平的承包商作为保证人来提供信用担保。

日本《建设业法》第二十一条"合同的保证"规定，在建设工程承包合同中，如果工程价款部分或全部以预付款形式支付，发包方在向承包商支付预付款之前，可以要求承包商提供保证人担保，否则业主将不予支付。保证人必须具备下列条件之一：当被保证人不履行其义务时，保证人应支付延期利息、违约金及其他经济损失；或者保证人同样作为承包商，能够亲自代替被保证人完成该项工程。如果该工程属于承包价额不满五百万日元的小型工程，根据《建设业法实施令》，将不再需要保证人进行担保。采用这种"同业担保"模式，首先，有利于强化建筑企业内部的信用约束意识；其次，既保证了工程合同的按规定日期履行，又保证了工程建设的正常进行；再者，将流向行业外部的保证费用留在了行业内部，有效地降低了管理成本。

（4）世界银行贷款项目的工程担保制度

世界银行贷款项目在其制定的招标文件范本《土建工程国际竞争性招标文件》第2章《投标人须知》中，对于投标保证和履约保证做出了明确的规定。关于投标保证金规定如下：

1）作为投标书的一部分，投标人应用招标资料表中规定的业主所在国的当地货币的金额或相当于该金额的一种可自由兑换的外币提供投标保证金。

2）根据投标人的选择，投标保证金可以是保兑支票、信用证或由在投标人选择的任一合格来源固有信誉的银行出具的保函。银行保函的格式应符合招标文件的要求，经过业主事先批准的其他格式亦可采用。直至投标书的有效期后的第28天，并且超过《土建工程国际竞争性招标文件》第16.2款要求的延期，投标保证金均应保持有效。

3）对于未能按要求提供投标保证金的投标书，业主应视其为不响应投标而予以拒绝。联营体应以联营体的名义提供投标保证金。

4）未中标的投标人的投标保证金应尽快退还，最迟不超过投标有效期满后的28天。

5）中标人的投标保证金应在其签约并按要求提供了履约保证金后予以退还。

6）投标保证金将被没收的情形

至于履约保证金，世界银行招标文件与FIDIC合同条件的规定基本相同。此外，世行招标文件还给出了银行投标保函、银行履约保函（无条件的）和预付款银行保函的标准格式。

（5）FIDIC的工程担保制度

FIDIC合同条件被尊为工程合同规范管理的经典，世界银行以及50多个国家将其作为工程合同通用条款。《FIDIC施工合同条件》关于工程担保的规定具有一定的代表性，涉及的条款有：

1）履约担保

承包商应对严格履约（自费）取得履约担保，保证金额和币种应符合投标书附录中的规定。如投标书附录中没有提出保证金额，本款不适用。

承包商应在收到中标函28天内向业主提交履约担保，并向工程师送一份副本。履约担保应由雇主批准的国家（或其他司法管辖区域）内的实体提供，并采用专用条件所附格式，或雇主批准的其他格式。

如果履约担保是银行保函的格式，它应由工程所在国的银行，或直接由雇主认可的外国银行出具。如果履约担保不是银行保函的格式，它应由在工程所在国注册或取得营业执照的金融实体提供。

承包商应确保履约担保直到承包商完成工程的施工、竣工及修补完任何缺陷前持续有效和可执行。如果在履约担保的条款中规定了其期满日期，而承包商在该期满日期前28天尚无权拿到履约证书，承包商应将履约担保的有效期延长至工程竣工和修补完任何缺陷时为止。

除出现以下情况雇主应根据合同规定有权获得的金额外，雇主不应对履约担保提出索赔：

① 承包商未能按上段所述的要求延长履约担保的有效期，这时雇主可以索赔履约担保的全部金额；

② 承包商未能在商定或确定后 42 天，将承包商同意的，或按照第 2.5 款［雇主的索赔］或第 20 条［索赔、争端和仲裁］的规定确定的承包商应付金额付给雇主；

③ 承包商未能在收到雇主要求纠正违约的通知后 42 天内进行纠正；

④ 根据第 15.2 款［由雇主终止］的规定，雇主有权终止合同的情况，不论是否已发出终止通知。

雇主应保障和保持使承包商免受因雇主根据履约担保提出的超出雇主有权索赔范围的索赔引起的所有损害赔偿费、损失和开支（包括法律费用和开支的）的伤害。

雇主应在收到履约证书副本后 21 天内，将履约担保退还给承包商。

2）预付款

当承包商按照本款提交一份保函后，雇主应支付一笔预付款，作为用于动工的无息贷款。预付款总额、分期预付的次数和时间安排（如次数多于一次），及使用的货币和比例，应按投标书附录中的规定。

工程师收到承包商报表，以及雇主收到其按照第 4.2 款［履约担保］要求提交的履约担保，和由雇主批准的国家（或其他司法管辖区）的实体，以专用条件所附格式或雇主批准的其他格式签发的，金额和货币种类与预付款一致的保函后，应发出期中付款证书，作为首次分期预付款。

在还清预付款前，承包商应确保此保函一致有效并可执行，但其总额可根据付款证书列明的承包商付还的金额逐渐减少。如果保函条款中规定了期满日期，而在期满日期前 28 天预付款未还清时，承包商应将保函有效期延至预付款还清为止。

3）保留金的支付

在 FIDIC 合同条件下，针对施工阶段和缺陷责任制两个阶段，保留金在相应的期限届满后依次返还。

当已颁发工程接收证书，且工程已通过所有现实的试验时，应将保留金的前一半付给承包商。

当各缺陷责任期的最末一个期满日期后，应立即将保留未付的余额付给承包商。

11.3　工程质量保证金制度

2017 年，住房和城乡建设部、财政部发布《建设工程质量保证金管理办法》（建质〔2017〕138 号）。其中第七条规定：发包人应按合同约定方式预留保证金，保证金总额预留比例不得交于工程价款结算总额的 3%。

建设工程质量保证金（保修金）（以下简称保证金）是指发包人与承包人在建设工程承包合同中约定，从应付的工程款中预留，用以保证承包人在缺陷责任期内对建设工程出现的缺陷进行维修的资金。缺陷责任期一般为六个月、十二个月或二十四个月，具体可由发、承包双方在合同中约定。

发包人应当在招标文件中明确保证金预留、返还等内容，并与承包人在合同条款中对涉及保证金的下列事项进行约定：

（1）保证金预留、返还方式；

（2）保证金预留比例、期限；

（3）保证金是否计付利息，如计付利息、利息的计算方式；

（4）缺陷责任期的期限及计算方式；

（5）保证金预留、返还及工程维修质量、费用等争议的处理程序；

（6）缺陷责任期内出现缺陷的索赔方式。

缺陷责任期内，实行国库集中支付的政府投资项目，保证金的管理应按国库集中支付的有关规定执行。其他政府投资项目，保证金可以预留在财政部门或发包方。缺陷责任期内，如发包方被撤销，保证金随交付使用资产一并移交使用单位管理，由使用单位代行发包人职责。

社会投资项目采用预留保证金方式的，发、承包双方可以约定将保证金交由金融机构托管；采用工程质量保证担保、工程质量保险等其他保证方式的，发包人不得再预留保证金，并按照有关规定执行。

缺陷责任期从工程通过竣（交）工验收之日起计。由于承包人原因导致工程无法按规定期限进行竣（交）工验收的，缺陷责任期从实际通过竣（交）工验收之日起计。由于发包人原因导致工程无法按规定期限进行竣（交）工验收的，在承包人提交竣（交）工验收报告90天后，工程自动进入缺陷责任期。

社会投资项目采用预留保证金方式的，预留保证金的比例可参照执行。

缺陷责任期内，由承包人原因造成的缺陷，承包人应负责维修，并承担鉴定及维修费用。如承包人不维修也不承担费用，发包人可按合同约定扣除保证金，并由承包人承担违约责任。承包人维修并承担相应费用后，不免除对工程的一般损失赔偿责任。

由他人原因造成的缺陷，发包人负责组织维修，承包人不承担费用，且发包人不得从保证金中扣除费用。

缺陷责任期内，承包人认真履行合同约定的责任，到期后，承包人向发包人申请返还保证金。

发包人在接到承包人返还保证金申请后，应于14日内会同承包人按照合同约定的内容进行核实。如无异议，发包人应当在核实后14日内将保证金返还给承包人，逾期支付的，从逾期之日起，按照同期银行贷款利率计付利息，并承担违约责任。发包人在接到承包人返还保证金申请后14日内不予答复，经催告后14日内仍不予答复，视同认可承包人的返还保证金申请。

发包人和承包人对保证金预留、返还以及工程维修质量、费用有争议，按承包合同约定的争议和纠纷解决程序处理。

建设工程实行工程总承包的，总承包单位与分包单位有关保证金的权利与义务的约定，按照发包人与承包人相应的权利与义务的约定执行。

复 习 思 考 题

1. 什么是工程保险？工程保险与传统财产保险有哪些不同？

2. 我国工程保险主要包含的类型有哪些？

3. 什么是工程担保？工程保证担保包含哪些类型？

4. 我国的工程担保包含哪些类型？

5. 工程担保的责任有哪些？

6. 我国哪些组织能够为其他单位提供工程担保？

附录1 住房和城乡建设部《大型工程技术风险控制要点》摘录

2018年2月2日，住房和城乡建设部组织编制了《大型工程技术风险控制要点》，现将通知中"7 施工阶段的风险控制要点"内容摘录如下。

7 施工阶段的风险控制要点

7.1 地基基础

7.1.1 桩基断裂风险

1. 风险因素分析

（1）桩原材料不合格；

（2）桩成孔质量不合格；

（3）桩施工工艺不合理；

（4）桩身质量不合格。

2. 风险控制要点

（1）钢筋、混凝土等原材料应选择正规的供应商；

（2）加强对原材料的质量检查，必要时可取样试验；

（3）钻机安装前，应将场地整平夯实；

（4）机械操作员应受培训，持证上岗；

（5）成桩前，宜进行成孔试验；

（6）对桩孔径、垂直度、孔深及孔底虚土等进行质量验收；

（7）根据土层特性，确定合理的桩基施工顺序；

（8）应结合桩身特性、土层性质，选择合适的成桩机械；

（9）混凝土配合比应通过试验确定，商品混凝土在现场不得随意加水；

（10）混凝土浇筑前，应测孔内沉渣厚度，混凝土应连续浇筑，并浇筑密实；

（11）钢筋笼位置应准确，并固定牢固；

（12）开挖过程中严禁机械碰撞，野蛮截桩等行为。

7.1.2 高填方土基滑塌风险

1. 风险因素分析

（1）下部存在软弱土层，在高填方作用下会产生滑移；

（2）施工速度较快，使得地基土中孔隙水的压力来不及消散，有效应力降低，抗剪强度降低；

（3）存在渗透水压力的作用。

2. 风险控制要点

（1）处理软弱层地基。对地基处理技术进行现场承载力试验，确定合理的承载力设计值；

（2）加强地表和地下综合排水措施；

（3）比选抗滑桩加坡脚外的反压护道、放缓边坡坡率、加设挡土墙和加筋土处理等方案，择优或组合选定设计方案；

（4）控制回填土的成分和压实质量；

（5）监控高填方填筑过程，确定适宜的施工控制参数。

7.1.3 高切坡失稳风险

1. 风险因素分析

（1）勘察未查清岩土体结构面、软弱面的空间分布规律，结构面、软弱面的岩土强度参数，边坡变形破坏模式等；

（2）施工单位无高切坡施工经验；

（3）未按设计要求施工；

（4）不按逆作法施工，一次性切坡开挖高度过大等。

2. 风险控制要点

（1）应不断提高和改进边坡勘察方法和手段，提高勘察成果质量，但有些地质缺陷，如裂隙、软弱夹层等，其隐蔽性较强，抗剪强度参数确定较难，因此强调边坡开挖过程中要注意地质调查核实，及时反馈地质信息，必要时进行施工勘察；

（2）应按设计要求进行，施工中发现的异常情况或与勘察、设计有出入的问题应及时反馈信息；

（3）加强勘察期、施工期以及边坡运行期的监测工作，动态掌握边坡的变形发展情况，最大限度降低边坡事故带来的经济财产损失。

7.1.4 深基坑边坡坍塌风险

1. 风险因素分析

（1）地下水处理方法不当；

（2）对基坑开挖存在的空间效应和时间效应考虑不周；

（3）对基坑监测数据的分析和预判不准确；

（4）基坑围护结构变形过大；

（5）围护结构开裂、支撑断裂破坏；

（6）基坑开挖土体扰动过大，变形控制不力；

（7）基坑开挖土方堆置不合理，坑边超载过大；

（8）降排水措施不当；

（9）止水帷幕施工缺陷不封闭；

（10）基坑监测点布设不符合要求或损毁；

（11）基坑监测数据出现连续报警或突变值未被重视；

（12）坑底暴露时间太长；

（13）强降雨冲刷，长时间浸泡；

（14）基坑周边荷载超限。

2. 风险控制要点

(1) 应保证围护结构施工质量；

(2) 制定安全可行的基坑开挖施工方案，并严格执行；

(3) 遵循时空效应原理，控制好局部与整体的变形；

(4) 遵循信息化施工原则，加强过程动态调整；

(5) 应保障支护结构具备足够的强度和刚度；

(6) 避免局部超载、控制附加应力；

(7) 应严禁基坑超挖，随挖随支撑；

(8) 执行先撑后挖、分层分块对称平衡开挖原则；

(9) 遵循信息化施工原则，加强过程动态调整；

(10) 加强施工组织管理，控制好坑边堆载；

(11) 应制定有针对性的浅层与深层地下水综合治理措施；

(12) 执行按需降水原则；

(13) 做好坑内外排水系统的衔接；

(14) 按规范要求布设监测点；

(15) 施工过程应做好对各类监测点的保护，确保监测数据连续性与精确性；

(16) 应落实专人负责定期做好监测数据的收集、整理、分析与总结；

(17) 应及时启动监测数据出现连续报警与突变值的应急预案；

(18) 合理安排施工进度，及时组织施工；

(19) 开挖至设计坑底标高以后，及时验收，及时浇筑混凝土垫层；

(20) 控制基坑周边荷载大小与作用范围；

(21) 施工期间应做好防汛抢险及防台抗洪措施。

7.1.5 坑底突涌风险

1. 风险因素分析

(1) 止水帷幕存在不封闭施工缺陷，未隔断承压水层；

(2) 基底未作封底加固处理或加固质量差；

(3) 减压降水井设置数量、深度不足；

(4) 承压水位观测不力；

(5) 减压降水井损坏失效；

(6) 减压降水井未及时开启或过程断电；

(7) 在地下水作用下、在施工扰动作用下底层软化或液化。

2. 风险控制要点

(1) 具备条件时应尽可能切断坑内外承压水层的水力联系，隔断承压含水层；

(2) 基坑内局部深坑部位应采用水泥土搅拌桩或旋喷桩加固，并保证其施工质量；

(3) 通过计算确定减压降水井布置数量与滤头埋置深度，并通过抽水试验加以验证；

(4) 坑内承压水位观测井应单独设置，并连续观测、记录水头标高；

(5) 在开挖过程中应采取保护措施，确保减压降水井的完好性；

(6) 按预定开挖深度及时开启减压降水井，并确保双电源供电系统的有效性。

7.1.6 地下结构上浮风险

1. 风险因素分析

（1）抗拔桩原材料不合格；

（2）地下工程施工阶段未采取抗浮措施；

（3）抗浮泄水孔数量不足或提前封井；

（4）施工降水不当；

（5）顶板覆土不及时；

（6）抗拔桩施工质量不合格。

2. 风险控制要点

（1）正确选择沉桩工艺，严格工艺质量；

（2）应考虑施工阶段的结构抗浮，制定专项措施；

（3）与设计沟通确定泄水孔留设数量与构造方法，并按规定时间封井；

（4）项目应编制施工降水方案，根据土质情况选择合适的降水方案；

（5）应向施工人员进行降水方案交底，根据方案规定停止降水；

（6）施工场地排水应畅通，防止地表水倒灌地下室；

（7）根据施工进度安排，及时组织覆土；

（8）覆土应分层夯实，土密实度应符合设计要求；

（9）项目应施工人员进行技术交底，应按图施工；

（10）加强对桩身质量的检查，抗拉强度应符合设计规定，必要时可取样试验。

7.2 大跨度结构

7.2.1 结构整体倾覆风险

1. 风险因素分析

（1）基础承载力不足、断桩；

（2）基础差异沉降过大；

（3）主体结构材料或构件强度不符合设计要求；

（4）相邻建筑基坑施工影响；周侧开挖基坑过深、变形过大。

2. 风险控制要点

（1）应保证地质勘查质量，确保工程设计的基础性资料的正确性；

（2）正确选择沉桩工艺，严格工艺质量；

（3）应注意土方开挖对已完桩基的保护；

（4）加强施工过程中的沉降观测，控制好基础部位的不均匀沉降；

（5）加强对原材料的检查，按规定取样试验；

（6）做好对作业层的技术交底，确保按图施工；

（7）主体结构施工要加强隐蔽验收，确保施工质量；

（8）基坑施工方案应考虑对周边建筑的影响，要通过技术负责人的审批及专家论证；

（9）基坑施工时，应加强对周边建筑变形及应力的监测，并准备应急方案；

（10）注意相邻基坑开挖施工协调，避免开挖卸荷对已完基础结构的影响。

7.2.2 超长、超大截面混凝土结构裂缝风险

1. 风险因素分析

(1) 后浇带、诱导缝或施工缝设置不当;

(2) 配合比设计不合理;

(3) 浇筑、养护措施不当;

(4) 不均匀沉陷;

(5) 温度应力超过混凝土开裂应力。

2. 风险控制要点

(1) 按设计与有关规范要求正确留设后浇带、诱导缝以及施工缝;

(2) 应制定针对性的混凝土配合比设计方案;

(3) 按照设计与有关规范要求进行浇筑与养护;

(4) 确保地基基础的施工质量,符合设计要求;

(5) 模板支撑系统应有足够的承载力和刚度,且拆模时间不能过早,应按规定执行;

(6) 监测混凝土温度应力,不应大于混凝土开裂应力。

7.2.3 超长预应力张拉断裂风险

1. 风险因素分析

(1) 预应力筋断裂;

(2) 锚具(或夹具)组件破坏;

(3) 张拉设备故障。

2. 风险控制要点

(1) 预应力筋材料选择正规的供应商,进场时除提供合格证检验报告外,还应按要求取样送检;

(2) 应对外观等进行质量检查,合格后方可使用;

(3) 张拉速度应均匀且不宜过快,要符合规范要求;

(4) 选择原材料质量有保证的厂家产品,并应提供产品合格证和检验报告等资料;

(5) 进场时应按批量取样检验,合格后方可使用;

(6) 张拉设备的性能参数应满足张拉要求;

(7) 张拉设备的安装应符合规范及设计要求;

(8) 张拉前,应检查张拉设备是否可以正常运行。

7.2.4 大跨钢结构屋盖坍塌风险

1. 风险因素分析

(1) 地基塌陷;

(2) 钢结构屋盖细部施工质量差;

(3) 非预期荷载的影响;

(4) 现场环境的敏感影响。

2. 风险控制要点

(1) 加强地基基础工程施工质量监控,按时进行沉降观测;

(2) 钢结构拼装时应采取措施消除焊接应力,控制焊接变形;

(3) 项目应加强对屋盖细部连接节点部位的施工质量监控;

（4）应做好钢结构的防腐、防锈处理；

（5）设计应考虑足够的安全储备；

（6）设计应考虑温度变化对钢结构屋盖的影响。

7.2.5 大跨钢结构屋面板被大风破坏风险

1. 风险因素分析

（1）设计忽视局部破坏后引起整个屋面的破坏；

（2）金属屋面的抗风试验工况考虑不够全面；

（3）屋面系统所用的各种材料不满足要求；

（4）咬边施工不到位，导致咬合力不够；

（5）特殊部位的机械咬口金属屋面板未采用抗风增强措施。

2. 风险控制要点

（1）设计应考虑局部表面饰物脱落或屋面局部被掀开以致整个屋面遭受风荷载破坏的情况；

（2）应进行金属屋面的抗风压试验，并考虑诸多影响因素，如当地气候、50年或100年一遇的最大风力、地面地形的粗糙度、屋面高度及坡度、阵风系数、建筑物的封闭程度、建筑的体形系数、周围建筑影响、屋面边角及中心部位、设计安全系数等；

（3）屋面系统所用的各种材料（包括表面材料、基层材料、保温材料、固定件）均应满足要求；

（4）保证咬合部位施工质量较好，提高极限承载力要明显，金属屋面要采用优质机械咬口；

（5）特殊部位的机械咬口金属屋面板可采用抗风增强夹提高抗风能力。

7.2.6 钢结构支撑架垮塌风险

1. 风险因素分析

（1）支撑架设计有缺陷；

（2）平台支撑架搭设质量不合格；

（3）钢结构安装差，控制不到位，累计差超出规范值；

（4）拆除支架方案不当。

2. 风险控制要点

（1）应选择合理的安装工序，并验算支撑架在该工况下的安全性；

（2）应对施工人员进行交底，支撑架应按照规定的工序进行安装；

（3）支撑架搭设后，项目应组织进行检查，合格后方可使用；

（4）应编制拆除方案，明确拆除顺序，并验算支撑架在该工况下的安全性；

（5）应向施工人员进行拆除方案及安全措施交底；

（6）应督查施工人员按照拆除方案拆除支架。

7.2.7 大跨度钢结构滑移（顶升）安装坍塌风险

1. 风险因素分析

（1）滑移（顶升）系统设计有缺陷；

（2）滑移轨道不平整；

（3）顶升点布置错误；

（4）滑移（顶升）各点不同步；

（5）滑移支架失稳；

（6）液压系统不同步或出现其他故障；

（7）滑移（顶升）架体变形等。

2. 风险控制要点

（1）滑移（顶升）系统的设计应满足规范的计算和构造要求；

（2）滑移（顶升）系统的设计方案应验算滑移及顶升施工工况下的可行性；

（3）滑移（顶升）系统的设计方案应经企业技术负责人审批、专家论证后方可实施；

（4）滑移轨道的安装精度应符合规范要求；

（5）质量部门应验收轨道的平整度，确保符合要求；

（6）应对施工人员进行交底，顶升点的布置应按照设计图纸；

（7）质量部门应验收顶升点的布置位置及编号，确保布置正确；

（8）明确滑移（顶升）速度，保证位移同步；

（9）液压系统同步并确保无其他故障；

（10）运行前，应检查设备是否正常；

（11）滑移（顶升）时，设专人指挥，并在滑轨上标出每次滑移尺寸；

（12）滑移支架应进行设计计算后确定搭设方案。荷载设计时，应考虑滑移牵引力的影响，必要时可进行滑移试验；

（13）支架应由专业架子工进行搭设，并经质量安全检查验收后方可投入使用；

（14）滑移过程中，应监测支架的内力和变形，确保其不超过规范限值；

（15）应验算滑移（顶升）施工工况下钢结构的刚度和整体稳定性，不足时应与设计方联系，适当增大结构杆件断面，或采取其他措施加强刚度；

（16）钢结构拼装时增加其施工起拱值。

7.3 超高层结构

7.3.1 核心筒模架系统垮塌与坠落风险

1. 风险因素分析

超高层建筑多采用核心筒先行的阶梯状流水施工方式，核心筒是其他工程施工的先导，其竖向混凝土构件施工主要采用液压自动爬升模板工程技术、整体提升钢平台模板工程技术，这两种模板工程系统装备多是将模板、支撑、脚手架以及作业平台按一体化、标准化、模块化与工具式设计、制作、安装，并利用主体结构爬升进行高空施工作业。由于施工高度高、作业空间狭小、工序多、工艺复杂且受风荷载影响大等施工环境的约束显著，因此，这些模架系统的实际应用最主要的风险是整体或是局部的垮塌与坠落，分析归纳这一风险的因素主要有以下几点：

（1）系统装备与工艺方案设计不合理；

（2）支承、架体结构选材、制作及安装不符合设计与工艺要求；

（3）操作架或作业平台施工荷载超限；

（4）同步控制装置失效；

（5）整体提（爬）升前混凝土未达到设计强度；

（6）提升或下降过程阻碍物未清除；

（7）附着支座设置不符合要求；

（8）防倾、防坠装置设置不当失效。

2. 风险控制要点

为确保安全，针对超高层结构核心筒模架系统存在的整体或是局部垮塌与坠落风险，结合前述两种类型模架体系的工艺特点，制定液压自动爬升模板系统风险及整体爬升钢平台模板系统风险控制要点。

液压自动爬升模板系统风险控制要点：

（1）采用液压爬升模板系统进行施工的设计制作、安装拆除、施工作业应编制专项方案，专项方案应通过专家论证；爬模装置设计应满足施工工艺要求，必须对承载螺栓、支承杆和导轨主要受力部件分别按施工、爬升和停工三种工况进行强度、刚度及稳定性计算；

（2）核心筒水平结构施工滞后时，施工单位应与设计单位共同确定施工程序及施工过程中保持结构稳定的安全技术措施；

（3）爬模装置应由专业生产厂家设计、制作，应进行产品制作质量检验。出厂前应进行至少两个机位的爬模装置安装试验、爬升性能试验和承载试验，并提供试验报告；

（4）固定在墙体预留孔内的承载螺栓在垫板、螺母以外长度不应少于 3 个螺距。垫板尺寸不应小于 100mm×100mm×10mm；锥形承载接头应有可靠锚固措施，锥体螺母长度不应小于承载螺栓外径的 3 倍，预埋件和承载螺栓拧入锥体螺母的深度均不得小于承载螺栓外径的 1.5 倍；

（5）采用千斤顶的爬模装置，应均匀设置不少于 10% 的支承杆埋入混凝土，其余支承杆的底端埋入混凝土中的长度应大于 200mm；

（6）单块大模板的重量必须满足现场起重机械要求。单块大模板可由若干标准板组拼，内外模板之间的对拉螺栓位置必须相对应；

（7）液压爬升系统的油缸、千斤顶选用的额定荷载不应小于工作荷载的 2 倍。支承杆的承载力应能满足千斤顶工作荷载要求；

（8）架体、提升架、支承杆、吊架、纵向连系梁等构件所用钢材应符合现行国家标准的有关规定。锥形承载接头、承载螺栓、挂钩连接座、导轨、防坠爬升器等主要受力部件，所采用钢材的规格和材质应符合设计文件要求；

（9）架体或提升架宜先在地面预拼装，后用起重机械吊入预定位置。架体或提升架平面必须垂直于结构平面，架体、提升架必须安装牢固；

（10）防坠爬升器内承重棘爪的摆动位置必须与油缸活塞杆的伸出与收缩协调一致，换向可靠，确保棘爪支承在导轨的梯挡上，防止架体坠落；

（11）爬升施工必须建立专门的指挥管理组织，制定管理制度，液压控制台操作人员应进行专业培训，合格后方可上岗操作，严禁其他人员操作；

（12）爬模装置爬升时，承载体受力处的混凝土强度必须大于 10MPa，并应满足爬模设计要求；

（13）架体爬升前，必须拆除模板上的全部对拉螺栓及妨碍爬升的障碍物；清除架体上剩余材料，翻起所有安全盖板，解除相邻分段架体之间、架体与构筑物之间的连接，确认防坠爬升器处于爬升工作状态；确认下层挂钩连接座、锥体螺母或承载螺栓已拆除；检查液压设备均处于正常工作状态，承载体受力处的混凝土强度满足架体爬升要求，确认架体防倾调节支腿已退出，挂钩锁定销已拔出；架体爬升前要组织安全检查；

（14）架体可分段和整体同步爬升，同步爬升控制参数的设定：每段相邻机位间的升差值宜在 1/200 以内，整体升差值宜在 50mm 以内；

（15）对于千斤顶和提升架的爬模装置，提升架应整体同步爬升，提升架爬升前检查对拉螺栓、角模、钢筋、脚手板等是否有妨碍爬升的情况，清除所有障碍物；千斤顶每次爬升的行程为 50～100mm，爬升过程中吊平台上应有专人观察爬升的情况，如有障碍物应及时排除并通知总指挥；

（16）爬模装置拆除前，必须编制拆除技术方案，明确拆除先后顺序，制定拆除安全措施，进行安全技术交底。采用油缸和架体的爬模装置，竖直方向分模板、上架体、下架体与导轨四部分拆除。采用千斤顶和提升架的爬模装置竖直方向不分段，进行整体拆除。

整体爬升钢平台模板系统风险控制要点：

（1）整体钢平台装备的设计制作、安装拆除、施工作业应编制专项方案，专项方案应通过专家论证；

（2）整体钢平台系统装备的设计应根据施工作业过程中的各种工况进行设计，并应具有足够的承载力、刚度、整体稳固性；

（3）整体钢平台装备结构的受弯构件、受压构件及受拉构件均应验算相应承载力与变形；

（4）整体钢平台装备筒架支撑系统、钢梁爬升系统、钢平台系统竖向支撑限位装置的搁置长度应满足设计要求，支撑牛腿应有足够的承载力；

（5）整体钢平台装备结构与混凝土结构的连接节点应验算连接强度；混凝土结构上支撑整体钢平台装备结构的部位应验算混凝土局部承压强度；

（6）整体钢平台装备钢平台系统以及吊脚手架系统周边应采用全封闭方式进行安全防护；吊脚手架底部以及支撑系统或钢梁爬升系统底部与结构墙体间应设置防坠闸板；

（7）整体钢平台装备在安装和拆除前，应根据系统构件受力特点以及分块或分段位置情况制定安装和拆除的顺序以及方法，并应根据受力需要设置临时支撑，并应确保分块、分段部件安装和拆除过程的稳固性；

（8）钢构件制作前，应由设计人员向制作单位进行专项技术交底。制作单位应根据交底内容和加工图纸进行材料分析，并应对照构件布置图与构件详图，核定构件数量、规格及参数；

（9）制作所用材料和部件应由材料和部件供应商提供合格的质量证明文件，其品种、规格、质量指标应符合国家产品标准和订货合同条款，并应满足设计文件的要求；

（10）整体钢平台装备中，螺栓连接节点与焊接节点的承载力应根据其连接方式按现行国家标准《钢结构设计标准》GB 50017 的有关规定进行验算；

（11）整体钢平台装备在安装完成后，应由第三方的建设机械检测单位进行使用前的性能指标和安装质量检测，检测完成后应出具检验报告；

（12）整体钢平台装备钢平台系统、吊脚手架系统、筒架支撑系统上的设备、工具和材料放置应有具体实施方案，钢平台上应均匀堆放荷载，荷载不得超过设计要求，不得集中堆载，核心筒墙体外侧钢平台梁上不得堆载；

（13）整体钢平台装备筒架支撑系统、钢梁爬升系统竖向支撑限位装置搁置于混凝土支撑牛腿、钢结构支撑牛腿时，支撑部位混凝土结构实体抗压强度应满足设计要求，且不应小于20MPa；整体钢平台装备钢柱爬升系统支撑于混凝土结构时，混凝土结构实体抗压强度应满足设计要求，且不应小于15MPa；

（14）整体钢平台装备爬升后的施工作业阶段应全面检查吊脚手架系统、筒架支撑系统或钢梁爬升系统底部防坠闸板的封闭性，并应防止高空坠物；

（15）整体钢平台爬升作业时，隔离底部闸板应离墙50mm，钢平台系统、吊脚手架系统、模板系统应无异物钩挂，模板手拉葫芦链条应无钩挂；

（16）整体钢平台装备宜设置位移传感系统、重力传感系统，施工作业应安装不少于2个自动风速记录仪，并应根据风速监测数据对照设计要求控制施工过程；

（17）在台风来临前，应对整体钢平台装备进行加固，遇到八级（包含八级）以上大风、大雪、大雾或雷雨等恶劣天气时，严禁进行整体钢平台装备的爬升。遇大雨、大雪、浓雾、雷电等恶劣天气时必须停止使用；

（18）钢筋绑扎及预埋件的埋设不得影响模板的就位及固定；起重机械吊运物件时严禁碰撞整体爬升钢平台；

（19）施工现场应对整体钢平台装备的安装、运行、使用、维护、拆除各个环节建立完善的安全管理体系，制定安全管理制度，明确各单位、各岗位人员职责。

7.3.2　核心筒外挂内爬塔吊机体失稳倾翻、坠落风险

1. 风险因素分析

超高层建筑钢结构安装多采用高空散拼安装工艺，即逐层（流水段）将钢结构框架的全部构件直接在高空设计位置拼成整体，一般在施工到一定高度后即采用塔吊高空散拼安装工艺。目前，针对超高层建筑的结构形式广泛采用钢筋混凝土循环周转的外挂支撑体系将塔吊悬挂于核心筒外壁的附着形式，在施工核心筒-钢结构外框架结构时既能随核心筒施工进度持续爬升，又避免了塔身穿过楼板等不利因素；另一方面，这种外挂内爬式塔吊施工方式，既解决了核心筒内部缺少塔吊布置空间的难题，又缩短了钢结构外框筒构件吊装半径，便于重型构件吊装。内爬外挂支撑体系的结构形式有"斜拉式"与"斜撑式"两种。由于塔吊设备自重以及吊装构件重量大，且需要利用已完核心结构外挂，悬挂系统与爬升工艺复杂，高空作业受风荷载影响大，因此，内爬外挂塔吊系统设计、制作、安装以及塔机爬升作业过程控制不当，极易会发生塔吊的机体失稳倾翻、坠落事故。其主要风险因素包括：

（1）悬挂系统（外挂架）结构整体与构件连接节点设计不合理；

（2）附着预埋件设计不规范、施工偏差大；

（3）外挂架架体构件选材、制作及安装不符合设计与工艺要求；

（4）爬升支承系统附着区域的核心筒混凝土强度等级未达到设计要求；

（5）塔吊作业时未做到两套悬挂系统协同工作。

2. 风险控制要点

（1）采用外挂内爬式塔吊的设计、制作、安装拆除、爬升作业等应编制专项方案，专项方案应通过有关专家论证；

（2）外挂系统应根据混凝土结构的状况、塔式起重机可用空间与回转半径、塔式起重机自重与吊装重量情况等多种因素进行设计，并合理选择下撑杆形式、上拉杆形式、上拉杆与下撑杆结合形式及局部加强技术；

（3）应配置三套悬挂系统，塔吊作业时两套悬挂系统协同作业，爬升时三套悬挂系统交替工作；

（4）悬挂系统外挂架的设计应按照选用塔吊在工作与非工作状态下的实际荷载以及不同荷载组合，着重考虑风荷载的作用，选择最不利荷载工况进行塔吊支承系统分析计算，应考虑斜撑杆单独支承爬升梁工况、斜拉索单独支承爬升梁工况以及斜撑杆和斜拉索共同作用的三种工况，以提高安全度；

（5）针对外挂架结构与主要节点的连接验算应采用大型有限元分析软件建模分析计算；

（6）在塔式起重机最不利荷载组合下的核心筒墙体结构变形和强度应满足规范及施工要求，当不满足时应采取适当的加固措施；

（7）外挂架的各构件之间均应采用易于拆卸的高强度销轴进行单轴固定，以适应施工过程中不断的拆卸与安装；同时要对节点作受力性能分析，以验证受力计算的可靠性；

（8）预埋件应根据《混凝土结构设计规范》GB 50010 进行设计，设计时应取核心筒混凝土较低一级强度等级验算，锚筋直径大于 20mm 的应采用穿孔塞焊；

（9）在核心筒剪力墙钢筋绑扎过程中按照埋件定位图将塔吊附墙埋件埋入指定位置，复核埋件的平面位置及标高后将埋件与剪力墙钢筋点焊固定牢靠，埋件埋设的过程务必按图施工，避免用错埋件及埋件方向装反的情况发生；

（10）外挂架承重横梁、斜拉杆、水平支承杆等各部位零部件进场后，应按照设计图纸对其材质、数量、尺寸、外观质量等进行复检，合格后方可进行下一步架体的拼装；

（11）应按照设计图纸明确的程序安装附墙外挂架结构；先整片式安装第 1、2 个支撑架，待塔式起重机安装后，再分片安装第 3 个支撑架；每道支撑框架按照横梁→次梁→斜拉杆→水平支撑的顺序依次安装；

（12）耳板竖板与埋件间焊缝为全熔透焊缝等级为一级，要求 100％探伤检查；

（13）在悬挂机构安装完成后，应由第三方的建设机械检测单位进行使用前的性能指标和安装质量检测，检测完成后应出具检验报告；塔机安装完成后，经空载调试，确认无误后即可按照塔机试吊步骤逐步完成空载、额定载荷、动载和超载试验，经检测合格后报当地技术监督和安监部门，经验收合格后投入使用；

（14）塔机爬升作业应执行工艺要求与规定的作业程序；确保三套悬挂系统交替工作；

（15）爬升前应将塔式起重机上及与塔吊相连的构件、杂物清理干净，非塔吊用电缆梳理并迁移离开塔吊，确保塔吊为独立体系，不与相邻其他结构或构件碰撞；

（16）爬升结束后应及时检测塔式起重机垂直度，如发现塔吊垂直度大于 3/1000，需要将塔式起重机顶起稍许，用垫块调整塔式起重机的垂直度，直至小于等于 3/1000 为止；其次检查塔式起重机底部所处的外挂支撑系统的各埋件处的混凝土是否有变形、开裂，埋件与外挂支撑系统的各连接焊缝有无开焊、杆件有无变形等；

（17）当预知爬升当天当地风力大于 6 级（风速超过 10.8～13.8m/s）时，应立即停止塔机爬升作业，并将塔机固定牢靠；

（18）塔式起重机作业时严禁超载、斜拉和起吊埋在地下等不明重量的物件。当天作业完毕，起重臂应转到顺风方向，并应松开回转制动器，起重小车及平衡重应置于非工作状态。

7.3.3　超高层建筑钢结构桁架垮塌、坠落风险

1. 风险因素分析

超高层建筑结构一方面要适应结构巨型化发展趋势，应用钢结构桁架提高结构抵抗侧向荷载的能力，如带状桁架和外伸桁架；另一方面要满足超高层建筑功能多样化的需要，应用钢结构桁架实现建筑功能转换，在其内部营造大空间，如转换桁架。

钢结构桁架安装多采用支架散拼安装工艺、整体提升安装工艺以及悬臂散拼安装工艺，或是几种工艺的综合应用。其主要施工特点是构件重量大、整体性要求高、厚板焊接难度大，特别是往往位于数十米，甚至数百米高空作业，临空作业多，施工控制难度大，技术风险大。因此，钢结构桁架深化设计、制作、安装与过程控制不当，极易会发生整体或是局部垮塌、坠落事故。其主要风险因素包括：

（1）深化设计、安装工艺技术路线选定不合理；

（2）工艺流程及施工方法、措施不符合设计与施工方案；

（3）临时支承结构设计不合理，搭设质量不合格；

（4）提升支承结构设计不合理，安装质量不合格；

（5）临时加固措施不到位，被提升结构不稳定；

（6）长距离提升同步性差，提升过程晃动明显；

（7）施工控制不到位。

2. 风险控制要点

（1）钢结构桁架深化设计应综合结构特点、受力要求、作业条件、设备性能、拟采用的安装工艺等实际情况与不利因素，满足构造、施工工艺、构件运输等有关技术要求；并应考虑与其他相关专业的衔接与施工协调；

（2）当在正常使用或施工阶段因自重或其他荷载作用，发生超过设计文件或国家现行有关标准规定的变形限值，或者设计文件对主体结构提出预变形要求时，应在深化设计时对结构进行变形预调设计；

（3）节点深化设计应做到构造简单，传力明确，整体性好、安全可靠，施工方便，连接破坏不应先于被连接构件破坏；

（4）原设计应对深化设计的结构或构件分段、重要节点方案以及构件定位（平面和立面）、截面、材质及节点（断点位置、形式、连接板、螺栓等）等予以确认；

（5）安装工艺的选定应立足安全可控，综合桁架结构和构造特点、施工技术条件等综合确定，并宜采取多方案的建模与工况模拟数值分析，选择具有一定安全储备，安全系数高的方案；

（6）当钢结构施工方法或施工顺序对结构的内力和变形产生影响，或设计文件有特殊要求时，应进行施工阶段结构分析，并应对施工阶段结构的强度、稳定性和刚度进行验算。施工阶段结构验算，应提交结构设计单位审核；

（7）有关临时支承（撑）结构的设计要点：

1）当结构强度或稳定性达到极限时可能会造成主体结构整体破坏的，应设置可靠的

承重支架或其他安全措施；

2）施工阶段临时支承结构和措施应按施工状况的荷载作用，对结构进行强度、稳定性和刚度验算。对连接节点应进行强度和稳定验算；

3）若临时支承结构作为设备承载结构时，如滑移轨道、提升牛腿等，应作专项设计；

4）当临时支承结构或措施对结构产生较大影响时应提交原设计单位确认；

（8）临时支承结构的拆除顺序和步骤应通过分析计算确定，并应编制专项施工方案，必要时应经专家论证；

（9）采用整体提升安装工艺的方案设计要点：

1）被提升结构在施工阶段的受力宜与最终使用状态接近，宜选择原有结构支承点的相应位置作为提升点；

2）提升高重心结构时，应计算被提升结构的重心位置；当抗倾覆力矩小于倾覆力矩的 1.2 倍时，应增加配重、降低重心或设置附加约束；

3）被提升结构提升点的确定、结构的调整和支承连接构造，应有结构设计单位确认；

4）利用原有结构的竖向支承系统作为提升支承系统或其一部分的，应验算提升过程对原有结构的影响；

（10）钢结构桁架的施工应编制专项施工方案，包括施工阶段的结构分析和验算、结构预变形设计、临时支承结构或是施工措施的设计、施工工艺与工况详图等；专项方案应通过有关专家论证；

（11）钢结构制作和安装所用的材料应符合设计文件、专项施工方案以及国家现行有关标准的规定；

（12）有关临时支承（撑）结构施工的控制要点：

1）临时支承（撑）结构严禁与起重设备、施工脚手架等连接；

2）当承受重载或是跨空和悬挑支撑结构以及其他认为危险性大的重要临时支撑结构应进行预压或监测；

3）支承（撑）结构在安装搭设过程中临时停工，应采取安全稳固措施；

4）支承（撑）结构上的施工荷载不得超过设计允许荷载；使用过程中，严禁拆除构配件；

5）当有六级及以上强风、浓雾、雨或雪天气时，应停止安装搭设及拆除作业；

（13）钢结构安装时，应分析日照、焊接等因素可能引起的构件伸缩或变形，并应采取相应措施；

（14）采用整体提升法施工时，结构上升或落位的瞬间应控制其加速度，建议控制在 0.1g 以内；

（15）结构提升时应控制各提升点之间的高度偏差，使其提升过程偏差在允许范围之内；

（16）大跨度钢桁架施工应分析环境温度变化对结构的影响，并应根据分析结果选取适当的时间段和环境温度进行结构合拢施工；设计有要求时，应满足设计要求；

（17）为保证转换桁架受载后处于水平状态，应采用预变形法，即根据结构分析结果，在加工制作和安装时对转换桁架实施起拱；为保证坐落在转换层桁架上的楼层面在施工过程中始终处于水平状态则可采用预应力法和设置同步补偿装置的标高同步补偿法施工控制技术；

（18）对于外伸桁架的施工过程主要应控制附加内力，可采用与补偿法和二阶段安装法控制技术。

7.3.4 施工期间火灾风险

1. 风险因素分析

超高层建筑由于工程体量大、施工工艺复杂、施工分包单位多、交叉作业多，施工作业层（面）临时用电设备多、易燃可燃材料多、堆放杂乱，焊接、切割等动火作业频繁，若疏于管理，则极易引发火灾，并且火灾面积蔓延迅速，人员疏散困难，消防救援设施难以达到失火点高度等一系列消防安全问题。因此，超高层建筑施工对消防安全提出了严峻的挑战，相应的消防安全技术和管理是一大难题。其主要风险因素包括：

（1）易燃可燃材料多，物品堆放杂乱；

（2）施工现场临时用电设备较多，且电气线路较杂乱；

（3）动火作业点多面光，特别是钢结构焊接点位密集；

（4）作业面狭小，人员相对密集，疏散困难；

（5）施工过程中，楼梯间、电梯井没有安装防火门；

（6）施工现场缺少可靠的灭火器材，临时施工用水，供水水量、水压等都不能满足消防要求；

（7）施工现场道路不通畅，消防车无法靠近火场，外部消防无法进行有效支援。

2. 风险控制要点

（1）施工总平面布局应有合理的功能分区，各种建（构）筑物及临时设施之间应设符合要求的防火间距。施工现场应有环形消防车道，尽端式道路应设回车场。消防车道的宽度、净高和路面承载力应能满足大型消防车的要求；

（2）现场消防用水水压、水量必须能到达最高点施工作业面，施工消防必须遵守《建设工程施工现场消防安全技术规范》GB 50702 的要求，若超高层楼层较高，必须在相应楼层设置中转消防水箱，水箱容量应通过计算确定；

（3）施工需要施工用水池（箱）、水泵及输水立管，可以利用兼作消防设施。施工用水池（箱）可兼作消防水池；施工水泵可准备两台（用一备一）兼作消防水泵，应保证消防用水流量和一定的扬程；施工输水立管可兼作消防竖管，管径不应小于 100mm；建筑周围应设一定数量的室外临时消火栓，每个楼层应设室内临时消火栓、水带和水枪。在施工现场重点部位应配备一定数量的移动灭火器材；

（4）在适宜位置搭建疏散通道设施，在内外框交错施工的同时，可在外框电梯以外，搭设相互联系的施工通道，平时作为工作登高设施，特殊情况下作为人员紧急疏散通道；

（5）木料堆场应分组分垛堆放，组与组之间应设有消防通道；木材加工场所严禁吸烟和明火作业，刨花、锯末等易燃物品应及时清扫，并倒在指定的安全地点；

（6）现场焊割操作工应该持证上岗，焊割前应该向有关部门申请动火证后方可作业；焊割作业前应清除或隔离周围的可燃物；焊割作业现场必须配备灭火器材；对装过易燃、可燃液体和气体及化学危险品的容器，焊割前应彻底清除；

（7）油漆作业场所严禁烟火；漆料应设专门仓库存放，油漆车间与漆料仓库应分开；漆料仓库宜远离临时宿舍和有明火的场所；

（8）电器设备的使用不应超过线路的安全负荷，并应装有保险装置；应对电器设备进行经常性的检查，检查是否有短路、发热和绝缘损坏等情况并及时处理；当电线穿过墙壁、地板等物体时，应加瓷套管予以隔离；电器设备在使用完毕后应切断电源。

7.4　盾构法隧道

7.4.1　盾构始发/到达风险

1. 风险因素分析

（1）盾构始发时发生栽头、左右姿态偏差等，会导致后续轴线位置偏离，对施工精度产生较大影响；

（2）盾构始发和到达时发生涌水涌砂。

2. 风险控制措施

（1）盾构机始发托架离掌子面距离不宜太大；

（2）反力架和始发架的设计应考虑不利荷载；

（3）设计和确保实施恰当的降水、回灌、止水帷幕等承压地下水治理措施；

（4）围护结构 SMW 工法桩中 H 型钢拔除不能过早；

（5）优化端头加固方案；

（6）在合适的时间进行注浆；

（7）始发前应检查洞门密封系统安装情况。

7.4.2　盾构机刀盘刀具出现故障风险

1. 风险因素分析

盾构机刀盘刀具是盾构机的主要开挖装置。在掘进过程中容易发生磨损或故障，造成掘进速度降低或中止。造成盾构机刀盘刀具出现故障的原因主要有：

（1）刀具迎土面、刀盘外圈硬化耐磨保护不足，在刀具有磨损迹象时，没有及时换刀；

（2）在石英含量高的砂砾岩等硬岩中掘进；

（3）泡沫入口少、泡沫管堵塞导致刀具缺少润滑；

（4）刀盘上未设先行刀，造成齿刀磨损快；

（5）超前注浆加固时水泥浆液灌入土舱导致刀盘开口堵塞，渣土不能顺利进入土舱；

（6）地下不明构筑物。

2. 风险控制要点

为了降低刀盘刀具的磨损，在盾构隧道施工中要考虑隧道沿线地质情况，针对性地对刀盘结构、刀具分布进行设计，在施工阶段要综合考虑和采取以下措施：

（1）对刀具、刀盘采取硬化耐磨措施，刀具有磨损迹象须及时换刀；

（2）在硬质岩层中掘进时应针对性调整刀盘构造和刀具分布设计，做好应急预案；

（3）设计盾构机时应设置足够泡沫入口，泡沫管堵塞时应及时疏通；

（4）设置先行刀；

（5）超前注浆加固工作应选择适当的时机和位置。

7.4.3　盾构开仓风险

1. 风险因素

开仓作业过程中存在着气体中毒、泥水喷涌、坍塌等风险，人员在高压下工作可能患减压病。

2. 风险控制要点

（1）开仓后先观察掌子面的稳定情况，经判断稳定后，再进入土仓作业；

（2）在作业过程中必须由专人负责掌子面稳定情况观察，一旦发现异常及时撤出施工人员，并关闭仓门，经观察，有坍塌发生时，在可能的情况下必须立即进行处理，若坍塌现象严重必须立即关闭仓门；

（3）带压进仓人员必须提前进行身体检查才允许进行带压作业；

（4）带压进仓前必须在盾构机前体、刀盘四周注浆加固使其能保住进仓作业环境的气压；

（5）进仓前先加压试验，气压大小根据作业地点土层埋深来定，气压能保持稳定方可进仓作业；

（6）带压进仓作业不得过长，先关土仓门，然后减压，减压时必须慢而稳。

7.4.4　盾构机吊装风险

1. 风险因素分析

（1）盾构吊装场地地基承载力不足；

（2）吊装时发生倾斜、折臂、脱钩、断绳等风险。

2. 风险控制要点

（1）施工前对施工区域进行检查保证场地承压能力达到要求；

（2）施工应对参加施工的机械、机具进行检查，特别是吊机的安全防范措施，确认其性能及状况处于良好状态。

7.4.5　盾构空推风险

1. 风险因素分析

（1）盾构机在空推时，不良的行进姿态可能会对管片拼装质量产生影响；

（2）盾构机到达空推段前，随着刀盘前方岩土逐渐减少，盾构机对前方岩体及矿山法段与盾构段接口位置的扰动也逐渐增加，到达部位可能发生失稳；

（3）盾构机在空推段内阻力较小，可能使管片之间挤压力达不到设计要求，从而造成密封性降低。

2. 风险控制要点

（1）应保证混凝土导台的施工精确度，确保盾构机行进姿态良好；

（2）盾构机在到达空推段前，应设定合适的掘进参数，保证顺利到达；

（3）在盾构机推进过程中需要在刀盘前堆积适量的豆粒石并不断补充，为盾构空推提供足够的反力。

7.4.6　盾构施工过程中穿越风险地质或复杂环境风险

1. 风险因素分析

（1）施工过程中，由于挖掘土体体积大于隧道所占体积，土体损失引起沉降；从而对既有建构筑物、管线等造成破坏；

（2）由于盾构推进过程中的挤压、扰动，使土体结构变化，发生固结，所导致的沉降，对既有建构筑物、管线等造成破坏。

2. 风险控制要点

（1）尽量避免超挖、欠挖导致地面沉降（隆起）；

（2）设定合理的推进速度、盾构推力、注浆压力和正面土压力；

（3）及时注浆，避免注浆量不足；另一方面，也要避免注浆量过大劈裂土体造成地面冒浆；

（4）控制盾构姿态，减少地层扰动；

（5）建立隧道监控测量与超前地质预报联合分析；设定不良后果的应急补救措施。

7.4.7 泥水排送系统故障风险

1. 风险因素分析

随着软土地区盾构隧道施工越来越多，泥水平衡式盾构的使用也越来越普遍。泥水盾构排送管路出现故障时，可能导致舱内压力增大、地面冒浆等风险。造成泥水排送系统故障的原因主要有：

（1）排浆管直径过小，石块、木块等造成管路堵塞；

（2）结泥饼造成排浆管出口和过滤箱堵塞，舱压变化造成砂粒超量进入切削舱，引起地面沉降；

（3）泥浆当中的岩块砾石崩断的刀具等在排浆管中高速流动过程中对泥浆泵产生冲击，使得泥浆泵被击穿。

2. 风险控制要点

（1）在排浆管前设置沉淀槽或沉淀箱，安装竖向隔栅；

（2）做好防结泥饼措施；排浆管发生堵管应及时处理；

（3）对刀盘刀具应进行监控，发现刀具脱落及时进行处理。

7.4.8 在上软下硬地层中掘进中土体流失风险

1. 风险因素分析

在上软下硬地层中进行掘进时，可能造成土体流失、地面塌方等风险。在上软下硬地层中掘进的主要风险因素有：

（1）上软下硬地层导致刀具磨损速度快、推进速度慢，上部地层被扰动向下流失，导致地面发生塌陷；土舱压力上升导致螺旋输送机喷涌，使地面发生塌方；

（2）在掘进速度过快的情况下，盾构机出渣能力不够充分，土舱内土压、温度上升导致结泥饼。

2. 风险控制要点

在上软下硬地层中掘进，要注意：

（1）及时更换磨损刀具，对上部软土进行加固；

（2）发现出渣量多于正常时要及时采取措施；盾构掘进速度应根据盾构出渣能力制定。

7.4.9 盾尾注浆时发生错台、涌水、涌砂风险

1. 风险因素分析

在盾尾注浆时，如果注浆参数控制不当，可能造成盾尾击穿、管片错台和涌水涌砂等风险，盾尾注浆时的主要风险因素有：

（1）盾尾油脂注入不及时、注入量不足，导致漏水；

（2）盾尾注浆压力过大，导致盾尾击穿，产生涌水涌砂；

（3）二次注浆压力过大，导到管片被压破裂，产生错台和涌水涌砂。

2. 风险控制要点

（1）及时注入足量盾尾油脂；

（2）设定合适注浆压力。

7.4.10　管片安装机构出现故障风险

1. 风险因素分析

在盾构管片安装过程中，油压动力系统、吊装头等可能会出现故障，影响工程的正常推进，严重时导致管片坠落等事故的发生，盾构管片安装机构的主要风险因素有：

（1）油压控制管路故障，使盾构安装机构失去动力；

（2）管片拼装时由于管片撞击，使吊装头断裂。

2. 风险控制要点

（1）对于管片安装器油压控制管路应定期检查和维修；

（2）拼装机管片就位速度不宜过快，以防管片相互撞击。

7.4.11　敞开式盾构在硬岩掘进中发生岩爆风险

1. 风险因素分析

敞开式盾构在硬岩掘进中发生岩爆的主要风险因素有：

（1）岩层地应力较高；

（2）掘进过程中发生应力集中。

2. 风险控制要点

（1）预报措施：在施工勘察阶段，确定可能发生岩爆的里程和部位。在施工过程中加强超前地质探测，预报岩爆发生的可能性及地应力大小；

（2）喷水软化围岩：对于轻微岩爆地段，利用盾构设备上的喷水系统，采取喷水软化围岩面；

（3）快速加固围岩：围岩一旦从护盾后露出，即利用锚杆、注浆等手段对围岩进行迅速的加固；

（4）应力释放：围岩从护盾后露出后，在拱部一定范围内施做部分应力释放短孔；

（5）应急支护：发生岩爆时，快速安装支护拱架，或采用喷射混凝土进行应急支护；

（6）紧急避险：岩爆非常剧烈时，应在危险范围以外躲避一段时间，待围岩应力释放，岩爆平静为止，再采取合适手段处理岩爆段。

7.5　暗挖法隧道

7.5.1　马头门开挖风险

1. 风险因素分析

由于马头门开挖改变了原结构的受力状态，如施工不当容易造成原结构的变形，增大地表的沉陷，严重时甚至引起结构破坏。

2. 风险控制要点

（1）开挖马头门后，应立刻施作洞口支撑格栅框架，必要时对马头门高度范围的土体进行超前加固，提高拱效应。

（2）开挖前对井壁进行加强，在马头门开挖上下方和有临时仰拱的位置密排钢架；在开挖横通道时临时仰拱位置密排的钢架和喷射混凝土不破除，开挖前竖井要先封底；必要时注浆进行壁后充填。

（3）为防止破除井壁后土体失稳，可根据情况，采用超前管棚或者和通道平行的单层或双层小导管注浆，必要时对土体进行环向注浆或上台阶全断面注浆。

（4）为承受马头门开挖后井筒对马头门的侧压力，在开挖前应在其横通道的初期支护周边外施工加固环。

（5）井壁破除应按通道的开挖顺序逐块破除，在上部开挖的井壁破除向前开挖一段距离后，再破除下部开挖的井壁，并向前开挖。

（6）横通道开挖一定距离（一般大于 10m）方可破除下部开挖的井壁进行下步开挖。

（7）横通道初期支护全部成环一定长度后方可拆除临时支撑。

（8）马头门开挖段井壁宜进行应力应变观测。

7.5.2　多导洞施工扣拱开挖风险

1. 风险因素分析

多导洞扣拱开挖时，可能发生掌子面坍塌的风险。

2. 风险控制要点

施工时拱部采用超前小导管注浆等加固，按照"管超前、严注浆；短进尺，强支护；早封闭，勤量测"的原则，超前支护，及时完成初期支护。

7.5.3　大断面临时支护拆除风险

1. 风险因素分析

（1）初支失稳可能引起隧道坍塌；

（2）支架缺少临边防护引起作业人员高处坠落；

（3）中隔壁破除掉的喷射混凝土从高处坠落造成坠物打击。

2. 风险控制要点

（1）控制临时支撑拆除范围，避免临时支撑拆除过快导致初期支护失稳；

（2）高处作业人员系安全带并高挂低用，穿防滑鞋，严禁酒后作业。作业平台顶满铺脚手板并固定牢固，平台周边安装牢固可靠的防护栏杆，设扶梯上下平台，作业时有人指挥，作业平台周围人员、机械不得停留；

（3）所有进洞管理人员和作业人员均需正确佩戴安全帽。风镐将破除混凝土解小，不得大块拆除，中隔壁喷射混凝土破除时，下方严禁行人和行车。

7.5.4　扩大段施工风险

1. 风险因素分析

扩大段开挖需向上挑顶，施工工序复杂，有坍塌的风险。

2. 风险控制要点

精确测出小断面与大断面之间的交界位置，采用逐步扩挖法扩大断面至下一断面，然后反向开挖渐变地段至要求的高度和宽度。反向开挖时做好施工超前支护。

7.5.5　仰挖施工风险

1. 风险因素分析

（1）土体容易因失稳而塌方，尤其是拱顶上方及两侧边墙易失稳坍塌；

（2）施工段仰角一般为 $26°\sim30°$，人员上下及拱架格栅等初期支护材料运输比较困难，若防护和安全措施不到位，易引起人员和材料的滑落，造成不必要的伤害；

（3）由于存在仰角，施工通风不畅，且掌子面聚集热空气，作业环境易造成施工人员不适，引发安全事故，如长期处于该环境下，则容易引发职业病。

2. 风险控制要点

（1）扩大超前注浆范围，调整导洞开挖顺序，先进行上层洞室的开挖；

（2）仰挖施工时由于坡度较陡，已开挖完毕段需增加台阶方便人员上下，掌子面附近可采取小型可移动平台供作业人员使用，并加强通风管理，加大通风量，保证作业面位置有新鲜风供应。

7.5.6　钻爆法开挖风险

1. 风险因素分析

爆破震速过大。

2. 风险控制要点

控制爆破震速，重大风险源段应采用非爆破开挖方式以减少对围岩的扰动。

7.5.7　穿越风险地质或复杂环境风险

1. 风险因素分析

（1）隧道经过人工填土时处理不当；

（2）原有管线渗漏形成水囊，或原地层中含有暗河等含水构造。

2. 风险控制要点

勘察阶段应对地层中空洞、水囊等进行排查；施工过程中，应针对重大箱涵、暗河等可能富水地段采取打设超前探水孔等措施。

7.5.8　塌方事故风险

1. 风险因素分析

暗挖法隧道塌方的原因随着地区、项目以及施工条件的不同而各有不同，主要有下列风险因素：

（1）施工过程中监测项目不到位、监测数据没有及时处理；

（2）施工中设计变更未得到报告或计算的支持；

（3）隧道支护施工不符合要求；

（4）超前支护保护不到位；

（5）隧道拱部、洞壁、底部上出现岩溶地质；

（6）岩体中蕴含应变能，在开挖过程中释放产生岩爆，造成开挖面破坏；

（7）围岩面封闭不及时；

（8）开挖施工流程不合理；

（9）人力机械资源配置不合理。

2. 风险控制要点

（1）应制定工程测试数量、位置及相关程序的明确方案；建立隧道监控测量与超前地质预报联合分析；设定不良后果的应急补救措施；施工方应设置内部监督系统，并对实测措施进行分析；

（2）设计变更要经过设计充分勘察和验算后方能批准；

（3）应按照设计文件中针对人工填土段拟定的土体加固措施执行，对加固后土体进行检测确保满足设计文件要求，并控制开挖进尺，加强监控量测；

（4）应加强施工质量控制，确保初支钢架的加工平整度以及现场拼装质量，对钢架节点应螺栓连接并采用帮焊，确保节点可靠连接；

（5）勘察阶段应对地层中空洞、水囊等进行排查；施工过程中，应针对重大箱涵、暗河等可能富水地段采取打设超前探水孔等措施；

（6）按施工方案做好超前支护，加强超前注浆，控制开挖进尺等工作；

（7）加强支护，在岩溶洞穴部位的衬砌回填一定厚度的混凝土和浆砌片石；洞穴处于隧道底部时，可采取跨越等措施通过；

（8）在施工勘察阶段中确定可能发生岩爆的里程和部位。在施工过程中加强超前地质探测，预报岩爆发生的可能性及地应力大小。在开挖过程中采用短进尺，减少对围岩的扰动和应力集中的可能性。衬砌和支护工作紧跟开挖工序进行，减少岩层暴露时间，降低岩爆可能。对于危险地区，可打设超前钻孔转移隧道掌子面的高地应力或注水降低围岩表面张力，或通过岩壁切槽的方法释放应力。岩爆非常剧烈时，应在危险范围以外躲避一段时间，待围岩应力释放，岩爆平静为止，再采取合适手段处理岩爆段。

7.5.9 涌水、涌砂事故风险

1. 风险因素分析

发生在隧道工程浅埋暗挖法施工中涌水涌砂事故，一般是由于下列原因引起：

（1）原有管涵渗漏形成水囊，受到施工扰动后发生涌水；

（2）止水措施不到位，导致开挖面涌水冒砂。

2. 风险控制要点

（1）富水地区可采用超前探水孔将水囊内水体卸载，并采用超前导管对原有管涵下部进行加固；

（2）根据水文地质条件，制定适当的止水措施方案。

7.5.10 地下管线破坏事故风险

1. 风险因素分析

发生在隧道工程浅埋暗挖法施工中的地下管线破坏事故，一般是因为未对地下管线进行详细调查、盲目作业。

2. 风险控制要点

（1）工程项目建设单位应当向施工单位提供施工现场及与施工相关的城市地下管线资料。

（2）施工单位、勘察单位在施工、钻探前要对地下管线进行详细调查。并根据管线查询及调查结果，制定相应地下管线保护方案（措施）。必要时，与地下管线权属单位签署地下管线保护协议。

工程项目监理单位应当审查施工组织设计或专项施工方案中涉及城市地下管线保护的技术措施。

附录 2 《房屋建筑和市政基础设施工程施工安全风险分级管控和隐患排查治理暂行办法》要点摘录

2019 年 1 月 31 日，北京市住房和城乡建设委员会制定了《房屋建筑和市政基础设施工程施工安全风险分级管控和隐患排查治理暂行办法》，现将要点摘录如下。

第一章 总 则

第一条　为深入贯彻落实《中共中央国务院关于推进安全生产领域改革发展的意见》，在本市全面构建房屋建筑和市政基础设施工程（以下简称建筑工程）施工安全风险分级管控和隐患排查治理双重预防控制体系，根据《中华人民共和国安全生产法》《危险性较大的分部分项工程安全管理规定》《北京市生产安全事故隐患排查治理办法》《国务院安委会办公室关于实施遏制重特大事故工作指南构建双重预防机制的意见》《北京市房屋建筑和市政基础设施工程施工安全风险分级管控技术指南（试行）》《北京市房屋建筑和市政基础设施工程重大生产安全事故隐患判定导则（试行）》等有关法律法规文件，制定本办法。

第二条　本市行政区域内新建、改建、扩建和拆除的建筑工程施工安全风险分级管控和生产安全事故隐患排查治理活动，适用本办法。

轨道交通建设工程安全风险管理和隐患排查治理工作另有规定的，从其规定。

第三条　本办法所称施工安全风险是指在建筑工程施工过程中特定危害事件发生可能性，及其引发后果严重性的组合。施工安全风险按照其发生生产安全事故类型的可能性和造成后果的危害程度及影响范围，分为重大风险、较大风险、一般风险和较低风险四级。

生产安全事故隐患（以下简称事故隐患）是指工程参建单位从事建筑施工活动中存在的可能导致生产安全事故的物的危险状态、人的不安全行为和管理上的缺陷。根据事故隐患的危害和整改难易程度，分为一般事故隐患和重大事故隐患。重大事故隐患是指建筑工程作业场所、设备、设施存在不安全状态以及人的不安全行为和管理上的缺陷，造成的危害后果严重，可能导致较大及以上生产安全事故、重大经济损失或重大社会影响的事故隐患。

第四条　施工安全风险分级管控和隐患排查治理工作应坚持"预防为主、企业主责、政府监督、社会共治"的原则，推进建筑工程生产安全事故预防工作的科学化、标准化、信息化。

第五条　市住房城乡建设委负责本市建筑工程施工安全风险分级管控和隐患排查治理的监督指导，建立挂牌督办工作制度。

各区住房城乡建设委负责本辖区内建筑工程施工安全风险分级管控和隐患排查治理工作的监督管理。

第六条　本市通过建立统一的房屋建筑和市政基础设施工程施工安全风险分级管控和

隐患排查治理双重预控管理信息平台（以下简称"双控平台"），实现风险与隐患的清单化、动态化、信息化管理，构建风险管理"一库一表一图"（施工安全风险源判别清单库、施工安全风险源识别清单、施工安全风险电子地图），全过程记录督促隐患排查治理工作，应用大数据信息技术，全面分析、预测建筑工程安全生产形势。

第七条 施工单位应通过"双控平台"建立本企业的施工安全风险库和事故隐患清单库，如实填报识别的施工安全风险、风险等级、管控层级、管控措施、责任部门及人员等，如实记录事故隐患的排查时间、所属类型、所在位置、责任部门和责任人、整改措施及整改情况等内容。鼓励施工单位开发建设本企业的施工安全风险分级管控和隐患排查治理信息系统，其数据应与"双控平台"实现互联互通。市、区住房城乡建设委结合其日常隐患排查治理情况开展监督检查或巡查工作。

第二章 建设单位职责

第八条 建设单位应对建筑工程施工安全风险分级管控和隐患排查治理工作负首要责任，设立专门的安全生产管理机构，全面协调组织勘察、设计、施工、监理单位开展施工安全风险分级管控和隐患排查治理工作。

建设单位不具备施工安全风险分级管控和隐患排查治理能力的，可委托依法设立的第三方服务机构为其开展施工安全风险分级管控和隐患排查治理工作提供技术、管理服务，但保证安全生产的责任仍由建设单位承担。

第九条 建设单位应组织勘察、设计单位在勘察设计阶段提前识别工程实施中存在的安全风险，考虑施工安全操作和施工安全保障措施的需要，在勘察设计文件中注明涉及施工安全的重点部位和环节，提出保障工程周边环境安全和工程施工安全的措施建议，必要时进行专项设计。

第十条 建设单位应当按照合同约定，向施工单位足额及时支付施工安全风险分级管控和隐患排查治理所需相关费用。

第十一条 建设单位不得任意压缩合理工期，确需调整工期的，应提前组织辨识因工期调整导致风险增大或新增风险的因素，采取有效措施管控风险和消除事故隐患。

第三章 施工单位职责

第十二条 施工单位应对建筑工程施工安全风险分级管控和隐患排查治理工作负主体责任，将施工安全风险分级管控和隐患排查治理工作纳入本企业安全生产责任制，建立教育培训、监督检查、考核奖惩等工作机制。

第十三条 施工单位应健全完善施工安全双重预防控制工作体系，建立各项工作制度，明确安全、技术、生产、成本等部门及岗位的工作职责；制定施工安全风险分级管控和事故隐患排查治理工作监督检查计划；督促指导施工单位项目部开展施工安全风险分级管控和隐患排查治理工作，重点管控重大风险和较大风险，重点审查重大事故隐患整改情况；定期总结分析本单位风险分级管控和事故隐患排查治理情况，持续改进和完善双重预防工作机制。

第十四条 工程项目实行施工总承包的，由施工总承包单位负责统一协调管控施工安全风险，组织开展事故隐患排查治理工作。分包单位应服从施工总承包单位的管理，具体负责分包范围内的施工安全风险分级管控和隐患排查治理工作。建设单位直接发包的专业工程，专业承包单位应当接受施工总承包单位的统一管理。施工总承包单位应当与专业承包单位、专业分包单位签订安全生产管理协议，明确各方对施工安全风险管控和事故隐患排查治理工作的职责。

第十五条 施工单位项目部应严格执行企业施工安全风险分级管控和隐患排查治理各项管理制度，制定工程项目施工安全风险分级管控工作方案和事故隐患排查治理工作计划，明确各部门、施工班组、管理人员和作业人员的工作职责和任务。

第四章 监理单位职责

第十六条 监理单位对建筑工程施工安全风险分级管控和隐患排查治理工作负监理责任，建立施工安全风险分级管控和隐患排查治理监理工作制度，将相应监理工作列入监理规划，制定相应的监理实施细则，定期对监理单位项目部落实情况进行检查。

第十七条 监理单位应审查施工单位项目部施工安全风险分级管控相关资料，采取现场巡查、旁站监督、审核查验等方式，检查风险识别、管控措施落实情况；定期检查施工单位项目部事故隐患自查自改情况，参加建设单位组织的隐患排查治理联合检查，对发现的事故隐患整改情况进行复查。

第十八条 监理单位发现施工单位风险识别、分析、评价不合理，管控措施不当或措施落实不到位的，应当责令施工单位限期整改。发现重大事故隐患的或因风险管控不到位造成工程安全潜在风险增大的，应责令暂停施工并报告建设单位，拒不停工整改可能造成工程质量安全严重后果的，应立即向工程所在区住房城乡建设委报告。

第五章 风险识别处理

第十九条 施工单位应建立本企业的施工安全风险源判别清单库，由施工单位技术负责人、分管安全负责人审批后发布，供施工单位项目部开展风险源识别时使用。

第二十条 在开始施工前，施工单位项目部应组织开展施工安全风险评估工作，施工安全风险的识别、分析和评价应采取科学、合理、适用的评估技术，可参照《北京市房屋建筑和市政基础设施工程施工安全风险分级管控技术指南（试行）》进行。

第二十一条 施工单位项目部应汇总形成项目部施工安全风险源识别清单，经项目负责人签字确认后报施工单位主要负责人或授权技术负责人审核，通过审核后报建设单位、监理单位审批，经建设单位项目负责人和监理单位总监理工程师签字确认。

第二十二条 施工单位应全面掌握所属工程施工安全风险状况，及时编制企业施工安全风险源识别清单并动态更新，由施工单位主要负责人或授权技术负责人审批。

第二十三条 识别出的施工安全风险，施工单位应编制施工方案，方案内容应包括技术措施、管理措施、应急措施等内容。

一般风险和较低风险施工方案应由施工单位项目技术负责人审核签字。

重大风险和较大风险专项施工方案须经施工单位技术负责人审核签字后，报建设单位项目负责人和监理单位总监理工程师审批签字。

第二十四条　施工安全风险分级管控应遵循风险级别越高管控层级越高的原则，对于重大风险和较大风险应进行重点管控，原则上重大风险、较大风险应由企业负责管控，同时上一级负责管控的风险，下一级必须同时负责具体管控并逐级落实管控措施。

第二十五条　对重大风险和较大风险，施工单位应定期通过现场巡查、监测预警、监督检查等方式跟踪风险状况，督促风险分级管控措施的落实，及时处理风险管控过程中存在的问题，把各类安全风险控制在可防可控范围内。

第二十六条　施工单位应按照不同层级、不同频次组织针对重大风险、较大风险管控措施落实情况的专项检查，施工单位主要负责人每半年不少于一次、施工单位分管安全负责人每季度不少于一次、施工单位安全部门每月不少于一次。对发现的问题制定整改措施，明确整改责任人员，并跟踪整改情况，形成检查记录。

施工单位项目负责人应对各级风险定期和不定期组织检查，形成检查记录，对发现的问题制定整改措施，整改完成后报建设单位、监理单位复核。

第二十七条　建立健全施工安全风险动态更新机制，各参建单位应根据法律法规、标准规范、周边环境、施工工艺、工程措施等情况的变化，及时开展风险的动态更新工作，重新调整制定管控措施的，应按照本规定履行相关审批程序。

第二十八条　施工现场应建立施工安全风险公示制度，在施工现场大门明显位置、风险区域设置施工安全风险公告牌，公告主要安全风险、可能引发事故类别、管控措施、应急措施及报告方式等。

第二十九条　施工单位应通过安全技术交底、施工现场安全教育、施工班前会等方式告知各岗位人员本岗位存在的施工安全风险及应采取的措施，使其掌握规避风险的管控措施。

第六章　隐患排查处理

第三十条　施工单位建立的事故隐患排查治理制度应包括下列内容：

（一）各级管理人员及相关部门隐患排查治理工作要求、职责范围、管理责任；

（二）事故隐患判定标准及隐患清单库；

（三）事故隐患排查治理流程及处理措施；

（四）事故隐患排查治理专项资金保障措施；

（五）相关部门、人员隐患排查治理工作的考核要求；

（六）隐患排查治理工作的培训要求；

（七）应当纳入的其他内容。

第三十一条　施工单位应根据隐患排查治理工作制度制定事故隐患排查治理工作计划，按工作计划组织本单位技术、工程、劳务、物资等管理部门对施工单位项目部事故隐患排查治理情况进行督导检查，督促事故隐患整改。对重大事故隐患整改措施进行审查，整改完成情况进行复查。定期统计、分析、通报本单位事故隐患排查治理情况并及时提出加强安全生产管理的措施和要求。

第三十二条　施工单位项目部应落实企业隐患排查治理工作制度，制定工程项目事故隐患排查治理工作计划，每日对施工现场事故隐患进行排查，对排查出的隐患明确责任人、整改措施、整改时限。

对于排查出的一般事故隐患，整改完成后由施工单位项目部专职安全管理人员组织相关人员复查并经项目负责人审批确认，隐患消除后进行下一道工序或恢复施工。

对于排查出的重大事故隐患，应及时向本单位上级管理部门和监理单位、建设单位报告，在保证施工安全的前提下实施整改，整改完成后经施工单位安全生产管理部门组织相关技术、质量、安全、生产管理等人员进行复查，复查合格后经施工单位主要负责人审批确认后报项目总监理工程师、建设单位项目负责人进行核查，核查合格后方可进入下一道工序施工或恢复施工。重大事故隐患消除前或者消除过程中无法保证安全的，应当暂停局部或者全部施工作业或者停止使用相关设施设备。

第三十三条　监理单位应定期对监理单位项目部隐患排查治理工作进行检查，确保监理单位项目部事故隐患排查体系完整，人员配备齐全。

第三十四条　监理单位项目部应督促施工单位开展施工现场隐患排查治理工作，参加建设单位组织的施工现场事故隐患排查治理工作联合检查并留存相关记录。

对于排查出的一般事故隐患，应当责令施工单位限期消除，对事故隐患整改情况进行复查。

对于排查出的重大事故隐患，总监理工程师应当责令施工单位限期消除并及时报告建设单位。重大事故隐患消除前或者消除过程中无法保证安全的，应当暂停局部或者全部施工作业或者停止使用相关设施设备。

第三十五条　对于施工现场无法及时消除并可能危及公共安全的、需要其他相关单位部门协调处理的事故隐患，工程参建单位应立即向工程所在区住房城乡建设委报告。事故隐患消除前或者消除过程中无法保证安全的，应局部或全部暂停施工作业或者停止使用相关设施设备，从危险区域内撤出作业人员，疏散可能危及的人员并设置警示标志。报告内容应包括事故隐患现状、可能产生的危害后果和可能影响范围等情况。

第七章　挂　牌　督　办

第三十六条　挂牌督办形式如下：

（一）重大事故隐患挂牌督办。由市、区住房城乡建设委以下达督办通知书结合施工现场检查的方式，督促企业按照相关法律法规及标准做好建筑工程施工现场重大事故隐患整改工作。

（二）安全生产问题突出地区挂牌督办。由市住房城乡建设委以下达督办通知书结合对该区施工现场专项执法抽查的方式，督促区住房城乡建设委采取有效监管措施做好施工现场安全生产管理工作。

第三十七条　重大事故隐患属于下列情形之一的，由区住房城乡建设委对企业进行挂牌督办：

（一）区住房城乡建设委监督执法检查中发现的重大事故隐患；

（二）发生过一般及以上生产安全事故的工程项目，自事故发生之日起，6 个月内该工程项目排查出的重大事故隐患；

（三）群众举报或媒体曝光，并由区住房城乡建设委现场核实的重大事故隐患；

（四）项目参建单位排查出的，施工单位（或其他责任单位）自身无法及时治理的重大事故隐患；

（五）逾期未整改完成且未说明合理原因的重大事故隐患；

（六）上级部门交办、转批的重大事故隐患。

第三十八条　重大事故隐患属于下列情形之一的，由市住房城乡建设委直接对企业进行挂牌督办：

（一）市住房城乡建设委依职权在巡查执法检查中发现的严重影响社会公共安全、可能造成严重社会影响且无法及时治理的重大事故隐患；

（二）1个月内发生2起一般生产安全事故的企业，自第2起事故发生之日起6个月内该企业下属工程排查出的重大事故隐患；

（三）12个月内发生3起一般生产安全事故的企业，自第3起事故发生之日起6个月内该企业下属工程排查出的重大事故隐患；

（四）发生较大及以上生产安全事故的企业，自事故发生之日起6个月内该企业下属工程排查出的重大事故隐患；

（五）上级部门要求由市住房城乡建设委进行挂牌督办的重大事故隐患。

第三十九条　行政区域内存在下列情形之一的，由市住房城乡建设委对该区住房城乡建设委进行挂牌督办：

（一）发生较大及以上生产安全事故的地区；

（二）1个月内发生2起及以上一般生产安全事故的地区；

（三）6个月内发生3起及以上一般生产安全事故的地区；

（四）12个月内发生5起及以上一般生产安全事故的地区；

（五）发生社会舆论影响较大生产安全事件的地区。

第四十条　重大事故隐患挂牌督办通知书需经区住房城乡建设委主要负责人或市住房城乡建设委主管领导审批后向企业下达。重大事故隐患整改完成后由企业向督办单位提交整改报告，提请解除督办，经督办单位现场审查合格并由区住房城乡建设委主要负责人或市住房城乡建设委主管领导审批后解除挂牌督办。

第四十一条　安全生产问题突出地区挂牌督办通知书需经市住房城乡建设委主管领导审批后向区住房城乡建设委下达挂牌督办，督办期限至少为3个月。区住房城乡建设委督办期限前编制整改报告并报送市住房城乡建设委，提请解除挂牌督办，经市住房城乡建设委相关部门核查并报主管领导审批后解除挂牌督办。

第八章　监　督　管　理

第四十二条　市住房城乡建设委定期分析全市建筑工程施工安全风险状况和隐患排查治理情况，对区住房城乡建设委施工安全风险管理和隐患排查治理工作进行业务指导。

区住房城乡建设委负责本辖区内建筑工程施工安全风险分级管控和隐患排查治理工作的监督检查，制定的监督计划中应重点对重大风险、较大风险管控措施落实情况和重大事故隐患排查治理情况进行检查，也可以通过政府购买技术服务方式，聘请具有专业技术能力的第三方机构进行技术服务，所需费用由同级财政予以保障。

重大事故隐患消除前或者消除过程中无法保证安全的，市、区住房城乡建设委应责令施工现场局部或全部暂停施工作业或者停止使用相关设施设备。

第四十三条　任何单位和个人发现建筑工程施工现场存在事故隐患，可通过"市政府服务热线 12345"进行举报和投诉。

第四十四条　工程参建单位未按照本办法开展施工安全风险分级管控和隐患排查治理工作的，市、区住房城乡建设委按职责分工，依据《中华人民共和国安全生产法》《建设工程安全生产管理条例》《危险性较大的分部分项工程安全管理规定》《北京市生产安全事故隐患排查治理办法》等法律法规规章进行处罚，并将工程参建单位行政处罚的信息纳入本市建筑市场行为信用评价。

第四十五条　工程参建单位未按照本办法规定落实施工安全风险分级管控和隐患排查治理职责的，市、区住房城乡建设委可通过通报、约谈、告诫等方式督促其履行安全生产主体责任。

第四十六条　施工单位有下列情形之一的，责令限期整改；逾期未整改的，责令停止施工；情节严重的，暂停在京投标资格 30 日至 60 日：

（一）未按规定建立施工安全风险分级管控和事故隐患排查治理制度的；

（二）未按规定对重大风险、较大风险进行管控的；

（三）未及时发现施工现场存在的重大事故隐患的；

（四）未及时整改施工现场存在的事故隐患的。

第四十七条　施工单位项目负责人、项目总监理工程师未执行法律、法规和工程建设强制性标准的，责令停止执业 3 个月以上 1 年以下；情节严重的，吊销执业资格证书，5 年内不予注册；造成重大生产安全事故的，终身不予注册；构成犯罪的，依照刑法有关规定追究刑事责任。

第四十八条　施工企业因事故隐患排查治理工作落实不到位被责令停止施工符合下列情形之一的，区住房城乡建设委应当于作出最后一次停工决定之日起 15 日内以书面形式向市住房城乡建设委提出暂扣安全生产许可证的建议，并附具企业及有关工程项目违法违规事实和证明安全生产条件降低的相关询问笔录或其他证据材料。市住房城乡建设委接到区住房城乡建设委暂扣安全生产许可证的建议后，应当于 5 个工作日内立案，并根据情节轻重依法给予企业暂扣安全生产许可证 30 日至 60 日的处罚。如该企业为外地注册企业，由市住房城乡建设委向其发证机关提出暂扣企业安全生产许可证的建议。

（一）在 12 个月内，同一企业同一项目被两次责令停止施工的；

（二）在 12 个月内，同一企业在本市同一区内三个项目被责令停止施工的；

（三）施工企业承建工程经责令停止施工后，整改仍达不到要求或拒不停工整改的。

参 考 文 献

[1] 戚安邦，张边营. 项目管理概论[M]. 北京：清华大学出版社，2008.

[2] 王云. 建筑工程项目管理[M]. 北京：北京理工大学出版社，2012.

[3] 闫文周，袁清泉. 工程项目管理学[M]. 西安：陕西科学技术出版社，2006.

[4] 姜兴国，张尚. 工程合同风险管理理论与实务[M]. 北京：中国建筑工业出版社，2009.

[5] 吴贤国. 工程项目管理[M]. 武汉：武汉大学出版社，2009.

[6] 吴健，彭四平. 项目管理与实践应用[M]. 北京：机械工业出版社，2011.

[7] 任旭. 工程风险管理[M]. 北京：清华大学出版社，2010.

[8] 姜兴国，张尚. 工程合同风险管理理论与实务[M]. 北京：中国建筑工业出版社，2009.

[9] 余波编. 现代信息分析与预测[M]. 北京：北京理工大学出版社，2011.

[10] 俞文钊，刘建荣. 创新与创造力：开发与培育[M]. 大连：东北财经大学出版社，2008.

[11] 李金林. 武器装备研制项目风险管理[M]. 哈尔滨：哈尔滨工程大学出版社，2010.

[12] 董肇君. 系统工程与运筹学[M]. 北京：国防工业出版社，2011.

[13] 汪灿星，王俊文. 基于决策树的工程项目风险管理方法[J]. 四川建筑，2008，28(4)：205-206.

[14] 王金城. 模拟法在项目进度风险评价中的应用研究[D]. 西安：西北工业大学，2003.

[15] 朱启超，匡兴华，沈永平. 风险矩阵方法与应用述评[J]. 中国工程科学，2003(1)：89-94.

[16] 胡江碧. 道路工程经济分析理论与实践[M]. 北京：科学出版社，2011.

[17] 刘必胜. 我国建筑工程项目风险管理模式分析探讨[D]. 合肥：合肥工业大学，2006.

[18] 党兴华，黄正超，赵巧艳. 基于风险矩阵的风险投资项目风险评估[J]. 科技进步与对策，2006(01)：140-143.

[19] 常虹，高云莉. 风险矩阵方法在工程项目风险管理中的应用[J]. 工业技术经济 2007，26(11)：133-137.

[20] 汪灿星，王俊文. 基于决策树的工程项目风险管理方法[J]，四川建筑，2008，28(4)：205-206.

[21] 王金城. 模拟法在项目进度风险评价中的应用研究[D]. 西安：西北工业大学，2003.

[22] 胡德银. 我国工程项目管理和工程总承包发展现状与展望[J]. 中国工程咨询，2003(02)：10-18.

[23] 熊华平. 我国建筑业工程总承包业务拓展与模式创新研究[J]. 建筑经济，2006(S1)：12-15.

[24] 范成伟，明杏芬. 建设法规[M]. 上海：同济大学出版社，2017.

[25] 陈庆华. 工程总承包模式中业主方管理研究[D]. 南京：东南大学，2005.

[26] 刘雯. EPC 交钥匙理论与实践研究[D]. 天津：天津大学，2001.

[27] 熊华平，金维兴. 我国建筑业开展工程总承包的基本理论研究[J]. 建筑经济，2004(08)：9-12.

[28] 张朝勇，王卓甫. 工程总承包模式的制度经济学思考[J]. 煤炭工程，2007(10)：130-132.

[29] 住房和城乡建设部. 2011—2015 年建筑业信息化发展纲要[J]. 建筑设计管理，2011，28(06)：75-78.

[30] 王陈远. 基于 BIM 的深化设计管理研究[J]. 工程管理学报，2012，(4)：12-16.

[31] Peter Smith. Procedia-Social and Behavioral Sciences[J]. 2014，119：475-484.

[32] Eadie R，Browne M，Odeyinka H，et al. BIM implementation throughout the UK construction project lifecycle：An analysis[J]. Automation in Construction，2013，36(12)：145-151.

［33］ 纪凡荣，曲娣，尚方剑. BIM 情景下的可视化工程进度管理研究［J］. 建筑经济，2014(10)：40-43.

［34］ 赵增辉. 工程量计算方法的发展［J］. 机场建设，2010，(4)：34-36.

［35］ 张春影，高平，汪茵，等. 施工图设计阶段 BIM 模型的工程算量问题研究［J］. 建筑经济，2015，36(8)：52-56.

［36］ 姜韶华，李倩. 基于 BIM 的建设项目文档管理系统设计［J］. 工程管理学报，2012，26(01)：59-63.

［37］ 尤完. 3D 打印建造技术的原理与展望［J］. 建筑技术，2015，12：1081-1083.

［38］ 苏世伟. 保险学原理与实务［M］. 北京：科学出版社，2014.

［39］ 李虎. 建设工程担保制度的理论与实证研究［D］. 杭州：浙江大学，2003.

［40］ 刘伊生，王小龙，陈忠林. 国外工程担保制度及其启示［J］. 工程管理学报，2010，1(24)：13-17.

［41］ 杨松. 建设工程担保体系的实施［D］. 南京：东南大学，2014.

［42］ 住房和城乡建设部，财政部. 建设工程质量保证金管理办法(建质［2017］138 号)，2017.

［43］ 建设部. 关于在房地产开发项目中推行工程建设合同担保的若干规定(试行)(建市［2004］137 号)2004-8-6.

［44］ 郭中华，尤完. 工程质量与安全生产管理导引［M］. 北京：中国建筑工业出版社，2019.

［45］ 郭中华，尤完. 建筑施工生产安全事故应急管理指南［M］. 北京：中国建筑工业出版社，2020.

［46］ 尤完，陈立军，郭中华等. 建设工程安全生产法律法规［M］. 北京：中国建筑工业出版社，2019.

［47］ 尤完，叶二全. 建筑施工安全生产管理资料编写大全(上册)［M］. 北京：中国建筑工业出版社，2016.

［48］ 尤完，叶二全. 建筑施工安全生产管理资料编写大全(下册)［M］. 北京：中国建筑工业出版社，2016.

［49］ 孙成双，韩喜双. 建设项目风险管理［M］. 北京：中国建筑工业出版社，2013.

［50］ 陈伟珂. 工程项目风险管理(第二版)［M］. 北京：人民交通出版社，2015.